最新
妇女权益保障法
条文解读与适用要点

林建军／主编
李秀华　刘永廷／副主编

法律出版社 LAW PRESS · CHINA
北京

图书在版编目(CIP)数据

最新妇女权益保障法条文解读与适用要点 / 林建军主编 ; 李秀华, 刘永廷副主编. -- 北京 : 法律出版社, 2022

ISBN 978-7-5197-7171-3

Ⅰ. ①最… Ⅱ. ①林… ②李… ③刘… Ⅲ. ①妇女权益保障法－法律解释－中国②妇女权益保障法－法律适用－中国 Ⅳ. ①D923.85

中国版本图书馆 CIP 数据核字(2022)第 185822 号

最新妇女权益保障法条文解读与适用要点
ZUIXIN FUNÜ QUANYI BAOZHANGFA TIAOWEN JIEDU YU SHIYONG YAODIAN

林建军 主　编
李秀华
刘永廷 副主编

责任编辑 董　昱　张红蕊
装帧设计 汪奇峰

出版发行 法律出版社
编辑统筹 法规出版分社
责任校对 裴　黎
责任印制 耿润瑜
经　　销 新华书店

开本 A5
印张 9　　**字数** 266 千
版本 2022 年 12 月第 1 版
印次 2022 年 12 月第 1 次印刷
印刷 北京金康利印刷有限公司

地址:北京市丰台区莲花池西里 7 号(100073)
网址:www. lawpress. com. cn
投稿邮箱:info@ lawpress. com. cn
举报盗版邮箱:jbwq@ lawpress. com. cn
销售电话:010-83938349
客服电话:010-83938350
咨询电话:010-63939796
版权所有 · 侵权必究

书号:ISBN 978-7-5197-7171-3
定价:46.00 元
凡购买本社图书,如有印装错误,我社负责退换。电话:010-83938349

编委会名单

主　　编　林建军

副主编　李秀华　刘永廷

撰稿人　(姓氏笔画排序)

石晓岳　刘永廷　李秀华

林建军　夏静宜　唐　芳

栗　明　高　蕾　黄　晶

曹思婕

目　　录

中华人民共和国妇女权益保障法

附　　录

中华人民共和国妇女权益保障法

（1992年4月3日第七届全国人民代表大会第五次会议通过　根据2005年8月28日第十届全国人民代表大会常务委员会第十七次会议《关于修改〈中华人民共和国妇女权益保障法〉的决定》第一次修正　根据2018年10月26日第十三届全国人民代表大会常务委员会第六次会议《关于修改〈中华人民共和国野生动物保护法〉等十五部法律的决定》第二次修正　2022年10月30日第十三届全国人民代表大会常务委员会第三十七次会议修订）

第一章　总　　则

第一条　【立法目的与立法依据】为了保障妇女的合法权益，促进男女平等和妇女全面发展，充分发挥妇女在全面建设社会主义现代化国家中的作用，弘扬社会主义核心价值观，根据宪法，制定本法。

条文解读

本条是关于《妇女权益保障法》[1]立法目的与立法依据的规定。

〔1〕为便于读者阅读，本书中法律法规名称均使用简称。

一、立法目的

本条规定:“为了保障妇女的合法权益,促进男女平等和妇女全面发展,充分发挥妇女在全面建设社会主义现代化国家中的作用,弘扬社会主义核心价值观。”这是从妇女自身视角、男女两性视角、社会整体视角三个层面申明了《妇女权益保障法》的立法目的。

首先,从妇女自身视角看。《妇女权益保障法》的直接和首要立法目的是“保障妇女的合法权益”,促进“妇女全面发展”。其中,促进“妇女全面发展”是此次修订新增加的内容。《妇女权益保障法》作为一部专门保障妇女权益的基本法,其立足于法律体系的直接目的即在于确认和保障妇女的合法权益,为妇女权益实现提供法律依据和具有国家强制力的保障,进而实现妇女的全面发展。可以说,保障妇女的合法权益是《妇女权益保障法》肩负的首要立法目标和重要使命。所谓“妇女的合法权益”,依据对《妇女权益保障法》各章节的体系解释,是指妇女依法享有的政治权利、人身和人格权益、文化教育权益、劳动和社会保障权益、财产权益、婚姻家庭权益。这是因为妇女的生存和发展涉及全方位的多维社会关系。妇女在参与多维社会关系过程中全面享有政治、文化教育、人身、财产、劳动和社会保障、婚姻家庭等各方面合法权益。所谓“妇女全面发展”,根据《中国妇女发展纲要(2021—2030年)》对“妇女全面发展基本原则”的阐释,主要指向不同城乡、区域、群体妇女的协调性发展和妇女在各领域的整体性全面发展两个方面。

其次,从男女两性视角看。《妇女权益保障法》旨在发挥法律对两性关系的调整作用,通过保障妇女享有的合法权益,消除对妇女一切形式的歧视,促进男女平等。在封建社会,妇女长期处于被歧视、被压迫的屈从境地。新中国成立后,我国高度重视妇女事业,为保障妇女权益、促进男女平等做出了不懈努力,取得了突出成效,妇女地位不断提升,妇女参与决策和管理的途径更加多元,受教育程度、健康状况、社会保障水平等都得到稳步提升和改善。但妇女在政治、经济、教育、人身、财产和婚姻家庭等领域仍面临一些问题和挑战,仍未全面充分实现男女平等。为此,我国于1992年专门制定了全面系统保护妇女权益促进男女平等的基本法——《妇女权益保障法》。此后,全国人大常委会于2005年对该法作了较大修改,于2018年作了个别调整。2022年10月30日,第十三届全国人大常委会第三十七次会议审议通过新修订的《妇女权益保障法》,于2023年1月1日起施行。此次修订《妇女权益保障法》,旨在发挥法律对社会生活的调整作用,通过确认、保障妇女权益,促进男女平等。

所谓"男女平等",蕴含着同等情况下同等对待和不同等情况下正当差别对待之要旨。其一,男女在同等情况下应被平等对待。因为男女两性都是生物学意义的人,都有人的尊严、人的属性。这种"同质性"决定了男女两性在法律上拥有平等的法律地位,在政治、经济、文化、社会和家庭等各个领域享有平等的权利。其二,男女在不同等情况下应被正当差别对待。因为女性与男性相比还具有"异质性":一是生理方面的自然差异;二是社会文化造成的社会性别差异,即两性在社会化过程中被后天文化观念等建构的不平等的差异,这种差异主要表现为男强女弱、男主女从、男尊女卑的男性中心主义性别观念。针对男女先天生理差异和后天社会性别差异,只有实行正当差别对待,才能真正实现实质意义上的男女平等。这种正当差别对待既包括针对女性特殊生理特性而采取的"四期"保护等"特别措施",也包括针对社会性别差异而采取的旨在修正机械形式平等推进实质平等的"暂行特别措施"。

最后,从社会整体视角看。《妇女权益保障法》旨在充分发挥妇女在全面建设社会主义现代化国家中的作用,弘扬社会主义核心价值观。在全面建设社会主义现代化国家的过程中特别是在法治中国建设中,占中国人口一半以上的中国妇女理应发挥积极作用。而《妇女权益保障法》将"社会主义核心价值观"规定于立法目的之中,是此次修订新增加的内容。新增"弘扬社会主义核心价值观"的内容,不仅是因为与《妇女权益保障法》蕴含的平等、自由、公正等价值理念与社会主义核心价值观相契合,更根本的原因在于该规定申明了本法的时代背景和中国特色,《妇女权益保障法》作为中国特色社会主义法律体系的组成部分，理应弘扬社会主义核心价值观。

二、立法依据

本条中的“根据宪法，制定本法”，明确了《妇女权益保障法》的立法依据，是一种合宪性自我宣明，回答了《妇女权益保障法》立法的法源问题。

《宪法》在我国的法律体系中具有内容根本性和效力最高性的独尊地位，成为国家法秩序的价值基石和规范基础。“现代宪法要求其自身规范中所蕴含的价值秩序，应有效地适用于所有的法领域”。[1] 我国《宪法》规定，“中华人民共和国妇女在政治的、经济的、文化的、社会的和家庭的生活等各方面享有同男子平等的权利。国家保护妇女的权利和利益”，“婚姻、家庭、母亲和儿童受国家的保护”。《宪法》是《妇女权益保障法》的立法依据，对《妇女权益保障法》在内的所有部门法产生价值辐射和法秩序统一的规范效力。《宪法》的上述相关规定是《妇女权益保障法》所蕴含价值与具体内容的法源依据，是制定以及修订《妇女权益保障法》的指导思想和基本根据所在。《妇女权益保障法》作为专门保障妇女权益的基本法，应遵循《宪法》的价值和规范设定，将《宪法》的相关法律规定具体化体系化。

适用要点

《妇女权益保障法》是一部专门保障妇女权益、促进男女平等的基本法，它在我国法律体系位阶中的地位仅次于《宪法》，在整个保障妇女权益的法律体系中居于核心地位。而妇女自身的社会属性和妇女问题的广泛性，决定了《妇女权益保障法》调整的法律关系广泛而复杂，也决定了本法保障的妇女权益内容具有广泛性，涉及社会生活的方方面面，如政治、经济、文化教育、婚姻家庭、人身、财产等诸多领域，是一个内容丰富的完整

[1] 林来梵：《民法典编纂的宪法学透析》，载《法学研究》2016 年第 4 期。

体系，既相对系统地集中规定于《妇女权益保障法》，又分散在各有关法律部门之中，其中部分内容在《民法典》《刑法》《劳动法》等法律中有所体现，这些法律从不同角度对妇女享有的人格权益、财产权益、婚姻家庭权益、劳动和社会保障权益等作出了规定。因此，《妇女权益保障法》必然出现与上述相关法律的重叠与交叉。为此，在适用时，也常常出现同时引用《妇女权益保障法》与上述相关法律的情况。

关联法规

《宪法》第 48 条

第二条 【基本原则】男女平等是国家的基本国策。妇女在政治的、经济的、文化的、社会的和家庭的生活等各方面享有同男子平等的权利。

国家采取必要措施，促进男女平等，消除对妇女一切形式的歧视，禁止排斥、限制妇女依法享有和行使各项权益。

国家保护妇女依法享有的特殊权益。

条文解读

本条是关于《妇女权益保障法》基本原则的规定。

《妇女权益保障法》的基本原则是该法中具有基础性、根本性的概括性准则，是所有具体法律规范的根本价值基准和规范设定依据，具有普遍的指导意义，并将本法的所有内容统合为价值同一、意义关联、融贯统一的法律规范体系。具体而言，《妇女权益保障法》明确了男女平等、禁止歧视妇女、保护妇女的特殊权益三项基本原则。这三项基本原则是一个有机整体，相辅相成，共同构成了《妇女权益保障法》的价值基石，是《妇女权益保障法》的核心和灵魂。《妇女权益保障法》的所有内容均应共享上述基本原则所蕴含的价值基准，遵循其价值和规范设定。

一、男女平等原则

本条第1款规定："男女平等是国家的基本国策。妇女在政治的、经济的、文化的、社会的和家庭的生活等各方面享有同男子平等的权利。"本款在重申男女平等基本国策的基础上，明确将男女平等确立为《妇女权益保障法》的一项重要基本原则。

首先，从性别视角审视，《妇女权益保障法》以实现男女平等为价值旨归。男女平等源于人"生而平等"的理念，所有人在法律面前平等，有权受法律的平等保护，无所歧视。男女作为人类社会的共同组成部分，都是人的存在，都有人的属性、人的尊严和价值，理应被平等对待，受到平等保护。这一男女平等理念早已成为人类进入文明社会的理性共识。为此，《妇女权益保障法》明确将男女平等这一两性关系的价值基石确立为基本原则。

其次，本条第1款专门重申了"男女平等是国家的基本国策"，因为基本国策是在我国法律政策体系中处于最高层次、具有最高效力的根本政策，统摄和引领着所有具体法律政策，具有全局性、普遍性、长远性等特征。而《妇女权益保障法》作为保障妇女权益的专门法，理应承载男女平等基本国策的意旨，全面贯彻落实男女平等基本国策。

最后，本条第1款还规定："妇女在政治的、经济的、文化的、社会的和家庭的生活等各方面享有同男子平等的权利。"这是男女平等基本原则在《妇女权益保障法》中的具体化表征，即男女平等享有本法规定的政治、经济、文化等方面的所有权利，男女平等基本原则贯穿于本法全部内容，特别是在第2章至第6章妇女享有的各项权利中进一步体系化展开。第2章至第6章各章的第一条分别从政治权利、人身和人格权益、文化教育权益等不同权益出发重申了男女平等的基本原则，并在各章中丰富完善了保障妇女权益、促进男女平等的具体制度。

二、禁止对妇女一切形式歧视原则

本条第2款规定："国家采取必要措施，促进男女平等，消除对妇女一切形式的歧视，禁止排斥、限制妇女依法享有和行使各项权益。"申明了禁止歧视妇女的基本原则，并以国际人权文书为基准，新增了对歧视概念的界定。

"禁止歧视妇女原则"是保障妇女权益的基本而普遍的原则，构成妇女权益保护的核心原则，成为保障妇女权益的基本遵从。追根溯源，"禁止歧视妇女原则"是"禁止歧视原则"在妇女权益领域的具体化。"禁止歧视原则"也称作"不歧视原则""非歧视原则"，源于人"生而平等"的理念，指每个人的权利和尊严无例外地受到平等保护，不论性别、种族、民族、肤色等任何差别，禁止歧视。《公民权利和政治权利国际公约》第26条规定，所有的人在法律面前平等，并有权受法律的平等保护，无所歧视。在这方面，法律应禁止任何歧视并保证所有人得到平等的和有效的保护，以免受基于种族、肤色、性别、语言、宗教、政治或其他见解、国籍或社会出身、财产、出生或其他身份等任何理由的歧视。禁止歧视原则像一条红线一样贯穿于所有核心国际人权公约之中，占据人权保障的基础地位，并同样体现于《消除对妇女一切形式歧视公约》等妇女人权国际公约之中。

理解禁止歧视妇女的原则，应首先适切理解"歧视"的定义。《妇女权益保障法》主要以《消除对妇女一切形式歧视公约》等国际人权公约关于歧视的定义为基准对歧视加以界定。依据《消除对妇女一切形式歧视公约》，对妇女的歧视指对女性基于性别的差别对待，主要表征为区别、排斥或限制，其目的或后果是妨碍或否认妇女认识、享有或行使人权和基本自由。所谓区别，是指基于性别对妇女做出有别于男子的不同对待；所谓排斥，是指剥夺妇女获得与男子相同的机会或权利；所谓限制，是指对妇女享有与男子相同的机会或权利施加更多限制。关于歧视的类型，经济、社会和文化权利委员会第20号一般性意见指向直接歧视、间接歧视以及系统性歧视三类。所谓直接歧视，即处于同样情况下的一个人因为一种禁止的理由所受待遇不如另一个人；直接歧视还包括在没有可比较的类似情况下出于禁止的理由所采取的有害行为或不作为（例如，在妇女怀孕的情况下）。[1] 间接歧视指表面上看起来是中性的法律、政策或做法，因为禁止的歧视理由而对行使权利有不适当的影响。系统性歧视指对某些群体的歧视是普遍的、持续的，并深深扎根于社会行为和组织中，时常涉及不受质疑的或间接的歧视，[2]其后果是使某类群体处于不利境地，而另一些群体却拥有一定的特权。

三、保护妇女的特殊权益原则

修订后的《妇女权益保障法》对妇女的政治权利、人身和人格权益、文化教育权益、劳动和社会保障权益、财产权益、婚姻家庭权益等各方面权益作出了明确规定。对上述妇女权益的保障，更加突出结合妇女自身特点和妇女工作实际，考虑妇女的特殊需求，保护妇女依法享有的特殊权益。例如，在医疗保健和健康检查、公共设施配备建设、生育服务保障、预防和处置性骚扰、消除就业性别歧视等诸多方面，根据妇女的特点提供特殊保护，以确保有效实现男女平等和促进妇女全面发展。

适用要点

《妇女权益保障法》的基本原则是法律适用的重要依据。基本原则虽然不是具体法律规范，但是可以指导司法机关进行能动性的司法活动，对现行法律起到解释作用，对法律漏洞起到补充作用。当现行法律规范滞后时，可根据基本原则的价值理念加以解释；当司法实践中新型案件没有法律条文可以援用时，可根据基本原则所蕴含的法律原理和价值取向进行适当的法律推理。《妇女权益保障法》的基本原则还具有指引、规范各类主体从事法律行为的功能，是当事人的行为准则。各类主体只有适切

---

〔1〕 经济、社会和文化权利委员会第20号一般性意见第10段。

〔2〕 经济、社会和文化权利委员会第20号一般性意见第12段。

理解《妇女权益保障法》的基本原则，才能深刻领会本法的立法宗旨和价值内涵，也才能准确适用、切实遵从具体法律规范。

关联法规

《宪法》第 48 条

《妇女权益保障法》第 12 条、第 18 条、第 35 条、第 41 条、第 53 条、第 60 条

第三条 【保障妇女合法权益的工作机制及政府责任】坚持中国共产党对妇女权益保障工作的领导，建立政府主导、各方协同、社会参与的保障妇女权益工作机制。

各级人民政府应当重视和加强妇女权益的保障工作。

县级以上人民政府负责妇女儿童工作的机构，负责组织、协调、指导、督促有关部门做好妇女权益的保障工作。

县级以上人民政府有关部门在各自的职责范围内做好妇女权益的保障工作。

条文解读

本条是关于保障妇女合法权益的工作机制和政府责任的规定。

本条是在 2018 年《妇女权益保障法》第 6 条的基础上修改而来，在原条文第 1 款“各级人民政府应当重视和加强妇女权益的保障工作”之前增加一款，作为第 1 款：“坚持中国共产党对妇女权益保障工作的领导，建立政府主导、各方协同、社会参与的保障妇女权益工作机制。”这一修改，将原本单纯地强调政府责任，改变为强调党对妇女权益保障工作的领导，并增加了对保障妇女合法权益的工作机制的规定。

建立党领导下的保障妇女合法权益的工作机制是本次《妇女权益保障法》修改工作的一个重大突破。随着社会经济的快速发展,我国的妇女权益保障工作在取得不断进步的同时,也不断面临着新形势、新情况、新压力。保障妇女权益是一个系统工程,是全社会的共同责任,需要各级政府、各有关部门以及各社会力量的通力合作。我们也看到,近些年,各级政府、各有关部门以及各社会力量都在各自的职权范围内为妇女权益保障工作作出了大量的努力,也取得了卓越的成绩。但也正是由于与妇女权益保障相关的工作分散在各个部门和各个领域,容易形成政策碎片化、职责有交叉、管理有真空等各自为政的局面。为了更好地整合各方资源、统筹各方力量,建立一个党领导下的、强有力的保障妇女权益的工作机制格外重要。

适用要点

适用本条规定时应当注意以下四点:

一、要坚持党对妇女权益保障工作的领导

党的领导是我国社会主义法治之魂,也是实现男女平等和妇女全面发展的根本保证。党的十八大以来,以习近平同志为核心的党中央高度重视妇女事业发展。习近平总书记就坚持男女平等基本国策、保障妇女儿童合法权益作出一系列重要论述。这些重要论述充分体现了党和国家保障妇女权益的坚定意志和决心,中国共产党永远是中国妇女事业发展的根本领导力量,坚持党的领导是做好妇女权益保障工作的根本保证。

妇女权益是基本人权,要把保障妇女权益系统纳入法律法规,上升为国家意志,内化为社会行为规范;要坚持男女平等基本国策,在出台法律、制定政策、编制规划、部署工作时充分考虑两性的现实差异和妇女的特殊利益;要抓好妇女发展纲要实施,改善发展环境,解决发展中的突出问题,依法维护妇女权益,严厉打击侵害妇女权益的违法犯罪行为;要强化社会

服务，优先保障孕产妇、儿童等特殊人群，格外关心贫困妇女、老龄妇女、残疾妇女等困难群体，为她们做好事、解难事、办实事。

坚持党的领导，是做好党的妇女工作的根本保证。在革命、建设、改革各个历史时期，我们党始终坚持把实现妇女解放和发展、实现男女平等写在自己奋斗的旗帜上，始终把广大妇女作为推动党和人民事业发展的重要力量，始终把妇女工作放在重要位置，领导我国妇女运动取得了历史性成就，开辟了中国特色社会主义妇女发展道路。要加强党对妇女工作的领导，坚持中国特色社会主义妇女发展道路，把握实现中华民族伟大复兴的中国梦这一当代中国妇女运动的时代主题，促进男女平等。各级党委和政府要充分认识发展妇女事业、做好妇女工作的重大意义，加大重视、关心、支持力度，严厉打击侵害妇女权益的违法犯罪行为，依法维护妇女权益。

二、建立政府主导、各方协同、社会参与的保障妇女权益工作机制

本条明确了保障妇女合法权益是政府的责任，要发挥政府在保障妇女权益工作中的主导作用，建立政府主导、各方协同、社会参与的维护妇女权益工作机制。近年来，在党和政府的高度重视下，我国已基本形成了以各级人民政府为主导，各部门积极配合，社会广泛参与保障妇女权益的社会化工作格局，实践中也发挥了重要的作用。本条将实践中的这一成功经验上升为法律制度，明确了建立政府主导、各方协同、社会参与的保障妇女权益工作机制，为今后各级人民政府开展保障妇女合法权益工作指明了方向。

各级政府要发挥主导作用，态度鲜明地保障妇女合法权益，制定一系列促进男女平等、保护妇女特殊权益的法规、规章和规范性文件，为开展妇女权益保障工作提供坚实的依据；将妇女事业纳入国民经济和社会发展计划，统筹规划，协调发展，为保障妇女权益提供必要的工作条件。各方要明确职责分工，公检法、民政、人力社保、教育等各个职能部门以及妇联、工会、共青团等群团组织要在各自的领域内做好保障妇女合法权益的

协调和推进落实工作。社会力量要广泛动员起来,新闻媒体、社会组织等社会力量要积极参与到保障妇女合法权益的宣传和服务工作中来,进一步提高女性维权意识,进一步提高妇女群众的获得感、幸福感、安全感,形成全社会齐抓共管的良好局面。

三、县级以上人民政府负责妇女儿童工作的机构,负责组织、协调、指导、督促有关部门做好妇女权益的保障工作

保障妇女合法权益是一项复杂的系统工程,涉及多个部门,这些部门之间可能会存在职能分工不清楚的情况,既有可能出现交叉重合互相推诿的情况,也有可能出现无人管理的真空地带,一旦发生妇女权益遭受侵害的情况,被害人往往会因为不知该向谁求助而无法获得及时的帮助。为了解决这个问题,我国县级以上人民政府都设有专门负责组织、协调、指导、督促有关部门做好妇女权益保障工作及儿童权益保障工作的机构,即妇女儿童工作委员会。

1990年2月22日,国务院妇女儿童工作委员会的前身——国务院妇女儿童工作协调委员会正式成立,取代了原由全国妇联牵头的全国儿童少年工作协调委员会,成为国务院负责妇女儿童工作的议事协调机构。1993年8月4日,国务院妇女儿童工作协调委员会更名为国务院妇女儿童工作委员会,简称国务院妇儿工委,负责协调和推动政府有关部门执行妇女儿童的各项法律法规和政策措施,发展妇女儿童事业。国务院妇儿工委的主要职能有:协调和推动政府有关部门做好维护妇女儿童权益工作;协调和推动政府有关部门制定和实施妇女和儿童发展纲要;协调和推动政府有关部门为开展妇女儿童工作和发展妇女儿童事业提供必要的人力、财力、物力;指导、督促和检查各省、自治区、直辖市人民政府妇女儿童工作委员会的工作。

自国务院妇儿工委成立以来,落实男女平等基本国策,坚持儿童优先原则,致力于我国妇女儿童的保护和发展。协助国务院制定和颁布了《中国妇女发展纲要(1995—2000年)》、《九十年代中国儿童发展规划纲要》、

《中国妇女发展纲要(2001—2010年)》、《中国儿童发展纲要(2001—2010年)》、《中国妇女发展纲要(2011—2020年)》、《中国儿童发展纲要(2011—2020年)》和《中国妇女发展纲要(2021—2030年)》、《中国儿童发展纲要(2021—2030年)》。指导推动地方各级政府制定实施妇女和儿童发展规划。协调推动政府有关部门制定实施两纲的具体方案,实施妇女、儿童纲要,整体推进妇女儿童事业。推动政府有关部门认真履行联合国《消除对妇女一切形式歧视公约》《儿童权利公约》等保护妇女儿童权益的国际公约。建立健全妇女、儿童纲要的监测评估机制,制定监测评估体系,开展国家级监测评估。组织培训,加强政府领导执行纲要的能力建设。开展宣传,提高全社会男女平等观念和儿童优先意识,动员社会各界关心支持妇女儿童事业、参与纲要实施,营造尊重妇女、爱护儿童的社会环境。发挥议事协调作用,协助有关部门解决妇女儿童发展中的突出问题,依法保护妇女儿童合法权益。

国务院妇女儿童工作委员会办公室是国务院妇女儿童工作委员会的日常办事机构,设在全国妇联。经国务院批准,国务院妇女儿童工作委员会目前有35个成员单位。包括中央宣传部、中央网信办、外交部、国家发展改革委、教育部、科技部、工业和信息化部、国家民委、公安部、民政部、司法部、财政部、人力资源和社会保障部、自然资源部、生态环境部、住房和城乡建设部、交通运输部、水利部、农业农村部、商务部、文化和旅游部、国家卫生健康委、应急管理部、市场监管总局、广电总局、体育总局、国家统计局、国家医保局、国家乡村振兴局、全国总工会、共青团中央、全国妇联、中国科协、中国残联、中国关工委。妇儿工委各成员单位以实施两纲的职责进行分工和以具体目标责任制定具体的政策措施,积极开展工作,切实履行职责,发挥职能优势。

目前全国各省(区、市)、地(市)、县(区)政府都成立了相应机构,其组成基本与国务院妇儿工委相同,形成了四级政府性质的保障妇女权益的组织机构体系。各级妇儿工委积极发挥议事协调作用,在当地党委和政府的统一领导下,协助地方各级政府制定实施妇女和儿童发展规划;协调推动各成员单位制定实施两规划的具体方案，以促进妇女儿童事业发展为主题，以维护妇女儿童合法权益为重点，切实发挥组织、协调、指导、督促有关部门做好妇女权益的保障工作的职能。

四、县级以上人民政府有关部门在各自的职责范围内做好妇女权益的保障工作

保障妇女合法权益的实现，各级政府是责任主体，政府的各个部门是具体落实政府责任、承担国家职能的最终执行者，因此县级以上人民政府各有关部门在各自职责范围内做好妇女权益的保障工作，至关重要，各部门履行工作职责的水平直接决定了妇女权益保障的水平。县级以上人民政府有关部门主要从两个维度开展妇女权益保障工作：一方面是作为各级政府妇女儿童工作委员会的成员单位，在实施两纲或者两规划的职责分工中，根据目标责任制定具体的政策措施，并发挥职能优势，积极开展工作推动落实。另一方面是作为政府的职能部门，各部门在履行本部门的职责的过程中，积极推动男女平等基本国策的贯彻落实，在各自的职责范围内开展妇女权益保障工作。概括来说，县级以上人民政府有关部门应当在职权范围内履行以下妇女权益保障方面相关职责：组织实施妇女发展纲要、妇女发展规划；制定实施保障妇女权益的法规、规章和政策；依法处理侵害妇女合法权益的行为；为妇女全面发展提供必要的条件和保障；对《妇女权益保障法》的实施情况进行检查。

关联法规

《宪法》第 128 条、第 131 条、第 134 条、第 136 条、第 140 条

《公安机关组织管理条例》第 2 条

《人民检察院组织法》第 2 条

《人民法院组织法》第 2 条

第四条 【保障妇女合法权益的主体责任】保障妇女的合法权益是全社会的共同责任。国家机关、社会团体、企业事业单位、基层群众性自治组织以及其他组织和个人,应当依法保障妇女的权益。

国家采取有效措施,为妇女依法行使权利提供必要的条件。

条文解读

本条是关于保障妇女合法权益的主体责任的规定。

本条是在2018年《妇女权益保障法》第4条的基础上修改而来,丰富了责任主体的表述。主要修改的内容为:第一,将保护妇女合法权益的主体增加了“其他组织”;第二,在列举保护妇女合法权益的主体时,增加了“个人”。

一、国家机关、企业事业单位、基层群众性自治组织的保障妇女权益职责

国家机关、企业事业单位、基层群众性自治组织在保障妇女权益方面,负有重要责任。如作为国家机关的公安机关、人民检察院、人民法院的保障妇女权益职责如下:

公安机关应当按照职责要求依法保护妇女合法权益。根据《公安机关组织管理条例》第2条规定:“公安机关是人民民主专政的重要工具,人民警察是武装性质的国家治安行政力量和刑事司法力量,承担依法预防、制止和惩治违法犯罪活动,保护人民,服务经济社会发展,维护国家安全,维护社会治安秩序的职责。”根据公安机关的法定职责,公安机关在处理强奸、拐卖妇女、家庭暴力等严重侵害妇女合法权益的违法犯罪案件中,应当积极维护妇女权益,并应当采取措施,积极预防、制止和惩罚侵害妇女权益的违法犯罪活动,推动妇女权益保障工作的开展。

人民检察院应当按照职责要求依法保护妇女合法权益。人民检察院

是国家的法律监督机关。《人民检察院组织法》第2条第2款规定，“人民检察院通过行使检察权，追诉犯罪，维护国家安全和社会秩序，维护个人和组织的合法权益，维护国家利益和社会公共利益，保障法律正确实施，维护社会公平正义，维护国家法制统一、尊严和权威，保障中国特色社会主义建设的顺利进行”。人民检察院一方面在刑事案件中可以行使侦查权、审查权，提起公诉、支持公诉权等。另一方面还可以通过提出抗诉、纠正意见、检察建议等方式开展法律监督的职权，人民检察院的监督职权包括对民事诉讼、行政诉讼、刑事诉讼等诉讼活动，对判决、裁定的执行工作，对监狱、看守所的执法活动等进行法律监督。此外，人民检察院还可以依照法律的规定对涉及不确定多数群体利益的案件提起公益诉讼。

2019年，最高人民检察院、中华全国妇女联合会联合下发了《关于建立共同推动保护妇女儿童权益工作合作机制的通知》，要求加强侵害妇女儿童权益犯罪的惩治打击，推动未成年人司法保护社会支持体系建设，促进妇女儿童保护法律体系健全完善，构建了妇女儿童权益保护联动机制。该通知规定，检察机关与妇联组织实行案件线索及时共享。各级妇联组织发现妇女儿童被家暴、性侵或者民事、行政合法权益被侵害等线索或涉检来信来访的，应及时将案件线索或涉检信访材料移送同级人民检察院。受理的检察院应当及时处置，快速办理，并将处理结果反馈妇联组织。检察机关在办案中发现妇女、未成年人被侵害需要救助的，在积极开展司法救助的同时，及时将信息通报妇联组织，双方可以就心理辅导、经济帮扶、家庭教育指导等方面联合开展救助工作。针对国家机关、事业单位招聘工作中涉嫌就业性别歧视，相关组织、个人通过大众传播媒介或者其他方式贬低损害妇女人格等问题，检察机关可以发出检察建议，或者提起公益诉讼。

人民法院应当按照职责要求依法保护妇女合法权益。人民法院是国家的审判机关。《人民法院组织法》第2条规定，人民法院通过审判刑事案件、民事案件、行政案件以及法律规定的其他案件，惩罚犯罪，保障无罪的人不受刑事追究，解决民事、行政纠纷，保护个人和组织的合法权益，监督行政机关依法行使职权,维护国家安全和社会秩序,维护社会公平正义,维护国家法制统一、尊严和权威,保障中国特色社会主义建设的顺利进行。

关心帮助弱势群体,既是政府的职责,也是全社会的责任。人民法院作为国家司法机关,要运用司法权切实保护以妇女儿童为代表的弱势群体的合法权益。“最高限度保护、最低限度容忍”是习近平总书记关于妇女儿童工作的重要指示,也是司法审判机关应当坚持的原则。人民法院要充分发挥审判职能,严惩性侵、拐卖妇女儿童和收买被拐卖妇女儿童等犯罪,坚决维护法治权威。全面贯彻实施《民法典》及相关司法解释,在离婚、继承、赡养、抚养等纠纷上,依法贯彻落实夫妻共同财产分割、离婚损害赔偿、家务劳动补偿等制度,切实发挥《民法典》保障妇女儿童权益的作用。

为了深化家事审判改革,在民事审判中依法维护妇女儿童合法权益,最高人民法院联合相关部门出台了一系列指导性文件,包括《最高人民法院关于进一步深化家事审判方式和工作机制改革的意见(试行)》和《全国妇联、中央综治办、最高人民法院、公安部、民政部、司法部关于做好婚姻家庭纠纷预防化解工作的意见》、《最高人民法院关于充分发挥民事审判职能依法维护妇女、儿童和老年人合法权益的通知》、《最高人民法院、全国妇联关于进一步加强合作建立健全妇女儿童权益保护工作机制的通知》等。

二、社会团体在保障妇女合法权益工作中发挥重要作用

社会团体是《宪法》规定的六类组织之一,也是《民法典》规定的四类非营利法人之一。《宪法》序言最后 1 段中规定,“全国各族人民、一切国家机关和武装力量、各政党和各社会团体、各企业事业组织,都必须以宪法为根本的活动准则”。第 5 条第 3 款规定,“一切国家机关和武装力量、各政党和各社会团体、各企业事业组织都必须遵守宪法和法律。一切违反宪法和法律的行为,必须予以追究”。这就从《宪法》的高度规定了国

家机关、武装力量、政党、社会团体、企业、事业组织是我国的六大类组织之一。

《民法典》第 87 条规定,“为公益目的或者其他非营利目的成立,不向出资人、设立人或者会员分配所取得利润的法人,为非营利法人。非营利法人包括事业单位、社会团体、基金会、社会服务机构等”。这就在民法上将社会团体定义为了四类非营利法人之一。

《社会团体登记管理条例》第 2 条规定:“社会团体,是指中国公民自愿组成,为实现会员共同意愿,按照其章程开展活动的非营利性社会组织。”第 3 条第 2 款规定:“下列团体不属于本条例规定登记的范围:(一)参加中国人民政治协商会议的人民团体;(二)由国务院机构编制管理机关核定,并经国务院批准免于登记的团体;(三)机关、团体、企业事业单位内部经本单位批准成立、在本单位内部活动的团体。”通常意义上讲,“人民团体”是指不需要到民政部门登记的三类团体;“社会组织”指《社会团体登记管理条例》需要依法到民政部门登记的团体,二者合起来构成了广义上的“社会团体”。由此可知,社会团体就是指除国家机关、武装力量、政党、企业、事业组织之外的团体组织的总称,包括人民团体和社会组织。

三、辅之以“以及其他组织”作为兜底的表述方式,更有利于新时代对妇女权益的保障

各类组织虽然不是政府机构,但却是党和政府密切联系群众的桥梁和纽带,在团结群众、服务群众、维护群众权益等方面发挥着不可替代的重要作用。各类组织在党的领导下,倾听群众呼声、反映群众意愿,深入做好群众的思想政治工作,把党的决策部署变成群众的自觉行动,把党的关怀送到群众中去。因此,辅之以“以及其他组织”作为兜底,将具有政治性、先进性、群众性的各类组织作为保障妇女合法权益的主体之一,更符合妇女维权责任主体的定位,也更符合新时代对妇女维权工作的新要求。

四、增加“个人”作为保障妇女合法权益的责任主体，充分体现了保障妇女合法权益是全社会的共同责任

妇女权益涉及女性社会生活的各个方面，保障妇女权益绝不是哪一个机构或哪一个组织就能独立实现的，也不是仅依靠国家和机构或者组织就能实现的，其是一项需要综合治理的长期性工作，是全社会的共同责任。个人也是保障妇女合法权益的重要责任主体。

本条所称的个人，包括对保障妇女合法权益负有法定义务的个人，比如处理家庭暴力报警的警察、接诊家庭暴力受害人的医生、审理涉妇女权益案件的法官等。负有法定义务的个人，对于侵害妇女权益的行为必须进行制止或控告、检举等，否则要承担法律责任。同时，“个人”也包括对保障妇女合法权益不负有法定义务的个人，《妇女权益保障法》第72条中规定，“对侵害妇女合法权益的行为，任何组织和个人都有权予以劝阻、制止或者向有关部门提出控告或者检举”。这里所称的任何个人就是指无法定义务的个人。其对于侵害妇女权益的行为，有权进行劝阻、制止或者向有关部门提出控告或者检举；是否这么做是其个人的权利，不进行劝阻、制止或控告、检举，并不承担法律责任。

适用要点

根据本条的规定，保障妇女合法权益是各方面的共同责任，本条在适用时要从以下三个方面对共同责任进行理解。

一、各个责任主体均负有保障妇女合法权益的责任

本条所确定的保障妇女合法权益的主体包括国家机关、社会团体、企业事业单位、基层群众性自治组织以及其他组织和个人。这一规定既包含了《宪法》规定的六类组织，也扩展到了其他组织和个人，用列举加兜底的方式将全社会的各类主体都纳入了保障妇女合法权益的主体当中，说明了各个责任主体均负有保障妇女合法权益的责任。

二、各个责任主体在保障妇女合法权益方面各有分工各有侧重

虽然本条规定了各个责任主体均有保障妇女合法权益的责任，但是由于各个主体的分工不同、职能范围和领域不同，其在履行保障妇女合法权益主体责任的时候，也应当各有分工各有侧重。比如公安机关要积极打击侵害妇女权益的犯罪活动，为妇女发展提供良好的社会环境；检察院可以就涉及侵害妇女权益的情况发出检察建议，当涉及侵害的为不特定多数妇女权益时，也可以提起公益诉讼；法院在审理涉及妇女权益的相关案件时，要注重保护妇女的特殊权益；司法部门要积极开展对妇女权益保障的普法宣传活动，对有需要的妇女提供法律援助；妇联组织要积极推动男女平等基本国策的落实，让国策意识深入人心；教育部门要积极开展义务教育活动，尤其是要为贫困女童创造更多的受教育机会，减少女童的辍学率，提高妇女文化教育水平；劳动和社会保障部门要加强对就业性别歧视的监督和检查工作，确保妇女在求职、晋升等过程中不因性别遭受歧视。

三、各个责任主体要在保障妇女合法权益方面相互配合形成合力

各个责任主体在保障妇女合法权益方面，既要在各自的职责范围之内各有分工各有侧重，也要相互配合形成合力。比如预防和制止家庭暴力行为，既需要司法部门和妇联组织等群团组织积极开展反家暴宣传，在全社会树立反对家庭暴力、对家庭暴力“零容忍”等正确理念；也需要公安机关在暴力发生时能够第一时间出警进行处置，并对施暴者予以训诫等。如果被害人认为自己正在遭受或者可能遭受家庭暴力，还可以向人民法院申请人身安全保护令，人民法院在接到人身安全保护令的申请后，要及时进行审查，并做出决定。如果被害人需要庇护等救助措施，民政部门要提供相应的庇护场所和庇护服务等。

关联法规

《民法典》第 128 条、第 1041 条、第 1082 条、第 1087 条

第五条 【妇女发展纲要、规划和经费保障】国务院制定和组织实施中国妇女发展纲要,将其纳入国民经济和社会发展规划,保障和促进妇女在各领域的全面发展。

县级以上地方各级人民政府根据中国妇女发展纲要,制定和组织实施本行政区域的妇女发展规划,将其纳入国民经济和社会发展规划。

县级以上人民政府应当将妇女权益保障所需经费列入本级预算。

条文解读

本条是关于妇女发展纲要、规划和经费保障的规定。

本条是在 2018 年《妇女权益保障法》第 3 条的基础上修改而来,主要修改的内容为:第一,各级人民政府除了要制定中国妇女发展纲要和规划之外,增加了“组织实施”的责任;第二,明确了制定和组织实施中国妇女发展纲要的目标是“保障和促进妇女在各个领域的全面发展”;第三,增加了第 3 款关于经费保障的内容。

国务院制定的《国民经济和社会发展第十四个五年规划和 2035 年远景目标纲要》设立专门的章节,将保障妇女基本权益纳入其中。

县级以上地方各级人民政府根据中国妇女发展纲要,分别制定了本行政区域内的妇女发展规划。比如北京市政府在北京市妇儿工委的协助下,制定和颁布了《北京市“十四五”时期妇女儿童发展规划》等六个五年周期的妇女发展规划,并同步纳入北京市国民经济和社会发展五年规划当中。

妇女权益保障工作涉及领域广，需要各级政府部门有效地组织实施，因此本次修改增加了关于组织实施的规定，推动政府依法履职尽责。经费保障是开展妇女权益保障工作的前提和基础。

适用要点

适用本条规定时应当注意以下五点：

一、各级人民政府负责制定本行政区域内的妇女发展纲要或规划

制定中国妇女发展纲要和地方妇女发展规划是国务院和地方各级人民政府的一项法定义务。国务院作为最高国家行政机关，负责制定中国妇女发展纲要；县级以上地方各级人民政府，根据中国妇女发展纲要，制定本行政区域内的妇女发展规划。国务院于1995年制定并颁布了《中国妇女发展纲要（1995—2000年）》，这是我国促进妇女发展的第一个国家纲要。此后每十年国务院都会制定并颁布中国妇女发展纲要，指明下一个十年妇女发展的主要目标和政策措施。地方各级人民政府则根据国民经济和社会发展规划的制定周期，每五年制定和颁布本行政区域内的妇女发展规划，比如北京市人民政府，从"九五"开始，到"十四五"，至今已经制定和颁布了六个五年周期的妇女发展规划。

二、各级人民政府负责组织实施本行政区域内的妇女发展纲要或规划

本条是在2018年《妇女权益保障法》的基础上修订而来，在各级人民政府制定妇女发展纲要和规划的工作职责中，增加了"组织实施"的内容。一方面是因为徒法不能自行，仅仅制定纲要和规划，无法体现各级人民政府在保障妇女权益工作中的主体责任。各级人民政府不仅要制定纲要和规划，更重要的是要在本行政区域内组织实施纲要和规划的具体要求，推动落实。另一方面是因为在长期的保护妇女权益的工作实践中，各级人民政府已经积极践行了组织实施纲要和规划中的责任和要求，各个相关部门也都在积极努力完成纲要和规划中的各项指标任务。因此，增加"组

织实施”的内容也是将已有的工作实践上升为法律规定的必然结果。

三、各级政府的国民经济和社会发展规划中都要纳入妇女发展纲要及规划的内容

国民经济和社会发展规划是全国或者某一地区的经济、社会发展的总体纲要,是具有战略意义的指导性文件。国民经济和社会发展规划统筹安排和指导全国或某一地区的社会、经济、文化建设工作。我国已经连续编制实施了十四个五年计划或者规划,对推动国家发展发挥了重要作用。妇女权益保障工作具有系统性、长期性和综合性,需要持续不断地推动,才能逐步实现男女平等基本国策的贯彻落实。大力发展社会生产力、实现经济社会发展目标,虽然可以为实现男女平等提供客观物质条件,但却不能自然而然地促成妇女在同男子平等的基础上充分参与发展,因此应当将妇女的发展融入社会和国民经济的发展中,并确定具体的考核目标予以实现。国民经济和社会发展规划将妇女发展纲要或规划的内容纳入其中,更有利于为妇女权益保障工作指引方向、凝聚共识、整合资源、实现目标,进而持续稳定地推进妇女权益保障事业的发展。

四、制定和组织实施中国妇女发展纲要的目标是保障和促进妇女在各个领域的全面发展

习近平总书记指出,妇女是物质文明和精神文明的创造者,是推动社会发展和进步的重要力量。男女平等和妇女全面发展程度,是衡量社会文明进步的重要标志。党和国家高度重视妇女事业发展,在各个历史时期,我们党始终坚持把实现妇女解放和发展、实现男女平等写在自己奋斗的旗帜上,领导广大妇女在争取民族独立和人民解放的伟大征程中实现自我解放,在社会主义革命和建设的伟大实践中实现全面发展。国家先后制定实施了三个周期的中国妇女发展纲要,为优化妇女发展环境、保障妇女合法权益提供了重要保障,妇女地位得到历史性的根本改变,广大妇女真正成为国家和社会的主人。坚持男女平等基本国策,就是要把促进

妇女全面发展目标任务纳入国家和地方经济社会发展总体规划，纳入专项规划，纳入民生实事项目，同部署、同落实，让经济社会发展成果更多更公平惠及广大妇女。中国妇女发展纲要统筹兼顾妇女在政治、经济、文化、社会和家庭各方面的发展利益，深入实施妇女发展纲要，应当有效解决制约妇女发展的重点难点问题，统筹推进城乡、区域、群体之间妇女的均衡发展，进而促进妇女在各领域的全面发展。

五、开展保障妇女合法权益工作的相关经费纳入本级政府预算

本级政府预算简称本级预算，是经法定程序批准的一级政府的年度财政收支计划，具体由本级政府各部门（含直属单位）的预算组成，并包括下级政府向本级政府上解的收入数额和本级政府对下级政府的返还或补助数额。[1] 经费保障是开展妇女权益保障工作的前提和基础，本条为开展妇女权益保障工作的经费保障提供了法律依据。县级以上人民政府将开展妇女权益保障工作的经费纳入本级财政预算，将为妇女权益保障工作的开展提供持续稳定的财力支持，从而形成稳定的经费保障机制。

关联法规

《反家庭暴力法》第 4 条
《未成年人保护法》第 8 条
《老年人权益保障法》第 6 条
《残疾人保障法》第 5 条
《国民经济和社会发展第十二个五年规划纲要》第 36 章第 2 节
《国民经济和社会发展第十三个五年规划纲要》第 66 章第 1 节
《国民经济和社会发展第十四个五年规划和 2035 年远景目标纲要》第 50 章第 1 节

〔1〕 参见财政部预算司：《中华人民共和国预算法专辑》，中国财政经济出版社 1996 年版。

第六条 【妇联等群团组织的责任】中华全国妇女联合会和地方各级妇女联合会依照法律和中华全国妇女联合会章程，代表和维护各族各界妇女的利益，做好维护妇女权益、促进男女平等和妇女全面发展的工作。

工会、共产主义青年团、残疾人联合会等群团组织应当在各自的工作范围内，做好维护妇女权益的工作。

条文解读

本条是关于妇联等群团组织的责任的规定。

本条是在2018年《妇女权益保障法》第7条的基础上修改而来。原条文第2款中只提到工会、共青团，实际上残联、侨联、科协等群团组织与妇女权益保障都有着密切关系，因此为更周全起见，增加了“残疾人联合会等群团组织”，这就将保护妇女权益的群团组织从工、青、妇三家扩展到了全部的群团组织。

群团组织，是“群众性团体组织”的简称，是当代中国社会团体的一种。我国的群众性团体组织一般是在党的领导下获得政府的认可和支持后成立的，且由机构编制部门管理其机关机构编制，是党密切联系群众的重要桥梁和纽带。为了将群团组织与在民政部登记的社团组织区别开来，2000年中央下发了《21个群众团体机关机构改革意见》，第一次以中共中央办公厅和国务院办公厅文件的形式，明确由中央编办直接管理其机关机构编制的21家人民团体和社会团体，统称为群团组织。2006年，中国计划生育协会列入群团组织序列。至此，由中央编办直接管理其机关机构编制的群众团体共22家，即中华全国总工会、中国共产主义青年团中央委员会、中华全国妇女联合会、中国文学艺术界联合会、中国作家协会、中国科学技术协会、中华全国归国华侨联合会、中国法学会、中国人民对外友好协会、中华全国新闻工作者协会、中华全国台湾同胞联谊会、中国国际贸易促进委员会、中国残疾人联合会、中国红十字会总会、中国人民外交学会、中国宋庆龄基金会、黄埔军校同学会、欧美同学会、中国思想政治工作研究会、中华职业教育社、中华全国工商业联合会、中国计划生育协会。中央一级群众团体机关工作人员基本上使用行政编制。全国工商联机关工作人员属于公务员,其他群众团体机关工作人员参照《公务员法》管理。地方群众团体机关除工会、共青团、妇联和工商联使用行政编制外,一般都使用事业编制。

党的十八大以来,以习近平同志为核心的党中央高度重视群团工作,指出党的群团工作是党的一项十分重要的工作,群团改革是全面深化改革的重要任务。2015 年 7 月中共中央印发《关于加强和改进党的群团工作的意见》,其中指出要"坚持党对群团工作的统一领导。党的领导是做好群团工作的根本保证","维护群众合法权益是群团组织的重要工作。各级党委和政府要把群团工作纳入党政主导的维护群众权益机制,支持群团组织在维护全国人民总体利益的同时更好维护各自所联系群众的具体利益"。2018 年 3 月,中共中央印发了《深化党和国家机构改革方案》,其中指出,要"健全党委统一领导群团工作的制度,紧紧围绕保持和增强政治性、先进性、群众性这条主线",要"牢牢把握改革正确方向,始终坚持党对群团组织的领导,坚决贯彻党的意志和主张,自觉服从服务党和国家工作大局,找准工作结合点和着力点,落实以人民为中心的工作导向,增强群团组织的吸引力影响力",要"促进党政机构同群团组织功能有机衔接,支持和鼓励群团组织承接适合由群团组织承担的公共服务职能,增强群团组织团结教育、维护权益、服务群众功能,充分发挥党和政府联系人民群众的桥梁纽带作用"。

由此可知,群团组织虽然不是政府机构,但却是党和政府密切联系群众的桥梁和纽带,在团结群众、服务群众、维护群众权益等方面发挥着不可替代的重要作用。群团组织在党的领导下,倾听群众呼声、反映群众意愿,深入做好群众的思想政治工作,把党的决策部署变成群众的自觉行动,把党的关怀送到群众中去。群团组织作为保障妇女合法权益的重要主体,不仅仅指工会、共青团、妇联三家组织,其范围应当包括全部 22 家群团组织。因此,本条在修改中,增加了"残疾人联合会等群团组织"的表述,更为周全和严谨,将原法中只局限在工青妇的维权主体扩展到了全部群团组织。

适用要点

适用本条规定时应当注意以下三点:

一、中华全国妇女联合会和地方各级妇女联合会构成了全国各级妇联组织

中华全国妇女联合会简称"全国妇联",是全国各族各界妇女为争取进一步解放与发展而联合起来的群团组织,是中国共产党领导下的人民团体,是党和政府联系妇女群众的桥梁和纽带,是国家政权的重要社会支柱。

地方各级妇女联合会包括在省、自治区、直辖市,设区的市、自治州,县(旗)、自治县、不设区的市和市辖区等建立的地方组织,和在乡镇、街道,行政村、社区,机关和事业单位、社会组织等建立的基层组织。

全国妇联和地方各级妇女联合会履行保障妇女合法权益主体责任时,要以宪法为根本活动准则,依照法律和《中华全国妇女联合会章程》独立自主地开展工作。

全国各级妇联组织,以习近平新时代中国特色社会主义思想为行动指南,在新时代担负着团结引导各族各界妇女听党话、跟党走的政治责任,以围绕中心、服务大局为工作主线,以联系和服务妇女为根本任务,以代表和维护妇女权益、促进男女平等和妇女全面发展为基本职能;坚持改革创新,保持和增强政治性、先进性、群众性,发挥党开展妇女工作最可靠、最有力的助手作用,巩固和扩大中国共产党执政的阶级基础和妇女群众基础。

二、妇联组织代表和维护各族各界妇女的利益，其职责是维护妇女权益、促进男女平等和妇女全面发展

妇联组织作为党和政府联系妇女群众的桥梁和纽带，国家政权的重要社会支柱，群众工作的重要部门，履行着代表和维护妇女合法权益，推进男女平等的职能。因此，代表和维护妇女合法权益是法律赋予妇联组织的职责。

在此要注意的一点是，妇联组织“维护”妇女权益，而不是“保障”妇女权益，这一表述明确了法律责任的主体，正确区分了政府和群团组织在法律实施中的定位各不相同，前者是《妇女权益保障法》的执法主体，而妇联及工会、共青团、残联等社会团体属于社会监督主体，是配合、推动、促进政府部门从事妇女权益保障工作的。

妇联组织依法代表和维护妇女权益主要体现在以下几个方面：

一是推动保障妇女儿童权益的法律政策体系不断完善。针对妇女儿童权益中存在的突出倾向性问题，开展专题调查研究，并将调研成果以参与法律法规和政策文件制定修改的方式协调沟通，建言献策，从源头上为维护妇女儿童权益打下基础。推动建立妇联参与立法和决策的长效机制，强化参与手段，畅通参与渠道，及时有效介入，合理参与到位，推动以《妇女权益保障法》为主体、相关法律政策为支撑的妇女权益保障法律体系不断完善。

二是注重宣传，优化妇女维权的社会环境。通过各种形式宣传男女平等基本国策，一方面开展有影响的普法活动，引导妇女合理有序地反映诉求、表达利益，使广大妇女掌握依法维权的手段和救济途径，提高自我维权能力。另一方面针对立法、司法、执法各机关进行社会性别意识培训，强化全社会共同维护妇女权益的责任意识。

三是整合社会资源，建立社会化维权格局。维护妇女权益是一个复杂的系统性的工作，单靠哪一个机构、哪一个单位都是无法单独完成的，它需要全社会的协作努力来逐步实现。对此，妇联组织主要发挥组织协调的优势，整合社会资源，与相关职能机构建立联合维权机制，相互协调

配合，发挥整体效应。此外，妇联组织通过与新闻媒体、高等院校、研究机构、民间妇女组织等社会力量的联系合作，建立和扩大维权志愿者的队伍。

四是受理个人投诉，提供法律帮助。各级妇女联合会都有专门的机构和机制来受理个人投诉，通过热线咨询、接待来信来访等形式为妇女群众提供投诉受理、法律帮助、心理辅导等维权服务。为侵犯妇女权益的有影响力的重大个案提供法律援助及其他形式的相关社会救助服务，呼吁社会关注、推动有关部门解决侵害妇女权益的热点、难点问题。

五是监督法律实施，实现法律赋予妇女的各项权利。通过开展法律监督工作，保障宪法和法律得到全面正确的贯彻实施，促进各个国家机关严格依法行使职权，确保妇女的各项权利得到尊重和维护。

六是促进妇女全面发展，以发展促维权。坚持以经济建设为中心，用发展的办法解决前进中的问题，是我国社会主义建设的一项重要经验。要解决妇女问题，同样要靠发展。动员和组织广大妇女积极参与社会主义现代化建设，在推动经济和社会发展中实现自身的发展，是进一步实现男女平等的根本途径。

七是推进培养选拔女干部工作，提高妇女参政议政的比例。培养选拔女干部，既是国家开发人才资源，实施人才战略的重要内容，也是发展社会主义政治文明的必然要求，又是促进妇女进一步解放，实现男女平等的重要标志。妇女参政状况已经成为衡量一个国家社会文明进步的重要尺度，越来越受到世界各国的重视。

三、其他群团组织分别在各自的职责范围内做好维护妇女权益的工作

除了妇联组织之外，工会、共青团、残联、侨联、科协等都与妇女权益保障工作有着密切的联系，此次将全部22家群团组织都纳入维护妇女合法权益的责任主体当中，各个群团组织分别在各自的职责范围内做好维护妇女权益的工作。

工会是中国共产党领导的职工自愿结合的工人阶级群众组织，是中国共产党联系职工群众的桥梁和纽带，是国家政权的重要社会支柱，是会员和职工利益的代表。根据《工会法》《中国工会章程》的规定各级工会建立女职工委员会，表达和维护女职工的合法权益。《工会女职工委员会工作条例》规定，工会女职工委员会的职责是依法维护女职工在政治、经济、文化、社会和家庭等方面的合法权益和特殊利益，同一切歧视、虐待、摧残、迫害女职工的行为作斗争。参与有关保护女职工权益的法律、法规、规章、政策的制定和完善，并监督、协助有关部门贯彻实施。工会女职工委员会依法维护女职工合法权益，代表和组织女职工依法依规参加本单位的民主管理和民主监督。参与平等协商、签订集体合同和女职工权益保护等专项集体合同工作，并参与监督执行。指导和帮助女职工与用人单位签订并履行劳动合同。参与涉及女职工特殊利益的劳动关系协调和劳动争议调解，及时反映侵害女职工权益问题，督促和参与侵权案件的调查处理。做好对女职工的关爱服务，加强对困难女职工的帮扶救助。

中国残疾人联合会成立于 1988 年 3 月，是国家法律确认、国务院批准的由残疾人及其亲友和残疾人工作者组成的人民团体，是全国各类残疾人的统一组织。中国残联的宗旨是：弘扬人道主义思想，发展残疾人事业，促进残疾人平等、充分参与社会生活，共享社会物质文化成果。中国残联具有代表、服务、管理三种职能：代表残疾人共同利益，维护残疾人合法权益；团结帮助残疾人，为残疾人服务；履行法律赋予的职责，承担政府委托的任务，管理和发展残疾人事业。

全国妇联、工会、共青团、残联等 22 个组织虽然都是群众团体，但其性质、工作对象却不尽相同。妇女联合会是以性别为标准，由各族各界的妇女联合起来的组织。工会是工人阶级的群众组织，具有鲜明的阶级性。共青团是先进青年的群众组织，是党的助手和后备军。残联是全国各类残疾人统一组织。侨联是中国共产党领导的由归侨、侨眷组成的全国性人民团体。科协是科学技术工作者的群众组织等。除了妇联组织之外,其他群团组织的工作对象也都有妇女,各个群团组织的工作对象不同,但又有所交叉。因此,每个群团组织都应根据自己工作对象的特点,从不同角度在各自的职责范围内,积极有效地做好维护妇女权益的工作。

关联法规

《中华全国妇女联合会章程》总则、第1—9条
《工会法》第2条
《中国工会章程》总则
《工会女职工委员会工作条例》第5条、第6条
《中国共产主义青年团章程》总则
《残疾人保障法》第8条
《中国残疾人联合会章程》第1—4条

第七条 【妇女的义务】国家鼓励妇女自尊、自信、自立、自强,运用法律维护自身合法权益。

妇女应当遵守国家法律,尊重社会公德、职业道德和家庭美德,履行法律所规定的义务。

条文解读

本条是关于妇女自身的义务要求的规定。

本条在2018年《妇女权益保障法》第5条的基础上进行了修改,在第2款中增加了妇女应当尊重职业道德和家庭美德的规定。

"四自"精神的首次提出,是在1983年中国妇女第五次全国代表大会上,康克清同志在报告中指出,我们要"自尊、自爱、自重、自强",勇敢地捍卫法律赋予自己的神圣权利。其中,自强,是"四自"的核心,必须自强,自

强才能自立。1988 年中国妇女第六次全国代表大会的工作报告中提出，“在改革竞争的大环境中，当代妇女要争取自身的进一步解放，必须努力提高思想道德素质和科学文化素质，树立自尊、自信、自立、自强的新女性意识。自尊，就是尊重自己的人格，维护自己的尊严，反对自轻自贱；自信，就是相信自己的力量，坚定自己的信念，反对妄自菲薄；自立，就是树立独立意识，体现自己的社会价值，反对依附顺从；自强，就是顽强拼搏，奋发进取，反对自卑自弱”。这次不仅对中国妇女第五次全国代表大会上提出的“四自”内容进行了修改，并且对“自尊”“自信”“自立”“自强”的“四自”内容进行了系统阐述，并写进全国妇联的章程中，作为妇联工作的一项重要任务。

中国妇女“六大”提出的“四自”口号，得到了党和国家的充分肯定和热情支持，并写进了 1992 年《妇女权益保障法》中，即“国家鼓励妇女自尊、自信、自立、自强，运用法律维护自身合法权益”。

从此，“四自”教育成为妇女工作的一个重要内容，成为改革开放新时期广大妇女最熟悉的口号，成为中国妇女奋发前进的动力。

适用要点

法律是规范人的行为的规矩，法律无时无处不在保护着大家。在中国共产党第二十次全国代表大会开幕会上，习近平总书记指出，加快建设法治社会，弘扬社会主义法治精神，传承中华优秀传统法律文化，引导全体人民做社会主义法治的忠实崇尚者、自觉遵守者、坚定捍卫者，努力使尊法学法守法用法在全社会蔚然成风。妇女作为社会公众的一员，也要遵守国家法律，树立法治意识，敬畏法律，遵守规则，要做到尊法、学法、守法、用法。要通过学习法律更好地保护自身权益，当权益遭受侵害的时候，要运用法律武器维护自身合法权益，学会依法维权。要明白合法与非法的界限，远离违法犯罪的红线。要做法治的忠实崇尚者、自觉遵守者、坚定捍卫者，共同建设更高水平的法治中国。

任何人在享有法律规定的权利的同时，也必须履行法律所规定的义务，《妇女权益保障法》在赋予妇女权利的同时，也对妇女自身应当履行的义务提出了要求。

妇女应当遵守国家法律，这是国家法律对每个公民的要求，也是每一个公民所应尽的义务。社会公德作为人类社会生活中最起码、最简单的行为准则，是和广大人民群众的切身利益密切相关的，是适应社会和人的需要而产生的。它对人们的社会生活具有特殊且广泛的社会作用。每个社会成员，包括妇女，都应当尊重社会公德。

尊重职业道德和家庭美德是此次新增加的义务。广大妇女群众不仅是社会公众的一员，也在职场和家庭中承担了非常重要的角色，因此，尊重职业道德和家庭美德也是妇女应当遵守的法定义务。我国《新时代公民道德建设实施纲要》中提出，要把社会公德、职业道德、家庭美德、个人品德建设作为着力点。因此职业道德和家庭美德都是社会道德体系的重要组成部分。职业道德是指从业人员在职业活动中应该遵循的行为准则，其主要内容是：爱岗敬业、诚实守信、办事公道、热情服务、奉献社会。

习近平总书记强调："家庭教育涉及很多方面，但最重要的是品德教育，是如何做人的教育。""千家万户都好，国家才能好，民族才能好。"作为公民道德建设的关键一环，家庭的作用不可或缺。《新时代公民道德建设实施纲要》明确提出"推动践行以尊老爱幼、男女平等、夫妻和睦、勤俭持家、邻里互助为主要内容的家庭美德，鼓励人们在家庭里做一个好成员。"新时代新征程，培育家庭美德，崇尚良好家风，才能为家庭谋和谐、为他人送温暖、为社会作贡献。

关联法规

《法律援助法》第 68 条

《家庭教育促进法》第 35 条

《新时代公民道德建设实施纲要》

第八条 【法律法规政策性别平等评估机制】有关机关制定或者修改涉及妇女权益的法律、法规、规章和其他规范性文件，应当听取妇女联合会的意见，充分考虑妇女的特殊权益，必要时开展男女平等评估。

条文解读

本条是新增条文，是关于法律政策性别平等评估机制的规定。

习近平总书记指出，“要坚持男女平等基本国策，在出台法律、制定政策、编制规划、部署工作时充分考虑两性的现实差异和妇女的特殊利益”。《立法法》第39条中规定，“拟提请常务委员会会议审议通过的法律案，在法律委员会提出审议结果报告前，常务委员会工作机构可以对法律草案中主要制度规范的可行性、法律出台时机、法律实施的社会效果和可能出现的问题等进行评估”。第67条规定，“行政法规在起草过程中，应当广泛听取有关机关、组织、人民代表大会代表和社会公众的意见。听取意见可以采取座谈会、论证会、听证会等多种形式”。这些都可以作为立法依据。

虽然我国已经形成了较为完善的保障妇女权益、促进男女平等的法律政策体系，有关部门、社会组织也在积极推动实现男女平等，但在现实生活中，妇女在政治、经济、文化、社会活动及家庭生活中仍存在着与男性不平等的状况。究其原因，一方面，法律法规政策本身存在性别盲区，一些法律法规政策没有充分考虑到男女两性的差异，或以公众利益掩盖了女性的利益需求，法律法规政策的制定未能充分体现男女平等原则，在实施中难以达到促进男女平等的效果。另一方面，有些法律法规政策在实施过程中，受实施行为本身和社会环境的制约，也会出现对女性的不利影响和男女不平等的结果。因此,开展法律法规政策性别平等评估工作,在立法决策中充分体现性别意识,在法律法规政策的制定和实施全过程中监测评估政策法规对不同性别的影响,在发现显失公平的倾向时及时进行调整,避免因政策法规失当造成制度性歧视,不仅有助于增强政策法规的科学性,而且有助于更好地实现以政策法规科学化、民主化维护社会公平正义的目标。

实践中,法规政策性别平等评估制度在各地已普遍建立。截至目前,全国31个省(区、市)已经建立了法规政策性别平等评估机制,有的已经写入地方立法。在此基础上,2020年4月,国务院妇女儿童工作委员会印发《关于建立健全法规政策性别平等评估机制的意见》,要求对有关法规、规章、政策的制定和实施进行评估,有效避免或者纠正涉嫌性别歧视的相关内容。因此,有必要在《妇女权益保障法》中建立相应的制度。本条有两个创新亮点:一是将法律也纳入了评估范围;二是将在实践中取得良好社会效果的政策上升为国家法律。

适用要点

适用本条规定时应当注意以下几点:

一、制定或修改涉妇女权益的法律法规政策等,应当听取妇女联合会的意见,必要时应当开展法律法规政策性别平等评估

依据《宪法》《妇女权益保障法》等相关法律关于男女平等的有关规定,在出台法律、法规、规章,制定政策,编制规划,部署工作中要充分考虑妇女的特殊权益,促进妇女在政治、经济、文化、社会和家庭等各方面享有与男子平等的权利,促进妇女全面发展。根据《中华全国妇女联合会章程》的规定,中华全国妇女联合会是全国各族各界妇女在中国共产党领导下为争取进一步妇女解放而联合起来的社会群众团体,是党和政府联系妇女群众的桥梁和纽带,是国家政权的重要社会支柱。妇女联合会的基本职能是代表和维护妇女权益,促进男女平等。参与有关妇女儿童法

律、法规、规章和政策的制定是妇联组织的基本任务之一。因此,国家机关在制定法律、法规、规章和公共政策时,对涉及妇女合法权益的教育、就业、医疗、养老、住房、土地、家庭等领域的重大问题的,首先应当听取妇女联合会的意见。

有关机关认为有必要的情况下,应当开展法律法规政策性别平等评估。性别平等评估是贯彻落实男女平等宪法要求和基本国策的一项重要举措,是按照男女平等的价值观念以及一定的技术标准,对法律法规政策的制定、实施及效果进行评价判断,并通过评估法律法规政策是否直接或间接对女性与男性产生不同的影响,使法律法规政策在制定及实施的过程中能够作出必要的调整,从而避免、减少直至消除因性别的差异性影响所产生的不平等状况。性别平等评估应当贯穿于法律法规、规章、政策制定、实施的全过程、各环节,注重在法律法规、规章、政策动议、起草、征求意见、审查等各个环节进行评估。

二、县级以上人民政府负责妇女儿童工作的机构对法律法规政策等的执行情况开展性别平等评估

县级以上人民政府负责妇女儿童工作的机构即县级以上各级妇女儿童工作委员会。县级以上各级妇儿工委负责组织、协调、指导、督促法律法规政策性别平等评估工作,由各级妇儿工委办公室负责具体落实。县级以上人民政府妇儿工委各成员单位履行开展法律法规政策性别平等评估工作的主体责任。各级妇儿工委办公室会同成员单位和有关方面,通过函询、沟通、协商等方式,了解各成员单位和有关方面涉及妇女权益保障工作的年度法律、法规、规章、政策制订计划,据此提出年度法律、法规、规章、政策性别平等重点评估计划及安排;组织法律、法规、规章、政策起草部门开展重点评估工作;对年度评估工作情况进行梳理、汇总、总结,向妇儿工委全体会议报告。各级妇儿工委办公室负责建立和完善性别平等评估专家智库。

三、法律法规政策性别平等评估应充分考虑妇女的特殊权益

法律法规政策性别平等评估机制，要坚持以习近平新时代中国特色社会主义思想为指导，坚持马克思主义妇女观，坚持男女平等基本国策，依法保障妇女合法权益，促进男女两性平等和谐发展，在促进国家治理体系和治理能力现代化建设的进程中发挥积极作用。要遵循男女平等理念，对有关法律、法规、规章、政策在制定和实施中进行评估，防止出现有悖男女平等基本国策、阻碍妇女合法权益保障、不利于妇女全面发展的问题，有效避免或纠正涉嫌性别歧视的相关内容，切实从法律、法规、规章、政策的源头上贯彻落实男女平等基本国策，促进妇女全面发展。

关联法规

《中国妇女发展纲要（2021—2030年）》二、（八）2

第九条 【性别统计调查和发布制度】国家建立健全妇女发展状况统计调查制度，完善性别统计监测指标体系，定期开展妇女发展状况和权益保障统计调查和分析，发布有关信息。

条文解读

本条为新增条文，是关于性别统计调查和发布制度的规定。

监测统计工作在保障妇女儿童权益工作中起到非常重要的作用，党和政府的政策措施是否取得了预期成效，妇女儿童发展现状如何，都依赖于监测统计进行量化的评价分析，用统计数据描述发展状态和运行轨迹，为党和政府进行科学管理与决策提供依据。性别统计就是以性别作为基本分类，反映男性和女性在社会生活各方面实际状况的统计。它涉及所有关于人的统计领域，贯穿于收集、存储、发布的整个统计体系和

统计过程。

目前,我国已初步建立了两纲监测评估指标体系,定期开展中国妇女社会地位专题调查,国家统计局建立了《妇女儿童状况综合统计报表制度》,每年定期编辑出版《中国妇女儿童状况统计资料》。性别统计的内容和指标逐年增多,为党和国家制定促进妇女发展和性别平等法律政策提供了有力支撑。新时代妇女发展面临越来越多的新挑战、新问题,妇女发展不平衡不充分的问题也日渐凸显,对更为系统和完善的分性别统计数据的需要也越来越迫切。但是由于缺乏明确的法律依据,目前的统计制度还很不完善,实际工作中常常遭遇缺乏统计数据支撑的困境,给决策和研究带来诸多不便。

适用要点

适用本条规定时应当注意以下几点:

一、性别统计调查制度需要国家的保障

性别统计调查制度的实施需要国家的保障。把性别平等和妇女发展指标列为监测评估社会经济发展水平的基本指标,推动性别统计逐步纳入政府有关职能部门的常规统计工作,动员和整合政府统计系统的力量,将性别统计纳入官方统计生产的各阶段,推进分性别统计监测制度化建设。国家、省、市三级建立完善妇女发展统计监测数据库,支持县级妇女发展统计监测数据库建设。《统计法》和《统计法实施条例》应当对性别统计作出明确要求,要建立从指标设置调整到数据收集、存储、汇编、分析、发布等全过程管控的体制机制,加强对政府相关部门关于性别统计指标增减调整的审查。

二、性别统计监测指标体系需要完善

目前,性别统计已经进入国家常规统计调查制度,国家和地方两级设

置了专门的性别统计机构和人员，形成了统计部门与性别研究机构的稳固合作。但是与新时代妇女发展的需要相比，性别统计的监测指标还需要进一步完善，根据需要调整扩充妇女发展统计指标。我国应当构建以“妇女发展纲要”目标监测为核心的妇女发展统计监测指标体系，《妇女儿童状况综合统计报表制度》和《中国妇女发展纲要（2021—2030年）》已确定了性别平等与妇女发展指标体系由七个子系统构成。其中健康、教育、经济、参与决策与管理4个重点领域指标为核心指标。性别统计监测指标体系应当围绕妇女发展纲要的七个子系统，重点在4个核心指标领域，构建和完善符合我国国情的性别统计监测指标体系。

三、性别统计调查的定期数据和分析结果要公开发布

开展性别统计调查和分析的目标是为科学决策提供依据，因此性别统计调查的分析结果要定期公开发布，使性别统计更好地服务于性别平等的政策促进和宣传倡导。积极推动性别统计数据发布的制度化、经常化，提高数据的共享程度，为分性别统计数据的分析和研究提供支持，促进统计数据及其研究成果更好地为党和政府制定决策提供参考。性别统计数据的公开和可利用程度，反映了妇女发展和社会文明进步程度。加强性别统计资料发布和出版，建设可供用户查询使用的分性别统计数据库，公开出版年度性别统计资料，使性别统计更好地服务于妇女事业发展。

关联法规

《中国妇女发展纲要（2021—2030年）》四

《未成年人保护法》第13条

《老年人权益保障法》第9条

第十条　【男女平等基本国策宣传教育】国家将男女平等基本国策纳入国民教育体系，开展宣传教育，增强全社会的男女平等意识，培育尊重和关爱妇女的社会风尚。

条文解读

本条为新增条文，是关于男女平等基本国策宣传教育的规定。

现行法律对男女平等基本国策的宣传教育缺乏规定，这与基本国策的重要地位不相匹配。

第1款规定，应当将男女平等基本国策纳入国民教育体系。宣传教育应当是全社会广泛参与的活动，第2款、第3款增加了开展宣传教育的主体以及相应的主体责任。

1995年，联合国第四次世界妇女大会在北京召开。江泽民同志在开幕式上指出："我们十分重视妇女的发展和进步，把男女平等作为促进我国社会发展的一项基本国策。"这是男女平等基本国策首次提出，是我国政府对国际社会的郑重承诺。

2005年《妇女权益保障法》，首次将男女平等作为基本国策写入法律，明确规定，"实行男女平等是国家的基本国策。国家采取必要措施，逐步完善保障妇女权益的各项制度，消除对妇女一切形式的歧视"。

2012年，"坚持男女平等基本国策"被写入党的十八大报告。至此，"男女平等"在中国实现了从进步人士的先进理念到社会普遍共识、从政府承诺到立法保护、从执政党的意志到治国方略的跨越性发展。继党的十八大之后，党的十九大、二十大报告中，均提及了"坚持男女平等基本国策，保障妇女儿童合法权益"。这将为实现妇女平等依法行使民主权利、平等参与经济社会发展、平等享有改革发展成果提供更加坚实的政治保证。

男女平等基本国策是促进妇女与经济社会同步发展、男女两性平等协调发展、妇女自身全面发展的一项带有长远性和根本性的总政策。男女平等的核心要义就是要尊重妇女的主体地位、尊重男女生理差异,在承认男女现实差异的前提下,倡导男女两性权利、机会和结果的实质性平等,切实在出台法律、制定政策、编制规划、部署工作时充分考虑男女两性的现实差异和妇女的特殊权益,依法保障妇女合法权益。

适用要点

适用本条规定时应当注意:

一、男女平等基本国策教育应当纳入国民教育体系

国民教育体系主要是指主权国家通过制度或法律的形式,对本国所有享有公民权利的人所提供的一种不同层次、不同形态和不同类型的教育服务系统,指由五方面教育和三项保障机制所构成的现代教育事业总体。五方面教育是:义务教育、基础教育、高等教育、职业教育和成人教育。三项保障机制是:国民教育经费保障机制、国民教育教师保障机制和国民享受教育权利保障机制。《中共中央关于构建社会主义和谐社会若干重大问题的决定》提出"建设现代国民教育体系"。现代国民教育体系以终身教育思想为导向,以普通教育和职业教育为基础,以初等、中等、高等教育为层次,以成长教育和继续教育为阶段,以提高全民族思想道德素质和科学文化素质,形成全民学习、终身学习的学习型社会为目标。将男女平等基本国策教育纳入国民教育体系,积极推进性别平等教育进学校、进教材、进课堂,将有助于在大、中、小学校教育中,培养青少年的男女平等意识和观念,促进男女平等价值观在青少年学生的心中落地生根,将男女平等内化为人们的自觉意识,外化为人们的行为习惯,是贯彻落实男女平等基本国策的长远之举。

二、男女平等基本国策的宣传教育要注重培育尊重和关爱妇女的社会风尚

目前,我国已形成了以《宪法》为基础,以《妇女权益保障法》为主体,

涵盖一百多部法律法规在内的保障妇女权益、促进男女平等的法律体系。但是,徒法不足以自行。真正实现男女平等,不仅要靠法律体系的完善,国家强制力的保障实施,也要靠全社会思想观念的转变和意识的提升。下一步,要在贯彻落实男女平等基本国策,做好国策的宣传教育上下功夫。本法已经规定,国家将男女平等基本国策纳入国民教育体系,为全体国民提供系统的教育服务。要针对不同年龄段、不同类型的受教育者,把男女平等真正融入受教育的内容中,推进国策教育进企业、进乡村、进社区、进机关、进校园、进军营、进网络,通过开展宣传教育,增强全社会的男女平等意识,培育尊重和关爱妇女的社会风尚。

关联法规

《宪法》第 48 条

《反家庭暴力法》第 6 条

《中央宣传部、司法部关于开展法治宣传教育的第八个五年规划(2021—2025 年)》三、(一)

第十一条 【表彰和奖励】国家对保障妇女合法权益成绩显著的组织和个人,按照有关规定给予表彰和奖励。

条文解读

本条是关于表彰和奖励的规定。

本条是在 2018 年《妇女权益保障法》第 8 条的基础上修改而来。

中共中央办公厅、国务院办公厅 2018 年印发了《评比达标表彰活动管理办法》,根据该文件的规定,评比达标表彰活动应按照程序报批后实施,省级表彰项目实行目录管理,省级以下表彰项目实行计划和限额管理。有关表彰的国家规定对表彰主体有明确规定。因此,在给予表彰和奖励前增加了“按照有关规定”的表述,此次修改后的表述更严谨规范。

适用要点

适用本条规定时应当注意以下几点:

一、表彰和奖励的主体是国家

《评比达标表彰活动管理办法》规定:评比达标表彰工作实行中央和省(自治区、直辖市)两级审批制度。党中央、国务院负责审批中央和国家机关、人民团体、有关社团及其所属单位的评比达标表彰项目和各省(自治区、直辖市)的省级评比达标表彰项目。各省(自治区、直辖市)党委和政府负责审批本地区省级以下评比达标表彰项目。审批权限不得擅自下放或者变相下放。并且,各省(自治区、直辖市)评比达标表彰工作协调机构应当及时将省级以下项目设立、调整或者变更情况报全国评比达标表彰工作协调小组备案。各地区各部门开展评比达标表彰活动,必须严格控制数量,不得要求下级单位配套开展。全国妇联设立全国维护妇女儿童权益先进表彰项目,每两年举办一次,旨在推动政府和社会各界共同做好妇女儿童权益保护工作。

二、表彰和奖励的对象是保障妇女合法权益成绩显著的组织和个人

进行表彰和奖励的对象,应当是在保障妇女合法权益工作中取得显著成绩的组织和个人。所谓“显著成绩”一般是指做出大家公认的突出贡献或者在某一方面做出显著行为。其范围相当广泛,国家行政机关及其工作人员、普通公民、企事业单位、社会团体等,都可以成为其对象。2021年12月28日,全国妇联在京发布第七次全国维护妇女儿童权益先进集体、先进个人名单。获奖的集体与个人主要来自基层公检法司、教育、民政、卫生等相关部门,工青妇等人民团体,律所、协会等其他组织,分别在决胜全面建成小康社会、决战脱贫攻坚、抗击新冠肺炎疫情等伟大实践

中，积极应对维权领域出现的新问题、新挑战，砥砺奋进、迎难而上，为妇女儿童权益保护工作作出重要贡献。此外，在全国三八红旗手、全国劳动模范等荣誉的表彰对象中，也有大量在妇女合法权益保障工作中作出显著成绩的组织和个人。

三、表彰和奖励要按照有关规定

表彰和奖励的项目设立、调整或者变更必须符合以下要求：一是项目对推进社会主义经济建设、政治建设、文化建设、社会建设、生态文明建设和党的建设具有积极作用和重要意义；二是项目名称与评选内容相符合，项目范围与主办单位职能范围相一致；三是项目奖项、规模和周期设置科学合理，原则上不设置子项目；四是项目评选过程公开、公平、公正，程序严格规范；五是项目经费预算符合国家有关规定。表彰和奖励项目的审批也必须符合严格的程序要求，比如中央和国家机关、人民团体、有关社团及其所属单位的评比达标表彰项目和各省（自治区、直辖市）省级评比达标表彰项目的设立、调整或者变更，在每年 3 月底前按照归口分别向党中央、国务院提出申请。并且，一般不允许开展临时性评比达标表彰活动。因此，本法所规定的对保障妇女合法权益成绩显著的组织和个人所给予的表彰和奖励，必须是按照《评比达标表彰活动管理办法》的条件和程序、经过审批的表彰和奖励项目，各级单位和个人都不得自立名目进行表彰和奖励活动。

关联法规

《评比达标表彰活动管理办法》第 1 条、第 6—8 条、第 24 条、第 29 条

第二章　政治权利

第十二条　【国家保障男女平等政治权利的义务】国家保障妇女享有与男子平等的政治权利。

条文解读

本条是关于国家保障男女平等政治权利的规定。

本条的宪法依据是《宪法》第48条第1款“中华人民共和国妇女在政治的、经济的、文化的、社会的和家庭的生活等各方面享有同男子平等的权利”和第2款“国家保护妇女的权利和利益,实行男女同工同酬,培养和选拔妇女干部”。《宪法》第48条的规定实际上是确认了国家负有保障男女平等政治权利的义务。历史地看,男女平等享有政治权利是中国共产党一贯的立场和主张。中国共产党成立初期,党中央就重视妇女的政治权利,党的二大曾提出“帮助妇女们获得普通选举权及一切政治上的权利与自由”;抗战时期,中国共产党为鼓励妇女参政,还制定各种政策方案,曾规定妇女参政不少于25%的数额,极大地提高了妇女的政治地位。新中国成立之初,《中国人民政治协商会议共同纲领》及随后的立法都确认了男女平等享有政治权利。如1950年《婚姻法》明确规定,“夫妻双方均有选择职业、参加工作和参加社会活动的自由”,1953年《全国人民代表大会及地方各级人民代表大会选举法》赋予妇女与男子同等的选举权和被选举权,1954年《宪法》规定中国妇女在政治的、经济的、文化的、社会的和家庭的生活各方面享有的平等权利，此后历次宪法修正案都对此予以保留。鉴于妇女在我国政治生活中实际上依然面临的一些困境，国家该如何保护妇女的各项权利？通过专项立法来具体落实《宪法》规定成为必然要求。1992 年制定《妇女权益保障法》时专章规定"政治权利"，明确规定保障妇女享有与男子一样的政治权利是国家的责任。随后的几次修改都延续了这一规定。

适用要点

本条主要是强调国家负有责任采取措施保障男女平等享有政治权利。多年来我国政府一直根据形势变化采取各种适宜措施鼓励妇女参与公共生活和国家事务的管理。主要的措施体现在三个方面：一是通过立法为妇女平等享有政治权利提供立法保障；二是积极制定政策措施和规划来落实立法规定；三是注重培养选拔女干部，推进和落实妇女参与国家和公共事务管理。《宪法》《全国人民代表大会和地方各级人民代表大会选举法》《妇女权益保障法》等法律提供了立法方面的保障。政策方面如 1988 年中组部、全国妇联联合下发《在改革开放中加强培养选拔女干部工作的意见》，2001 年中组部出台的《关于进一步做好培养选拔女干部、发展女党员工作的意见》等。规划和纲要方面如 1995 年以来，国务院相继颁布四个周期的中国妇女发展纲要，明确提出不同时期妇女参政的主要目标和策略措施；2009 年以来，国务院相继颁布四个国家人权行动计划，其中都涉及保障妇女政治权利。《国家中长期人才发展规划纲要（2010—2020 年）》明确提出促进人才性别结构趋于合理的战略目标，并对女干部培养提出具体要求。国家积极从立法和贯彻执行两个方面保障本条规定的落地是本条适用的关键。

关联法规

《宪法》第 34 条

《全国人民代表大会和地方各级人民代表大会选举法》第 4 条、第 7 条

第十三条 【妇女参政的具体内容】妇女有权通过各种途径和形式，依法参与管理国家事务、管理经济和文化事业、管理社会事务。

妇女和妇女组织有权向各级国家机关提出妇女权益保障方面的意见和建议。

条文解读

《宪法》第 2 条第 3 款规定："人民依照法律规定，通过各种途径和形式，管理国家事务，管理经济和文化事业，管理社会事务。"《宪法》的上述规定是本条规定的宪法依据。本条第 1 款列举了妇女行使政治权利的具体表现，即参与管理国家事务、管理经济和文化事业、管理社会事务。本条第 2 款规定了妇女和妇女组织有提出意见和建议的权利。政治权利作为公民的一项基本权利在《宪法》中占有重要地位，但是《宪法》对"政治权利"并无明确列举。根据我国《刑法》第 54 条的规定，剥夺政治权利是指剥夺下列权利：(1)选举权和被选举权；(2)言论、出版、集会、结社、游行、示威自由的权利；(3)担任国家机关职务的权利；(4)担任国有公司、企业、事业单位和人民团体领导职务的权利。其中第 2 项所剥夺的就是政治表现的自由，对于非政治表现的自由则不宜剥夺。本条从妇女政治权利保障需求出发，具体规定了 4 项妇女的政治权利，但并不是说妇女的政治权利仅限于此。

第 2 款规定了妇女和妇女组织的建议权。《宪法》第 41 条规定了公民的建议权，但该规定是针对所有公民的，公民可以就任何事务向国家机关和国家机关工作人员提出意见和建议。而本款所确认的是妇女和妇女组织可以就妇女权益保障向国家机关提出意见和建议，当然这并不是说男性公民就不能就妇女权益保障提出意见和建议，只是更强调了妇女和妇女组织的建议权。与男性相比，妇女整体上处于弱势地位，而且相当数量的妇女对于自身权益缺乏清晰全面的认识，无法提出涉及自身权益的意见和建议，因此本款还规定了妇女组织的建议权。需要注意的是，这里的妇女组织不仅包括妇联组织，还包括依法成立的其他以维护妇女权益为目的的社会团体。

适用要点

本条从妇女在现实生活中行使政治权利的需求出发，提出了几个方面的政治权利的内容，这意味着国家应该在上述内容方面采取措施，保障妇女能平等参与管理国家事务、管理经济和文化事业、管理社会事务。实际生活中，基于社会文化偏见，传统性别观念认为与男性相比，妇女的参政意识与参政能力都存在不足，这导致妇女较难有机会参与国家管理和社会经济、文化管理。因此，本条规定“妇女有权通过各种途径和形式，依法参与管理国家事务、管理经济和文化事业、管理社会事务”，其实质不仅是重申妇女的这些政治权利，更主要的是明确要求政府在这几方面要采取措施，保障妇女这些政治权利的实现。

关联法规

《宪法》第 2 条、第 41 条

《全国人民代表大会和地方各级人民代表大会选举法》第 7 条

《村民委员会组织法》第 6 条第 2 款、第 25 条

第十四条 【妇女的选举权和被选举权】妇女享有与男子平等的选举权和被选举权。

全国人民代表大会和地方各级人民代表大会的代表中，应当保证有适当数量的妇女代表。国家采取措施，逐步提高全国人民代表大会和地方各级人民代表大会的妇女代表的比例。

居民委员会、村民委员会成员中，应当保证有适当数量的妇女成员。

条文解读

本条实际上是对《宪法》《全国人民代表大会和地方各级人民代表大会选举法》《村民委员会组织法》等法律相关条款的重申。值得注意的是，妇女参政比例一直是衡量世界各国妇女地位的一个重要指标。1995年在北京召开的世界妇女大会通过的《联合国第四次世界妇女大会行动纲领》提出了在各级议会中妇女席位至少要占30%，通过滚动发展逐步达到50%的目标。在我国，妇女代表比例在立法上经历了一个从无到有的过程，1992年《妇女权益保障法》对各级人大女代表的数量作了原则性的规定，1995年《全国人民代表大会和地方各级人民代表大会选举法》把全国人大和地方各级人大代表中应有“适当数量的妇女代表”规定进来，并延续至今。2007年十届人大五次会议第一次规定了全国人大女代表的具体比例，即“第十一届全国人民代表大会代表中，妇女代表比例不低于22%”。在地方立法中，一些省份基于本省实际情况，发挥地方立法的能动性，在本省的《〈选举法〉实施细则》和《〈妇女权益保障法〉实施办法》中对人大代表中的妇女比例作明确规定。

关联法规

《全国人民代表大会和地方各级人民代表大会选举法》第7条

第十五条 【国家保障女干部的培养、选拔和任用】国家积极培养和选拔女干部,重视培养和选拔少数民族女干部。

国家机关、群团组织、企业事业单位培养、选拔和任用干部,应当坚持男女平等的原则,并有适当数量的妇女担任领导成员。

妇女联合会及其团体会员,可以向国家机关、群团组织、企业事业单位推荐女干部。

国家采取措施支持女性人才成长。

条文解读

重视培养和选拔女干部是我们党和国家的一贯做法,我国《宪法》和《中国共产党章程》对此都予以了确认,并通过一系列的法律和政策文件和具体措施予以落实。例如,中央曾多次召集专门的女干部工作座谈会,对地方各级党政领导班子女干部配备、正职女干部的选拔、后备干部队伍中女干部的比例等提出了明确的目标和具体措施。各地也纷纷出台具体目标和措施。国务院颁布的四个《中国妇女发展纲要》中也都有关于女干部培养选拔的具体目标。可以说,第1款的内容实质上是对党在女干部培养、选拔方面政策的法律确认,是把党的政策上升为国家意志。

本条第2款是关于国家机关、群团组织、企业事业单位培养、选拔和任用干部时,不得有性别歧视,在领导班子中应该确保有一定数量的女性的规定。实际上早在1990年第一次培养选拔女干部座谈会上,中组部就提出了强制性措施,即今后在调整领导班子时,必须按照规定配备女干部。中组部和全国妇联于1995年联合召开的第三次女干部、女党员工作座谈会上提出,到20世纪末的具体目标是省级党政领导班子至少要有1名女干部,地、县、乡党政领导班子至少要有1名女干部,争取配备2名;中央和国家机关不为领导班子要尽可能多地配备女干部,正职的女干部数量要有所增加;女职工补缴集中的行业、部门以及企事业单位,要多选配女干部。《中国妇女发展纲要(1995—2000年)》对此予以确认。2001年,根据中组部《关于进一步做好培养选拔女干部、发展女党员工作的意见》和《中国妇女发展纲要(2001—2010年)》,培养选拔女干部工作由党政领导班子扩展到党委、政府、人大、政协四大班子,并对党委、政府工作部门领导班子女干部的配备提出了更为具体的目标(要求一半以上的领导班子配备女干部),尤其对年轻优秀女干部的配备和后备女干部的比例提出了非常具体的要求。到了2010年,中组部《关于认真做好市、县、乡党委换届工作的通知》要求市县乡党政正职中有一定数量的女干部。2011年发布的《中国妇女发展纲要(2011—2020年)》提出,到2020年县级以上地方政府领导班子中有1名以上女干部,并逐步增加;国家机关部委和省(区、市)、市(地、州、盟)政府工作部门领导班子中女干部数量在现有基础上逐步增加;县(处)级以上各级地方政府和工作部门领导班子中担任正职的女干部占同级正职干部的比例逐步提高。2021年发布的《中国妇女发展纲要(2021—2030年)》对妇女参政继续予以稳健支持。尽管本法对女性领导的数量或比例没有明确规定,但是可以看出,多年来通过党的政策和政府具体措施的推进,女干部担任领导职务的数量稳步提高。因此,本条规定依然为女干部担任领导职务提供了法律支持。

本条第3款规定了妇联及其团体会员对女干部的人事推荐权,在一定程度上为妇女参政获得了来自组织的有力支持。妇联自成立以来,推进妇女参政始终是妇联组织的重要工作重点之一。中国共产党和政府也一贯非常重视妇联组织在女干部培养选拔工作中的作用。1990年的长春会议纪要中特别指出各级妇联应成为输送女干部的重要基地。

本条第4款规定了国家对女性人才成长所负有的促进责任。党和国家历来高度重视人才工作。进入新世纪新阶段,党中央、国务院作出了实施人才强国战略的重大决策。2010年6月,中共中央国务院印发了我国第一个中长期人才发展规划——《国家中长期人才发展规划纲要(2010—2020年)》,成为我国人才工作的指导性文件。促进女性人才特别是高层次人才成长，是人才强国战略的重要内容，也是衡量我国妇女地位的重要标志之一，更是贯彻落实男女平等基本国策的表现。但是，当前我国女性人才特别是高层次女性人才的数量和质量与妇女在经济社会中的参与程度还不相适应，与国家经济社会发展及当今世界潮流还有一定的差距。因此，国家非常有必要采取促进女性人才成长的措施。2010 年 11 月，全国妇联发布了《关于贯彻落实〈国家中长期人才发展规划纲要（2010—2020）〉促进女性人才成长的意见》，对妇联组织促进女性人才成长工作进行了部署和安排；2021 年 6 月 17 日，科技部等十三部门印发《关于支持女性科技人才在科技创新中发挥更大作用的若干措施》，进一步激发女性科技人才创新活力，更好发挥女性科技人才在推动创新驱动发展、实现高水平科技自立自强、建设世界科技强国中的重要作用。本次修法，又增加“国家采取措施支持女性人才成长”作为本条的第 4 款，把党对女性人才的重视上升为国家意志，为支持女性人才工作提供了法律依据。

关联法规

《中国共产党章程》第 35 条第 3 款

第十六条　【妇联的政治参与】妇女联合会代表妇女积极参与国家和社会事务的民主协商、民主决策、民主管理和民主监督。

条文解读

妇联作为我国最重要的妇女组织，是全国各族各界妇女为争取进一步解放与发展而联合起来的群团组织，是党和政府联系妇女群众的桥梁和纽带，是国家政权的重要社会支柱。妇联以联系和服务妇女为根本任务，以代表和维护妇女权益、促进男女平等和妇女全面发展为基本职能。因此，法律赋予妇联代表妇女积极参与国家和社会事务的民主协商、民主决策、民主管理和民主监督,这是应有之义。《中华全国妇女联合会章程》第3条也明确规定:“代表妇女参与管理国家事务、管理经济和文化事业、管理社会事务,参与民主决策、民主管理、民主监督,参与有关法律、法规、规章和政策的制定,参与社会治理和公共服务,推动保障妇女权益法律政策和妇女、儿童发展纲要的实施。”

适用要点

本条以立法的形式明确规定了妇女联合会作为妇女代言人可以全面参与国家和社会事务的管理。本条规定属于笼统性授权,需要通过具体法律、法规和规章来进一步予以落实,使之具有可操作性。适用本条时,妇联尤其要注意在日常工作中应积极履职,主动为妇女权益发声。值得注意是,与2018年《妇女权益保障法》相比,本条增加了妇联的“民主协商”职能。民主协商即政治协商,是协商民主的一种重要表现形式,是对国家和地方大政方针以及政治、经济、文化和社会生活中重要的问题在决策前和执行中的协商,是民主科学决策的重要环节。协商民主是中国经过长期探索建立起来的符合中国国情的中国特色社会主义民主政治制度。在党的十九大报告中,习近平总书记指出:“有事好商量,众人的事情由众人商量,是人民民主的真谛。协商民主是实现党的领导的重要方式,是我国社会主义民主政治的特有形式和独特优势。要推动协商民主广泛、多层、制度化发展,统筹推进政党协商、人大协商、政府协商、政协协商、人民团体协商、基层协商以及社会组织协商。加强协商民主制度建设,形成完整的制度程序和参与实践,保证人民在日常政治生活中有广泛持续深入参与的权利。”2022年《妇女权益保障法》增加了妇联参与民主协商的职能,是对中国特色社会主义民主政治制度的法律完善,也为妇联作为妇女权益代言人参与政治协商提供了法律依据;是笼统性授权,妇联要积极履职。

第十七条　【重视公民对妇女权益保障工作的监督】对于有关妇女权益保障工作的批评或者合理可行的建议，有关部门应当听取和采纳；对于有关侵害妇女权益的申诉、控告和检举，有关部门应当查清事实，负责处理，任何组织和个人不得压制或者打击报复。

条文解读

本条规定是对《宪法》第41条所规定的批评权、建议权等监督权在涉及妇女权益保障工作方面的具体化。民主社会意味着公民有机会能够参与国家管理、表达政治诉求、履行监督权利。监督权属于参政权的一个组成部分，是一种直接的政治监督权，主要包括批评权、建议权、申诉权、控告权、检举权五项内容。公民作为国家权力的监督者，享有监督国家机关正确行使职权的宪法权利。监督权包括公民直接行使的监督权和公民通过自己选举的国家代表机关代表行使的监督权。本条规定实际上是要求国家有关部门对公民有关妇女权益保障工作的直接监督，应畅通听取意见和建议的渠道，倾听批评和建议，合理可行的建议应予以采纳。公民监督，有利于消除腐败现象，克服官僚主义和不正之风，改进国家机关及其工作人员的工作；也有利于维护国家利益和公民的合法权益。实践中，我国公民行使监督权的途径和方式有很多，传统的监督方式如信访举报、人大代表联系群众制度等，新型的监督方式如听证会、民主评议会、网上评议等。具体到妇女权益保障工作来说，随着信息技术的发展，我国地方各级政府普遍建立线下、线上相结合的方式来倾听意见和建议，如通过"12345"政务热线，各级妇联的"12338"热线、智慧平台等。

适用要点

本条在适用时要注意两个方面：对于公民而言，就是行使宪法和法律所规定的监督权；对于有关部门而言，则应采取措施，构建常态化的、畅通的沟通机制,及时收到公民的意见和建议,并对这些意见和建议进行整理分析和研判,对合理可行的部分予以采纳。对于公民就有关妇女权益的申诉、控告和检举,要重视并积极处理。

关联法规

《宪法》第41条

第三章　人身和人格权益

第十八条　【国家保障妇女的人身和人格权益】国家保障妇女享有与男子平等的人身和人格权益。

条文解读

本条是关于妇女享有与男子平等的人身和人格权益的一般规定。

本条在继承2018年《妇女权益保障法》第36条的基础上,进行了完善。具体变化体现在两个方面:第一,将原“人身”权利修改为“人身和人格”权益。第二,将旧法规定的人身“权利”,修改为人身和人格“权益”,扩大了旧法的保护客体范围。此变化的原因之一在于呼应我国《民法典》人格权编。《民法典》在体例上的重要创新之一是将人格权独立成编,极大地提升了对民事主体人格权的保护力度。原因之二是随着我国社会主义法治建设的不断发展,我国对人权保护愈加重视。《妇女权益保障法》扩大对妇女人权保护的范围是必然趋势。

本条是《宪法》第48条在《妇女权益保障法》中的具体体现。我国《宪法》规定,中华人民共和国妇女在政治的、经济的、文化的、社会的和家庭的生活等各方面享有同男子平等的权利。国家保护妇女的权利和利益。《中国妇女发展纲要(2011—2020年)》把贯彻男女平等基本国策纳入总目标。党的二十大报告提出,“坚持男女平等基本国策,保障妇女儿童合法权益”。本条规定是妇女各类人身与人格权益得以实现,人格尊严得到维护的法律保障。

国家保护妇女的权利和利益,对于人身和人格权益,应当明确:第一,人身和人格权益具有高度的抽象性和概括性,它将最广泛的人身和人格权益涵盖其中。第二,人身和人格权益分为宪法上的人身和人格权益、私法上的人身和人格权益。本条规定是私法上的人身和人格权益。第三,人身和人格权益不直接体现物质利益,且具有人身专属性。国家对人身和人格权益的保护是以实现和维护人的人格尊严、人身自由并促进人的全面发展为宗旨。第四,人身和人格权益具有开放性的特征,以此适应社会生活中保护新型人身和人格权益的现实需要。人格利益与人身权益具有确定性,但随着社会的不断发展与司法保护的不断增强,它们的保护范围也在不断扩展。[1] 第五,法律明确妇女的人身和人格权益受国家保护,并强调妇女享有与男子平等的人身和人格权益,禁止任何非法干预或侵害妇女人身和人格权益的行为。

适用要点

本条是本章的总括性规定。在司法实践中,其可以与本章其他具体条款一并适用,也可以当妇女的人身、人格权益受到侵害时,在具体条款没有明确规定时,作为原则性、概括性条款援引适用。

在适用本条时应注意四点:一是妇女的人身和人格权益包含身体性的人身和人格权益,如基于妇女的生命、身体、健康等拥有的权益,也包含精神性的人身和人格权益,如基于妇女的名誉、姓名、肖像、隐私等拥有的权益。妇女的人身和人格权益都是《妇女权益保障法》应予保护的范围。二是本条强调国家应当平等保护妇女享有的人身和人格权益。基于性别差异,妇女作为女性应当享有的人身和人格权益都应在国家保护的范畴之内。三是本条强调妇女享有与男子平等的人身和人格权益,并不是以

〔1〕 Gert Brüggemeier, Aurelia Colombi Ciacchi, Patrick O'Callaghan, *Personality Rights in European Tort Law*, Cambridge, Cambridge University Press, 2010, p. 567.

男子的人身和人格权益作为参照标准，而是应当针对妇女人身和人格权益受到侵害的现实需求做出有针对性的国家保护。四是在具体司法审判中，应当通过个案价值裁量来判断妇女的人身和人格权益是否存在被侵害的情形，以实现国家保护。

关联法规

《宪法》第 48 条

《民法典》第 109 条、第 110 条、第 990 条、第 991 条、第 1165 条、第 1183 条

案例指引

李某 1、李某 2 探望权纠纷案[1]

——探望权是父母双方基于身份关系对子女享有的权利，男女双方享有平等的探望权，体现父母双方的监护权益。

基本案情：原告李某 1(母亲)与被告李某 2(父亲)于 2015 年 8 月 10 日在四川省南充市南部县民政局办理结婚登记手续，婚后于××××年××月××日育有一女，取名李某 3。后原被告因性格不合于 2020 年 12 月 28 日在山东省潍坊高新技术产业开发区民政局办理离婚登记手续。离婚协议上约定婚生女李某 3 由被告抚养，原告享有每个月一次的探望权。双方离婚后至今，原告总共探望了 2 次孩子。每次被告方均不予配合，以探视后孩子不好带以及疫情原因等

〔1〕 (2022)鲁 0791 民初 1020 号。

各种理由不让女方探望。现被告已将原告微信拉黑,原告给被告发短信也不回,拒绝沟通。离异后,父母对孩子的探望权是法定权利,被告的恶意阻拦,已经严重影响孩子的健康成长。

裁判要旨:本院认为,《民法典》第1086条第1款、第2款规定:"离婚后,不直接抚养子女的父或母,有探望子女的权利,另一方有协助的义务。行使探望权利的方式、时间由当事人协议;协议不成的,由人民法院判决。"探望权是离婚后父亲或母亲对子女的一项法定权利,是基于亲权的一种派生权利,只要身份关系存在,探望权就应该是非直接抚养一方的权利,李某1作为李某3的母亲,要求探望李某3,本院依法予以准许。关于李某1行使探望权利的方式、时间,根据原被告在离婚协议中对探望权的约定,结合当事人的主张和案件的实际情况,本院认定,原告可每月探望婚生女李某3一次,于每月最后一个周末由原告将李某3接走探望(周六上午9点接李某3,周日晚6点前将李某3送回),如遇原告未能在该时间段探望,则原被告另行协商探望时间;国家法定节假日及寒暑假期间,应结合李某3的意见,由李某1、李某2自行协商探望事宜;李某2有协助探望的义务。双方在离婚协议中未约定视频通话的方式,李某2对此亦不予认可,李某1请求每周可与李某3视频通话2次(每次时间不短于15分钟)的请求,依据不足,本院不予支持。

第十九条　【妇女的人身自由不受侵犯】妇女的人身自由不受侵犯。禁止非法拘禁和以其他非法手段剥夺或者限制妇女的人身自由;禁止非法搜查妇女的身体。

条文解读

本条是关于妇女人身自由受法律保护的宣示性规则,确立了妇女的人身自由不受侵犯的基本原则。

本条承继了2018年《妇女权益保障法》第37条的规定，也是《宪法》第37条在《妇女权益保障法》中的具体体现。我国《宪法》规定，中华人民共和国公民的人身自由不受侵犯。任何公民，非经人民检察院批准或者决定或者人民法院决定，并由公安机关执行，不受逮捕。禁止非法拘禁和以其他方法非法剥夺或者限制公民的人身自由，禁止非法搜查公民的身体。《宪法》关于保护公民的人身自由的规定是本条规定保护妇女的人身自由的基石。这体现在：一方面，《宪法》的上述规定是本法关于妇女人身自由的立法根据与遵循的基本原则。公民的人身自由是《宪法》规定的公民的基本权利之一。本条是对《宪法》关于保护妇女的人身自由的细化。另一方面，《宪法》关于保护公民的人身自由的规定是统领性规定。《宪法》作为我国的根本法，为本条规定提供法律指导和基本价值基础。本条既是在为我国保护公民的人身自由构建完整的制度体系，也是我国在制度上全面地实现保护妇女的人身自由的具体化。

人身自由是自然人自主参加各类社会活动、参与各种社会关系、行使其他人身权和财产权的基本保障，是自然人行使其他一切权利的前提和基础。关于保护妇女的人身自由，本条采用列举的方法做出禁止性规范。本条开宗明义地规定了两大类禁止行为：一是禁止非法拘禁和以其他非法手段剥夺或者限制妇女的人身自由。二是禁止非法搜查妇女的身体。本条明确规定，除非合法拘禁和合法剥夺或者限制妇女的人身自由，合法搜查妇女的身体，其他非法行为一律禁止。本条规定告诫人们，妇女的人身自由不得恣意侵犯，否则应当承担相应的法律后果。

本条规定强调三个内容：第一，《妇女权益保障法》对妇女的人身自由保护的全面性。任何非法拘禁、以其他非法手段剥夺或者限制妇女的人身自由行为都是法律明确禁止的，任何非法搜查妇女身体的行为都是法律明确禁止的。第二，《妇女权益保障法》对妇女的人身自由保护的现实性。基于女性性别的特殊性，本条专门结合社会实践中有关妇女的人身自由受到侵犯的具体情形做出有效法律规范,将日常生活中最为常见的侵犯妇女人身自由的情形加以列举。第三,《妇女权益保障法》对妇女的人身自由保护注重事先预防。本条规定对公民尤其是有意图侵犯妇女的人身自由的行为人给予警示:哪些行为属于侵犯妇女的人身自由的行为,并且法律明确规定禁止做出侵犯妇女的人身自由的行为。

适用要点

在适用本条时应当注意三点:

一是,在司法实践中,妇女的人身自由既包含妇女的行为自由也包含妇女的意志自由,是广义上的人身自由。《妇女权益保障法》规定的人身自由是狭义上的人身自由,即行为自由。此种理解与《民法典》第1011条遥相呼应。

二是,明确非法拘禁、以其他非法手段剥夺或者限制妇女的人身自由以及非法搜查妇女身体的界限。应当排除合法拘禁、以合法手段剥夺或者限制妇女的人身自由以及合法搜查妇女的身体情形,如机场安检人员合法地搜查女性乘客的身体属于合法情形。

三是,侵犯妇女的人身自由是对妇女的"非物质性人身权益"的侵害。在司法实践中,侵害妇女的人身自由在造成其他损害后果的同时,也有可能造成妇女的财产损失,此种财产损失并非侵权行为导致的主要损害后果,而是附带存在的损害后果,如妇女因被侵害人身自由需要救济而花费的公共交通费、律师费等,因被侵害人身自由导致误工而减少的收入等。因此,上述财产损失,妇女可以要求损害赔偿。

关联法规

《宪法》第37条

《民法典》第1167条、第1179条、第1181条

案例指引

万某某超市搜身案[1]

——禁止非法搜查妇女的身体

基本案情：原告诉称：2020 年 7 月 24 日，原告在被告（下称万某某超市）处购物后欲离开，超市工作人员在无任何证据的情况下，以怀疑原告盗窃为由，强行搜身。原告及其母亲强烈拒绝，无奈对方人手众多，将原告上身衣服掀至胸部，并对原告身体进行触摸式搜查，搜查后无任何发现。当日，原告回家精神异常，原告母亲发现事态严重，遂于次日向永和路派出所报警。警察到场，原告要求被告在搜身处赔礼道歉，但被告工作人员只同意在库房内道歉。被告的言行，简直无视法律规定，原告刚满 18 岁，还是个未经世事的孩子，事发时是在人员密集的超市出口处，围观者众多，被告强行搜身的行为，给原告造成极大的伤害，事发后，原告每夜失眠、经常自言自语、拒绝与人沟通、家人无奈只能带其去进行心理治疗。请求：(1) 判令被告向原告赔礼道歉（地点：被告违法对原告搜身处——超市出口处）。(2) 被告支付精神损害抚慰金 5000 元。(3) 本案诉讼费用由被告承担。

裁判要旨：本院认为，公民的人身权利受法律保护，任何组织和个人不得侵犯。原告提供的证据可证明原告于 2020 年 7 月 24 日 20:02 在被告经营的万某某超市出口处被被告处工作人员搜身，被告对此未提出抗辩，其行为构成侵权，原告主张被告在侵权行为发生场所即被告经营的万某某超市出口处向原告进行赔礼道歉，符合法律规定，本院应予支持。

法院认定：2020 年 7 月 25 日 15 时 15 分，陈某报警称 7 月 24 日原告在万某某超市买东西被搜身。

---

[1] (2020)晋 0213 民初 4349 号。

1. 被告大同万某某商贸有限公司某分公司在本判决书生效后10日内在分公司经营的万某某超市出口处向原告力某赔礼道歉;

2. 被告大同万某某商贸有限公司某分公司在本判决书生效后10日内向原告力某支付精神损害抚慰金1000元。

第二十条 【妇女的人格尊严不受侵犯】妇女的人格尊严不受侵犯。禁止用侮辱、诽谤等方式损害妇女的人格尊严。

条文解读

本条是关于妇女的人格尊严受法律保护的宣示性规则,确立了妇女的人格尊严不受侵犯的基本原则。

本条是《宪法》第38条在《妇女权益保障法》中的具体体现。我国《宪法》规定,中华人民共和国公民的人格尊严不受侵犯。禁止用任何方法对公民进行侮辱、诽谤和诬告陷害。《宪法》关于公民的人格尊严受法律保护的规定是本条规定妇女的人格尊严不受侵犯的法律基础。本条是专门针对妇女的人格尊严受法律保护的规定,用禁止性规范表明一切损害妇女的人格尊严的行为都属于《妇女权益保障法》禁止的行为。人格尊严属于抽象概念,它是对人最基本的尊重。人格尊严是指人基于人的尊严在人格上所具有的不可冒犯、不可亵渎、不可侵害或不可剥夺的一种社会性的精神特质。[1] 本条规定突显了社会主义法治社会"以人为本"的理念,彰显了人权保护色彩。

妇女的人格尊严包含消极意义上的妇女的人格尊严和积极意义上的妇女的人格尊严两个层面。本条是对消极意义上的妇女的人格尊严的规定,即妇女的人格尊严不受侵犯。积极意义上的人格尊严是指妇

[1] 《民法学》编写组编:《民法学》,高等教育出版社2022年版,第112页。

女的人格的自由发展。前者是对妇女的人格尊严最基本层面的保护，是对妇女的最起码尊重，也是人作为人的基本条件之一；后者则是对妇女的人格尊严更高层面的保护，是妇女人格的自由发展，也是实现人的全面自由发展的应有之义。这两个层面相辅相成、缺一不可，它们共同构成妇女的人格尊严的完整内容。本条列举了日常生活中最常见的两种侵犯妇女的人格尊严的情形：一是用侮辱方式损害妇女的人格，二是用诽谤方式损害妇女的人格尊严。这两种方式都是本法明确禁止的行为。

适用要点

本条规定对妇女的人格尊严给予了重要的法律保障。在适用本条时应当着重强调三个问题：

第一，侵犯妇女的人格尊严的行为不仅仅局限于采用侮辱、诽谤等方式损害妇女的人格尊严，法条用“等”起到了法律的兜底性条款作用，即一切侵犯妇女的人格尊严的行为都是本法明确禁止的。本条规定充分体现了对妇女的人格尊严保护的全面性。

第二，妇女的人格尊严不受侵犯是《妇女权益保障法》保护妇女的一项重要内容。在司法实践中，对妇女的人格尊严保护方法不仅囿于通过损害赔偿的方法，也可以采用人格权请求权的方法实现救济。这表明法律给予保护妇女的人格尊严的救济方式多样化。

第三，在具体个案中，侵权行为在侵犯诸如肖像权等具体权利的同时，也可能侵犯妇女的人格尊严。受害妇女可一并提出司法救济，法官应当基于实际案情而做出价值裁量进行裁判。

关联法规

《宪法》第 38 条

《民法典》第 991 条、第 995 条、第 1011 条

案例指引

黄某某与王某某名誉权纠纷案[1]

——禁止用侮辱方式损害妇女的人格尊严

基本案情:2021年9月30日,因为劳务纠纷,黄某某在北京市延庆区×乡调解室参与调解,现场有乡政府工作人员、派出所民警、黄某某及王某某。本院从派出所调取了当日的录像视频,视频中8:15-8:20显示,2021年9月30日22时51分,王某某说:“这个女的黄某某就是刘某某(音)的相好的,搞破鞋的。”庭审中,本院询问王某某是何人在电话中辱骂黄某某,王某某称当时接过多人的电话,其中有刘某1的,但究竟是谁说的已经记不清了。

裁判结果:法院认为,自然人的人身自由、人格尊严受法律保护。本案中,黄某某主张王某某通过打电话、发短信等方式辱骂黄某某,并非法关押黄某某,但对此没有提供证据,本院对该事实不予认定。本院调取的调解视频显示,王某某当众辱骂黄某某“搞破鞋的”,该行为是对女性的极大侮辱,对黄某某造成较为严重的人格伤害,王某某应当承担相应的法律责任。另外,在本院询问王某某何人在与其通话过程中辱骂黄某某时,王某某不但毫无悔过之意,且拒不如实陈述何人在电话中辱骂黄某某。鉴于此,本院不但判令王某某应当向黄某某赔礼道歉,且应当以金钱赔偿的方式给付黄某某精神损害抚慰金,以示救济与惩戒。赔礼道歉的具体方式为,王某某向本院提交书面的道歉材料,经本院审查后,王某某当面或者通过电话、视频的方式向黄某某道歉。执行中也可以以本院认为适当的其他方式进行道歉,如因此产生一定的费用,该费用由王某某承担。一审法院依照《民法典》第109条、第179条、第1183条,《民事诉讼法》第64

[1] (2021)京0119民初9483号。

条的规定，判决如下：

1. 王某某于本判决生效后7日内向黄某某赔礼道歉；

2. 王某某于本判决生效后7日内赔偿黄某某精神损害抚慰金2000元；

3. 驳回黄某某的其他诉讼请求。

第二十一条　【妇女的生命权、身体权、健康权】妇女的生命权、身体权、健康权不受侵犯。禁止虐待、遗弃、残害、买卖以及其他侵害女性生命健康权益的行为。

禁止进行非医学需要的胎儿性别鉴定和选择性别的人工终止妊娠。

医疗机构施行生育手术、特殊检查或者特殊治疗时，应当征得妇女本人同意；在妇女与其家属或者关系人意见不一致时，应当尊重妇女本人意愿。

条文解读

本条是关于妇女的生命权、身体权、健康权受法律保护的规定。

本条由3款组成：第1款是对妇女的生命权、身体权、健康权不受侵犯的一般条款规定。第2款是关于胎儿性别鉴定和人工终止妊娠的底线规则的规定。第3款是关于医疗机构施行生育手术、特殊检查或者特殊治疗应当遵循以尊重妇女本人意愿为首要原则的规定。

本条第1款在2018年《妇女权益保障法》第38条的基础上进行了修改，增加了"身体权"，将"禁止溺、弃、残害女婴；禁止歧视、虐待生育女婴的妇女和不育的妇女；禁止用迷信、暴力等手段残害妇女；禁止虐待、遗弃病、残妇女和老年妇女"修改为"禁止虐待、遗弃、残害、买卖以及其他侵害女性生命健康权益的行为"。同时增加了本条第2款、第3

款的内容。

第一，妇女的生命权、身体权、健康权属于妇女的物质性人格权，它们在人格权中居于首要地位。(1)关于妇女的生命权。任何人的生命都是至高无上的法益，妇女的生命权是妇女的生命安全利益与生命尊严的集中体现，任何侵害妇女生命权的行为都应当禁止。(2)关于妇女的身体权。妇女的身体权是维护妇女身体组织器官完整并能够支配其身体各个部位以维护妇女行动自由的权利。(3)关于妇女的健康权。妇女的健康权是以保持妇女生理机能的完整性和保持个体心理状态健康、平稳为内容的权利。生命权、身体权、健康权是私法保护的最高法益，是个体正常生产生活的基础。

第二，本条第2款设立的目的是消除性别歧视，明确规定以下两种情形是法律所明确禁止的：一是非医学需要的胎儿性别鉴定；二是选择性别的人工终止妊娠。关于胎儿是否有生命，学术界众说纷纭。肯定论者认为，胎儿是具有生命体征的个体，具有准人格。否定论者认为，胎儿不具有民事权利能力和主体资格，只是母体的一部分。[1] 多数学者赞同胎儿在客观上是具有生命体征的，具有准人格特征，因此，法律对胎儿的先期生命利益应当予以保护。

第三，医疗机构施行生育手术、特殊检查或者特殊治疗是针对妇女的身体进行的，应当以妇女的真实意愿为首要前提条件。当妇女与其家属或者关系人在施行生育手术、特殊检查或者特殊治疗上发生分歧时，应当以妇女的真实意愿为准。这是法律在医疗机构施行生育手术、特殊检查或者特殊治疗时对妇女的生命权、身体权、健康权的具体保护。

适用要点

在本条适用过程中，应当明确：

---

〔1〕 王利明主编：《人格权法新论》，吉林人民出版社1994年版，第299页。

1. 妇女的生命权、身体权、健康权在妇女的人格权中处于首要地位。它们是妇女个人生存发展的基本前提条件。妇女的生命权、身体权、健康权具有专属性、不可替代性,它们属于特定的个体,不仅对妇女本人具有不可替代的意义,也对整个社会具有无法估量的价值。在司法实践中,生命权、身体权、健康权在人身和人格权益中处于优先保护顺位。当生命权、身体权、健康权与其他人身和人格权益发生冲突时,应当优先保护生命权、身体权、健康权。

2. 关于妇女的生命权保护。(1)生命权的保护处于优先位阶。即当妇女的生命权和妇女的其他权利发生冲突时,妇女的生命权应当得到优先保护。(2)妇女提出生命权主张仅限于其生命安全受到威胁或处于危险之际,否则提出生命权主张没有意义。(3)生命权与身体权、健康权的重要区别在于生命权具有不可复原性,即一旦妇女的生命权遭受侵害将无法复原,妇女的生命随之消逝。而身体权、健康权遭受侵害后有可能得到完全恢复,恢复到初始状态。这就决定了在妇女的人格权中,对妇女的生命权的救济是唯一一项需要由第三人而非被侵害妇女本人提出主张赔偿的权利。

3. 本条第 2 款是对消除性别歧视的具体适用。性别歧视可分为直接性别歧视和间接性别歧视。在现实生活中,非医学需要的胎儿性别鉴定与选择性别的人工终止妊娠大量存在,《妇女权益保障法》明确规定非医学需要的胎儿性别鉴定与选择性别的人工终止妊娠属禁止行为既是消除间接性别歧视的具体表现,也会对规范非医学需要的胎儿性别鉴定与人工终止妊娠行为起到法律指导作用。

4. 本条第 3 款是专门针对现实生活中典型存在的医疗机构无视妇女意愿施行生育手术、特殊检查或者特殊治疗导致妇女伤亡的案件专门制定的条款。法官在个案裁量中,应当以判断是否尊重妇女的真实意愿为核心,任何有违妇女真实意愿而进行的生育手术、特殊检查或者特殊治疗都属于侵权行为。尤为注意的是,妇女家属或者关系人的意愿不能代替妇女本人的意愿，即使有妇女的授权，一定要查明该授权的真伪性。

关联法规

《民法典》第8条、第990条、第1002—1009条

案例指引

李某某与王某某生命权、身体权、健康权纠纷案[1]

——侵害妇女的身体权、健康权

基本案情：2019年2月，原告与被告通过网络相识，被告隐瞒已婚事实对原告展开追求，后双方确定男女朋友关系并以结婚为目的进行交往，期间双方发生性关系。2019年9月，原告怀孕。2019年10月23日，原告在兵器工业五二一医院进行终止妊娠手术，被告以其男朋友身份在“病员授权委托书”上签字，原告共计住院7天，支出医疗费1834.92元。后原告发现被告隐瞒已婚事实，原、被告双方关系彻底破裂，双方发生纷争，并就交往期间发生的借贷关系及后续精神损失赔偿等事宜协商未果，发生互相辱骂、骚扰等情形。原告称被告事发后非但不道歉，还不同意原告提出的合理赔偿和道歉要求，并向原告单位张贴字报及发送电子邮件污蔑原告敲诈被告。

裁判要旨：本院认为，公民的生命权、健康权、身体权依法受到法律保护。行为人因过错侵害他人民事权益应当承担侵权责任。本案中被告隐瞒已婚事实与原告确立恋爱关系，后双方发生性关系致原告怀孕，被告应对原告怀孕及流产所造成的损失承担赔偿责任，原告对此亦有

[1] (2021)陕0113民初32059号。

一定的过错应承担部分责任。关于双方承担的责任比例,本院酌定为被告承担90%原告承担10%为宜。关于医疗费凭据,认定为1834.92元;关于护理费,原告实际住院7天,共计主张700元,不违反法律规定,本院予以确认。结合前述双方责任比例被告应给付原告2281元。关于精神损害赔偿金,被告在婚姻存续期间隐瞒身份与原告交往恋爱的行为有违社会道义及公序良俗。原告怀孕后才得知被告真实身份及婚姻状况其精神上必然会遭受打击,双方在交往期间还发生大量借贷关系,在关系破裂后双方就借款归还问题及精神损害赔偿等问题上又协商未果,发生互相辱骂、骚扰等情形,必然再次使原告遭受巨大的精神压力,原告提交的病案资料载明其已中度抑郁,故被告案涉行为对此有较大的原因力,结合本案实际情况及双方当事人的过错程度,本院酌定被告应向原告赔偿精神损害赔偿金30000元。原告主张被告赔偿经济损失20000元,对此未提交充分有效证据佐证,本院不予支持。原告主张被告出具书面道歉信,于法无据,本院不予支持。但需指出的是,希望被告能够吸取教训、引以为戒,在今后的生活中积极追求文明向上的生活作风和道德品行。原告主张被告支付律师服务费5000元,虽案涉律师费已实际发生,但聘请律师并非原告维护自身合法权益的必要及唯一途径,故对该诉请不予支持。

综上所述,兹依照《民法典》第8条、第1002条、第1003条、第1004条、第1165条、第1179条、第1183条,《民事诉讼法》第67条之规定,判决如下:1. 被告王某某于本判决生效之日起10日内向原告李某赔偿医疗费、护理费共计2281元。2. 被告王某某于本判决生效之日起10日内向原告李某支付精神损害赔偿金30000元。3. 驳回原告李某的其余诉讼请求。

第二十二条 【禁止拐卖、绑架妇女】禁止拐卖、绑架妇女;禁止收买被拐卖、绑架的妇女;禁止阻碍解救被拐卖、绑架的妇女。

各级人民政府和公安、民政、人力资源和社会保障、卫生健康等部门及村民委员会、居民委员会按照各自的职责及时发现报告,并采取措施解救被拐卖、绑架的妇女,做好被解救妇女的安置、救助和关爱等工作。妇女联合会协助和配合做好有关工作。任何组织和个人不得歧视被拐卖、绑架的妇女。

条文解读

本条是关于禁止拐卖、绑架妇女以及社会各界对被拐卖、绑架妇女进行解救工作上应予协同联动的规定。

本条第 2 款是在 2018 年《妇女权益保障法》第 39 条第 2 款的基础上修改而成。本款法律术语严谨、规定内容详细,突出强调了社会各界应当在解救被拐卖、绑架妇女的工作中充分发挥作用。

拐卖、绑架妇女是典型的限制妇女人身自由,侵害妇女的生命、身体、健康的具体表现,是我国《妇女权益保障法》所明确禁止的行为。本条第 1 款采用列举方式明确了 3 项禁止行为:一是拐卖、绑架妇女;二是收买被拐卖、绑架的妇女;三是阻碍解救被拐卖、绑架的妇女。第 1 款既体现了《妇女权益保障法》对妇女的生命、身体、健康以及人身自由的具体法律保护,又是对拐卖、绑架妇女等不良行为的警示,有效预防此类行为甚至犯罪行为的发生。第 2 款强调社会各方主体应当积极配合、共同协作,及时采取有效措施制止拐卖、绑架妇女等相关行为的发生。

法律是人们行为的基本准则,预防拐卖、绑架妇女行为的发生需要社会力量的介入。本条规定的社会各方主体包括但不限于各级人民政府和公安、民政、人力资源和社会保障、卫生健康等部门,村民委员会、居民委员会以及妇女联合会是重要的社会主体。要充分发挥各自的力量实现预防拐卖、绑架妇女等行为的发生,采取措施协助解救被拐卖、绑架的妇女,并强调及时安置、救助和关爱被拐卖、绑架的妇女,这不仅体现了法律的人文关怀,而且彰显了社会主义核心价值观的基本精髓。

适用要点

本条很好地贯彻了《宪法》《刑法》《民法典》对我国公民的生命、身体、健康的保护,对保障妇女的人身安全具有重大的现实意义。在适用本条时,应当注意三个方面:第一,本条与《民法典》《刑法》的衔接。本条关于拐卖、绑架妇女的规定与《民法典》《刑法》有机地衔接。《妇女权益保障法》规定禁止一切与拐卖、绑架妇女有关的行为。只要行为人实施了与拐卖、绑架妇女有关的行为,就要承担相应的法律责任;构成犯罪的,应当追究刑事责任。第二,在社会实践中,各方主体协同联动,相互配合。本条第 2 款细化、强调了各级人民政府和公安、民政、人力资源和社会保障、卫生健康等部门及村民委员会、居民委员会各自应负的义务。突出妇女联合会自身的职责,同时明确任何主体不得歧视被拐卖、绑架的妇女。第三,事前预防与事后救济相结合。在事前预防上,各级人民政府和公安、民政、人力资源和社会保障、卫生健康等部门及村民委员会、居民委员会负有及时发现报告的义务;在事后救济上,专门列明各级人民政府和公安、民政、人力资源和社会保障、卫生健康等部门及村民委员会、居民委员会需做好对被解救妇女的安置、救助、关爱等一切工作。与此同时,明确指出任何组织和个人不得歧视被拐卖、绑架的妇女。

关联法规

《刑法》第 416 条

《民法典》第 1005 条

案例指引

秦某拐卖妇女、儿童罪[1]

基本案情：2020年4月16日，被告人秦某明知被害人孙某（智力边缘性障碍）已婚，仍以带其外出打工为由，拐骗孙某带领两个孩子至河南省武涉县，介绍其与孙某某相亲，并将孙某的手机收走，多次向孙某某索要钱财，实得财物价值共计8320元。同年7月17日，孙某和两个女儿自行回到家中。

裁判要旨：明知妇女已婚，仍利用妇女智力障碍，以打工名义将妇女诱骗至外地，以介绍婚姻之名，将妇女出卖给他人，构成拐卖妇女罪。

一审法院判处秦某有期徒刑5年，并处罚金人民币1万元。二审法院判决：1. 驳回上诉，维持商丘市梁园区人民法院（2021）豫1402刑初940号判决的定罪量刑部分，即秦某犯拐卖妇女罪，判处有期徒刑5年，并处罚金人民币1万元；2. 对上诉人（原审被告人）秦某的违法所得共计人民币8320元依法予以追缴，上缴国库。

第二十三条　【禁止性骚扰】禁止违背妇女意愿，以言语、文字、图像、肢体行为等方式对其实施性骚扰。

受害妇女可以向有关单位和国家机关投诉。接到投诉的有关单位和国家机关应当及时处理，并书面告知处理结果。

受害妇女可以向公安机关报案，也可以向人民法院提起民事诉讼，依法请求行为人承担民事责任。

[1]　（2022）豫14刑终154号。

条文解读

本条是关于禁止对妇女进行性骚扰的具体规定。

本条是在2018年《妇女权益保障法》第40条的基础上修改而成。本条用3款内容规定了对性骚扰的防范与规制。第1款明确了禁止一切性骚扰妇女的行为,即采用列举加兜底的方式,尽可能地穷尽一切性骚扰妇女的行为。第2款规定了妇女享有投诉的权利,其可以向有关单位和国家机关投诉。第3款规定了受害妇女有提出民事赔偿和追究加害人刑事责任的权利。

《民法典》明确任何人不受任何形式的性骚扰,而《妇女权益保障法》则从性别视角提出给予女性禁止性骚扰的特殊保护。性骚扰是指用言语、文字、图像、肢体行为等方式对特定人实施的,违背其本人意愿,以性为取向的骚扰行为。具体指行为人出于发泄性欲、恶作剧或故意骚扰、侮辱的动机,通过语言、肢体、环境布置等方式,对妇女进行违背其意志的性挑逗或性刺激,给被骚扰妇女带来烦恼和精神压抑甚至造成精神损害,但尚不构成强制猥亵和强奸,上述行为被认定为对妇女实施性骚扰。

对妇女实施性骚扰应当具备三个必要条件:一是针对妇女实施的以性为内容的骚扰行为。性骚扰行为的形式多样,包括但不限于言语、文字、图像、肢体行为,但必须与性有关。二是违背受害妇女意愿的骚扰行为。判断受害妇女意愿并不以受害妇女表示反对为必要。三是侵害受害妇女人格权益的骚扰行为。性骚扰行为不仅会侵害妇女的生命、身体和健康权,也会侵害妇女的隐私权、人格尊严、人身自由等权益。

适用要点

在适用本条时应强调:第一,本条是针对现实生活中存在的大量的对妇女实施职场性骚扰、公共场所性骚扰等现象,从性别视角进行的有针对性的禁止妇女性骚扰规定。因此,在判断性骚扰行为时应当明确:性骚扰的形式多样，并不拘泥于一种或几种形式，一切符合性骚扰特征的行为都应当禁止。第二，在司法实践中，性骚扰行为侵害的可能是一种妇女权益，也可能是多种妇女权益。因此，对受害妇女应当进行全面救济，根据具体案情进行全面分析，维护妇女的合法权益。第三，对妇女性骚扰是性犯罪以外的骚扰行为。性犯罪如强奸罪、猥亵罪等往往伴随攻击性，即以暴力手段或以暴力相威胁、违背他人意志而侵害他人性自主权的行为。而对妇女性骚扰通常是指性攻击以外的有损他人人格尊严的性侵犯行为。[1] 第四，在适用法律时需要注意不能滥用或误用本条文，否则会导致利益失衡。因此，法官在裁判性骚扰行为时应当客观全面，既不能限缩也不能扩大性骚扰的范围，对其应当科学合理地进行界定，充分保障妇女合法合理的行为自由。

关联法规

《民法典》第1010条

《刑法》第237条

《治安管理处罚法》第44条

案例指引

马某、彭某侵权责任纠纷[2]

——禁止违背妇女意愿，以肢体行为方式对其实施性骚扰

基本案情：2021年1月17日下午3时许，彭某在某县某包间与马某、王某唱歌，期间彭某用手搂住马某，往马某脸上亲，马某用手推彭某未能推开，彭某不顾马某反抗亲其面部跟嘴巴，被王某拉开后彭某再次不顾马

〔1〕 南莲·哈斯贝尔等：《拒绝骚扰》，唐灿等译，湖南大学出版社2003年版，第30页。

〔2〕 (2021)皖1126民初2657号。

某反抗搂住马某，强行对其面部进行亲吻，彭某的亲吻行为持续五六分钟，后马某被王某拉走。2021年1月20日，马某因“紧张、害怕、担心、眠差3天”到某市人民医院就诊，被诊断为急性应激反应，并于当天18时36分入院治疗，2021年1月31日上午出院，实际住院11天，支出医疗费4415.79元。出院后，马某与彭某因赔偿问题未能达成一致。2021年3月7日，某县公安局对彭某作出凤公(武店)行罚决字〔2021〕235号行政处罚决定书，决定予以彭某行政拘留9日的处罚。后马某以诉称理由向本院提起诉讼。

裁判要旨：违背他人意愿，以言语、文字、图像、肢体行为等方式对他人实施性骚扰的，受害人有权依法请求行为人承担民事责任。因此造成被侵权人精神损害的，应当承担赔偿责任。法院判决：1. 被告彭某于本判决生效后10日内赔偿原告马某医疗费4415.79元、误工费1490.94元、护理费1490.94元、住院伙食补助费330元、精神损害抚慰金3000元，合计10726.67元；2. 驳回原告马某的其他诉讼请求。

第二十四条　【预防女学生遭受性骚扰】学校应当根据女学生的年龄阶段，进行生理卫生、心理健康和自我保护教育，在教育、管理、设施等方面采取措施，提高其防范性侵害、性骚扰的自我保护意识和能力，保障女学生的人身安全和身心健康发展。

学校应当建立有效预防和科学处置性侵害、性骚扰的工作制度。对性侵害、性骚扰女学生的违法犯罪行为，学校不得隐瞒，应当及时通知受害未成年女学生的父母或者其他监护人，向公安机关、教育行政部门报告，并配合相关部门依法处理。

对遭受性侵害、性骚扰的女学生，学校、公安机关、教育行政部门等相关单位和人员应当保护其隐私和个人信息，并提供必要的保护措施。

条文解读

本条是关于学校预防女学生遭受性骚扰的规定。

本条是专门针对保护女学生免受性骚扰和保护受到性侵害、性骚扰的女学生制定的条文。本条在2018年《妇女权益保障法》第17条的基础上予以修改与完善。在“学校应当根据女性青少年的特点，在教育、管理、设施等方面采取措施，保障女性青少年身心健康发展”基础上增加了根据年龄不同对女学生从生理卫生、心理健康和自我保护方面进行教育，也有针对性地就防范性骚扰、性侵害方面提高女学生的自我保护意识和能力。与此同时，新增两款内容，即学校建立预防和处置性骚扰、性侵害的工作制度和对受害女学生的隐私和个人信息的保护措施。

本条第1款突出保护女学生的人身安全和身心健康发展。基于性别差异，学校应当根据女学生的年龄阶段对其进行全面教育，即生理卫生教育、心理健康教育和自我保护教育三项缺一不可。通过采取教育、管理、设施等各项措施以提高与加强对性侵害、性骚扰的自我保护意识和能力。

本条第2款是职场保护主义的具体体现。我国对于性骚扰兼采权利保护主义和职场保护主义两种模式，第2款明确规定了学校有预防和制止性骚扰的义务。一是负有建立预防和处置性侵害、性骚扰的工作制度的义务，二是对性侵害、性骚扰的违法犯罪行为负有及时报告义务，三是负有配合相关部门依法处理的义务。

本条第3款是相关单位和人员对遭受性侵害、性骚扰的女学生，均具有保护其隐私和个人信息的义务，与此同时应当提供必要、及时的保护措施。此条款主要是针对保护受害女学生做出了事后保护措施。此条款与社会现实紧密结合，特别是当前我国处于大数据时代，个人信息权益极易被侵犯。当女学生遭受性侵害、性骚扰后，其身体、思想、心理等会受到伤害或承受压力，学校、公安机关、教育行政部门等相关单位和人员更应当保护其隐私和个人信息，以使受害女学生免受监控、歧视、骚扰等。

本条突出强调了学校在保护女学生的人身安全和身心健康发展方面应负的义务，同时也指出学校、公安机关、教育行政部门等相关单位和人员针对遭受性侵害、性骚扰的女学生应予采取的保护措施。

适用要点

本条在适用过程中应当注意四个方面：

一是学校对于女学生遭受性侵害、性骚扰需要做好事前预防和事后救济工作。学校在保护女学生的人身安全和身心健康上负有义不容辞的义务。只有将事前预防与事后救济相结合，才能最大限度地维护女学生的人身和人格权益。

二是学校应当做好女学生的教育工作。学校应根据女学生所处的成长年龄阶段的不同而进行有针对性的生理卫生、心理健康和自我保护教育，并采取相应的措施，使女学生正确、全面地掌握生理和心理知识，提高辨别性侵害、性骚扰的自我保护能力，增强自我保护意识并有效地预防性侵害、性骚扰的发生。

三是在校女学生的性意识相对薄弱，当其受到性骚扰、性侵害之后往往忍气吞声，难以使责任人得到应有惩罚。在保护未成年人身心健康方面，学校负有不可代替的责任。根据学校的实际情况，建立有效的预防和处置性侵害、性骚扰的相应工作制度，预防各种性侵害、性骚扰的行为，把规定融入具体的教学管理中。

四是学校和其他有关单位和人员以维护受到性侵害、性骚扰的女学生隐私和个人信息为宗旨，以关爱女学生为目的，应采取必要的保护措施。

关联法规

《家庭教育促进法》第6条

《未成年人保护法》第6条、第30条、第35条、第39条、第40条、第50条、第98条

《个人信息保护法》第2条、第10条、第11条

案例指引

杨某某等强奸、猥亵儿童案
——未履行及时报告义务

基本案情：杨某某、糜某某原系湖南某小学教师。2001年至2020年4月，杨某某在湖南省泸溪县两所小学任教期间，利用其与被害人系亲戚、师生等特定关系，采用欺骗、利诱、强迫等手段，先后强奸9名未成年女性，其中8人系未满14周岁幼女，并伙同糜某某轮奸一名年仅12岁的女学生。同时，被告人杨某某、糜某某还利用老师身份，趁教育、管理学生之机，在教室、办公室等场所猥亵多名未成年女学生。2017年，有学生家长向该校校长包某某、副校长印某某反映杨、糜二人猥亵儿童行为。二人在收到线索举报后未调查核实，也未向公安机关报案。此后，杨某某、糜某某继续作案。2020年5月16日，被害人黄某甲、黄某乙到泸溪县公安局报案称多次遭到杨某某强奸、猥亵。公安机关立案侦查后发现了杨、糜二人的其他犯罪事实。2020年8月11日，杨某某、糜某某因犯强奸罪、猥亵儿童罪分别被判处死刑、有期徒刑17年。该校负责人包某某、印某某均因渎职犯罪被追究刑事责任。

裁判要旨：第一，紧盯瞒报问题，严厉追究责任。针对学校负责人对学生家长反映性侵害未成年人犯罪线索置之不理，致使两名教师继续多次作案，造成严重危害后果和恶劣社会影响的问题，泸溪县检察院及时将

相关线索移交纪检监察部门，并安排精干力量提前介入相关调查，在公安、检察、监察机关的通力合作、密切配合下，依法追究了学校负责人的刑事责任。同时，纪委监委启动追责问责，按规定免去了县教体局分管校园安全的副局长职务。

第二，建立长效机制，确保制度落地落实。案件发生后，泸溪县检察院向县教体局制发检察建议，要求深化“一号检察建议”贯彻落实，并督促教育局整章建制，堵塞漏洞。在检察机关的积极推动下，泸溪县出台了《关于建立防范和处置性侵害校园未成年人制度的意见》，将工作落实情况纳入综治平安建设考核，建立《侵害未成年人案件强制报告制度联席会议以及工作协商机制》，明确各部门强制报告义务与责任，督促相关部门、组织和人员发现侵害未成年人案件线索及时向公安机关报案举报，并向有关部门报告。

第三，部门联动共管，推动校园安全建设。自 2020 年 7 月开始，泸溪县开展了师德师风大整顿活动。泸溪县检察院联合县纪委监委、法院、公安局、司法局、教体局、妇联等部门制发《泸溪县未成年人安全教育管理实施意见》。泸溪县政法委、检察院、妇联等八个单位印发了“守护花蕾关爱儿童”女童权益保护宣讲三年行动工作方案。形成了部门齐抓共管，合力推动校园安全建设的格局。

典型意义：未成年人保护法规定了侵害未成年人案件的强制报告制度，并明确了相关单位和人员违反强制报告义务的责任，对刑事诉讼法、反家庭暴力法的相关规定作出了进一步的明确和强调。本案是一起学校负责人因未履行强制报告义务而被追究刑事责任的典型案例。检察机关在办理侵害未成年人案件中主动担当作为，对于存在明知未成年人疑似受到侵害的相关线索瞒报、不报的相关人员，依法追究相应责任。并以案为戒，推动当地建章立制，堵塞漏洞，促进部门间沟通配合，形成校园安全防控长效机制和未成年人保护合力，有力促进了“一号检察建议”的落实和未成年人保护法律法规的贯彻。

第二十五条 【用人单位采取措施预防和制止对妇女的性骚扰】用人单位应当采取下列措施预防和制止对妇女的性骚扰：

（一）制定禁止性骚扰的规章制度；

（二）明确负责机构或者人员；

（三）开展预防和制止性骚扰的教育培训活动；

（四）采取必要的安全保卫措施；

（五）设置投诉电话、信箱等，畅通投诉渠道；

（六）建立和完善调查处置程序，及时处置纠纷并保护当事人隐私和个人信息；

（七）支持、协助受害妇女依法维权，必要时为受害妇女提供心理疏导；

（八）其他合理的预防和制止性骚扰措施。

条文解读

本条是关于用人单位采取措施预防和制止对妇女的性骚扰的具体规定。

本条是新增条文，2018年《妇女权益保障法》无此规定。本条明确了用人单位关于妇女的性骚扰应当承担相应义务，它是本章关于保护妇女的人身和人格权益的亮点之一。

本条采用列举加兜底的方式明确了用人单位应当采取八种措施预防和制止对妇女的性骚扰。前七种采用列举的方式，即第一，制定禁止性骚扰的规章制度；第二，明确负责机构或者人员；第三，开展预防和制止性骚扰的教育培训活动；第四，采取必要的安全保卫措施；第五，设置投诉电话、信箱等，畅通投诉渠道；第六，建立和完善调查处置程序，及时处置纠纷并保护当事人隐私和个人信息；第七，支持、协助受害妇女依法维权，必要时为受害妇女提供心理疏导。第八种用“其他合理的预防和制止性骚扰措施”表明除上述七种措施外，其他合理的预防和制止性骚扰措施都可由单位实施。上述八种措施体现了事前防范与事后救济相结合,用人单位应当从制度、措施、人员、程序以及为受到性骚扰的妇女提供心理疏导等全方位地给予人文关怀。本条规定体现了《妇女权益保障法》不仅是维护法律权威的法律条文,而且是对女性关爱的有温情的女性权利宣言。

本条突出保护妇女的性自主权。妇女的性自主权是指妇女依照自己的意志自由支配自己的性利益,不受任何他人的干扰、限制、强迫等违背其意志的具体人格权。妇女的性自主权的客体是女性的性利益。性利益是指权利人对于自己个人的性的生理、心理和法律因素所享有的利益[1]。性利益的最大特征之一是具有不可侵犯性。妇女的性利益是妇女享有人格利益的一种,其实质是妇女作为自然人而享有的性自由,即妇女有自由选择和支配自己的性利益的权利。

适用要点

在适用本条时应当注意四点:

第一,司法实践中,对女性的性骚扰的形式多种多样,只要与性有关,即使没有肢体上的接触,也可能构成对女性的性骚扰。总体来说,对女性的性骚扰主要分为五大类:一是对女性的职场性骚扰的行为,二是向女性发送具有明显性内容或者带有性暗示的语言、文字、视频资料等,三是利用从属关系对女性进行性骚扰,四是在公共场所对女性实施性骚扰,五是其他形式的对女性的性骚扰行为。

第二,对妇女是否实施了性骚扰要判断是否违背妇女的意愿。在职场中,基于工作关系、从属关系,受害妇女往往迫于各种压力难以明确提出反对,只要受害妇女对行为人提出(口头、书面或其他形式)对性骚扰行为是反对、反感、厌恶的,就应当认定行为人的行为是违背妇女意愿的。

---

[1] 性利益是三位一体的内涵,即具有生理因素、心理因素和法律因素。就生理因素而言,性利益是指自然人的性自由,即任何人不能以暴力、胁迫或其他手段违背其意志实施性行为;就心理因素而言,性利益是权利主体因其保有性自由,通过性交往对象的选择,而获得内心快乐体验和美的享受;就法律因素而言,性自由的行使必须在法律范围内进行,超越法律范围的性行为即不法性行为。参见杨立新:《人格权法》,法律出版社 2020 年版,第 169 页。

第三，关于对受害妇女意愿的举证，建议由实施性骚扰的行为人承担举证责任，即若行为人无法证明其性骚扰行为是征得妇女同意的，就应当认定其是违背受害妇女意愿进行性骚扰。

第四，本条明确规定了用人单位负有制定相应的规章制度，建立预防措施和安全保卫措施，设置投诉、调查与处置机制，协助并关爱受害妇女等义务。若用人单位不履行上述义务，应当承担相应的法律责任。特别是当用人单位不作为时，法院需要判断用人单位的不作为对于损害后果的发生、行为人的加害行为和损害发生之间是否具有因果联系。如果用人单位采取了合理预防、受理投诉、调查处置等一系列措施，但是损害后果仍然发生，根据个案判断用人单位不存在过错，所以不承担民事责任；反之用人单位没有采取相应措施加以预防和及时制止，则用人单位对损害的发生是有过错的，应当承担相应的责任。

关联法规

《民法典》第 1010 条

《女职工劳动保护特别规定》第 11 条

案例指引

方某与某五金制品公司劳动争议案[1]

——用人单位采取措施制止对妇女性骚扰

基本案情：方某于 2007 年 6 月 8 日入职某五金制品公司，任职于管理技术岗位。2018 年 1 月 26 日，某五金制品公司的道德热线接到一名女员

〔1〕 广东省佛山市中级人民法院：《2019 年佛山十大劳动争议审判典型案例之三》，载北大法宝，https://www. pkulaw. com/pfnl/a6bdb3332ec0adc4f6e1ad1397b032b7e818c74374290895bdfb. html? keyword=%E6%96%B9%E6%9F%90%E4%B8%8E%E6%9F%90%E4%BA%94%E9%87%91%E5%88%B6%E5%93%81%E5%85%AC%E5%8F%B8%E5%8A%B3%E5%8A%A8%E4%BA%89%E8%AE%AE%E6%A1%88&way=listView。

工匿名举报，称方某在工作期间对周边女员工实施性骚扰。某五金制品公司组成调查团队，对厂内与方某有工作接触的重点对象（曾某等12名女工）逐一进行内部访谈，并制作《员工调查访谈》。访谈中有7名女员工表示方某对其存在违反本人意愿的身体接触等性骚扰行为，有2名女员工陈述知道或者亲眼见过方某骚扰其他女员工。随后某五金制品公司人事部就调查内容经工会讨论同意后解除与方某的劳动关系，并不支付经济补偿金，方某申请仲裁请求某五金制品公司向其支付解除劳动关系经济补偿金46200元。法院认为，关于方某对女同事是否有不当行为的问题，某五金制品公司提供了情况说明、邮件及翻译件、律师执业证、对12名女员工的《员工调查访谈》、厂区外的视频录像以及妇联妇女儿童权益维护工作站来访回执、参与员工调查访谈的两名工作人员的证人证言等予以证实，并申请法院调查取证，由一审法院对其中5名女员工进行询问并制作了询问笔录。虽然陈述遭受方某性骚扰的女员工没有出庭作证，但是上述证据能够互相印证，形成完整的证据链。方某否认对女员工有性骚扰的行为，抗辩称是某五金制品公司与女员工串通诬陷，借口开除老员工，但是其提供的证据无法证实存在串通诬陷的情形。根据双方的陈述和提交的证据，考虑到在工作场所性骚扰的隐蔽性和隐私性，结合日常生活经验，认定某五金制品公司提供的证据的证明力明显大于方某提供证据的证明力，从而对某五金制品公司主张接到投诉调查核实方某确实存在对多名女员工进行性骚扰的行为予以采信。据此，认定本案方某对女同事存在性骚扰行为，某五金制品公司以方某严重违反用人单位规章制度为由解除劳动关系属于合法解除，无需向方某支付解除劳动关系的经济补偿金。

裁判要旨：禁止对妇女实施性骚扰，受害妇女有权向单位和有关机关投诉，是《妇女权益保障法》明确赋予受害妇女的投诉权益，也同时赋予了用人单位接到投诉后积极调查并妥当处理的义务和责任。因性骚扰引发的劳动争议案件不属于法律和司法解释规定的举证责任倒置的范围，但是由于性骚扰行为本身存在突发性和隐蔽性，性骚扰事实难以取证、难以认定,而用人单位在接到受害女员工的投诉时,可以采取的调查核实方式也是有限的。在审判实务中不应简单和机械适用“谁主张,谁举证”的一般规则,应当运用经验法则以及高度盖然性的证明标准,全面、客观地审核全案的证据,并运用逻辑推理和日常生活经验,对关键证据有无证明力和证明力大小进行判断,形成性骚扰事实存在的可能性大小的内心确认。本案中用人单位接到受害妇女的投诉后,积极开展内部调查确认投诉属实,且报用人单位工会批准后,依据《员工手册》的有关规定,以劳动者严重违反用人单位规章制度为由作出解除劳动关系的决定。若仅仅因为受害妇女基于隐私和自身安全考虑不愿意出庭作证,就不采信用人单位提供的能够相互印证的证据,认定用人单位属于违法解除双方劳动关系并判令用人单位支付解除劳动关系的经济补偿金,显然与《妇女权益保障法》的立法原意不符。

第二十六条　【住宿经营者的安全保障和及时报告义务】住宿经营者应当及时准确登记住宿人员信息,健全住宿服务规章制度,加强安全保障措施;发现可能侵害妇女权益的违法犯罪行为,应当及时向公安机关报告。

条文解读

本条是关于住宿经营者的安全保障义务和及时报告义务的规定。

本条为新增条文,2018 年《妇女权益保障法》无此规定,它是针对现实生活中频频发生的妇女因住宿遭受侵害事件而制定的具体法律规则。本条也是本章关于保护妇女的人身和人格权益的亮点之一。

安全保障义务是指宾馆、商场、机场、车站、银行、体育场馆、娱乐场所等经营场所、公共场所的经营者、管理者或者群众性活动的组织者对于进入此等经营场所、公共场所的人、活动参与者(被组织者)所承担的保障其人身安全、财产安全的义务。[1] 安全保障义务源自德国法的“社会交往安全义务”，它是由一系列判例形成的。

本条关于住宿经营者的安全保障义务要把握三点：第一，住宿经营者的安全保障义务是“作为义务”，即住宿经营者必须进行积极的作为义务保障妇女的住宿安全，若住宿经营者消极地不作为，通常会构成不履行安全保障义务。住宿经营者的安全保障义务应当从硬件条件和软件条件两个方面共同保障妇女的权益。关于硬件条件层面，主要包含人员齐备、设施完备、制度完整。特别强调的是，住宿经营者应当配有具有住宿行业安全保障知识与能力的专业人员及配备相应的安全保障措施。关于软件条件，主要包含管理与告知义务。住宿经营者应当及时准确登记住宿人员信息，此为保障妇女权益的重要内容。住宿管理者在登记住宿人员信息上需要进行形式审查，认真地履行该项义务。第二，住宿经营者的安全保障义务是法定义务。此为法律明确规定的一项义务，一旦违反应当承担法律责任。第三，住宿经营者的安全保障义务也可视为附随义务。住宿经营者的安全保障义务以法定义务为原则，如果住宿经营者与住宿者之间以合同约定或约定高于法律规定的安全保障义务，此时基于当事人双方的信赖关系所形成的信赖利益，受侵害妇女也可以按照违约责任来维护妇女的权益。

本条明确规定了住宿经营者的安全保障义务，主要包括及时准确登记住宿人员信息，健全住宿服务规章制度及加强安全保障措施；与此同时，住宿经营者要履行及时报告义务，即发现可能侵害妇女权益的违法犯罪行为，应当及时向公安机关报告。《旅馆业治安管理办法》规定：“旅馆接待旅客住宿必须登记。登记时，应当查验旅客的身份证件，按规定的项目如实登记。接待境外旅客住宿，还应当在 24 小时内向当地公安机关报送住宿登记表。”本次《妇女权益保障法》明确规定住宿经营者的及时登

---

[1] 张新宝：《中国民法典释评：侵权责任编》，中国人民大学出版社 2020 年版，第 116 页。

记义务,这对于住宿经营者加强经营管理以确保经营安全,有效预防不安全事件发生以保障妇女权益以及打击违法犯罪行为以提供重要线索信息起到了关键作用。

本法第81条规定,违反本法第26条规定,未履行报告等义务的,依法给予警告、责令停业整顿或者吊销营业执照、吊销相关许可证,并处1万元以上5万元以下罚款。通过规定应予承担的法律后果强化本条的及时报告义务,能够达到更好地实现保障妇女权益的立法目的。

适用要点

在适用本条时应当注意两点:

第一,注意侵权责任的承担。司法实践中,在第三人侵权的情形下,损害是由第三人的侵权行为所致,因此,实施侵权的第三人应当承担责任,住宿经营者在未尽到安全保障义务的范围内承担相应的补充责任。注意相应的补充责任不意味着全部补充责任。

第二,住宿经营者应当认真履行安全保障义务和及时报告义务,判断住宿经营者是否尽到了安全保障义务和及时报告义务,不仅要检查其是否遵守国家法律法规,建立健全各项安全管理制度,设置治安保卫人员,拥有防火、防盗、防灾害事故发生的安全防范措施等;尤其是在对于女性安全上,住宿经营者应当设有保护女性隐私安全的设施,一旦发现可能侵害妇女权益的违法犯罪行为,应予监视并及时向公安机关报告等。

关联法规

《民法典》第1198条

《旅馆业治安管理办法》第5条、第6条、第9条

案例指引

包某1、马某1等故意杀人罪、盗窃罪刑事案[1]

——住宿经营者的安全保障和及时报告义务

基本案情：2017年3月12日11时许，被告人马某某驾驶其弟弟马某3的×××号桑塔纳轿车，到昌吉市青年南路华东步行街凯乐宾馆，找在该宾馆工作的前妻被害人包某2商议复婚事宜，因包某2不同意，二人发生争执。争执过程中，马某某掏出随身携带的一把折叠刀，在宾馆吧台内连割包某2颈部数刀，致包某2当场死亡，并划伤前来劝阻的宾馆工作人员麻某右手。经鉴定，包某2因颈部双侧颈动脉、颈静脉破裂造成失血性休克死亡。麻某右手食指、中指、无名指两处以上创口在1.5CM以上伴肌腱损伤，损伤程度为轻微伤。

另查明，被害人包某2自2017年3月3日开始到凯乐宾馆上班，负责前台收银和值班。

裁判要旨：住宿管理者作为安全保障义务人，未尽到安全保障义务的，在其能够防止或者制止损害的范围内承担相应的补充赔偿责任。

第二十七条　【禁止妇女及利用妇女进行色情活动】禁止卖淫、嫖娼；禁止组织、强迫、引诱、容留、介绍妇女卖淫或者对妇女进行猥亵活动；禁止组织、强迫、引诱、容留、介绍妇女在任何场所或者利用网络进行淫秽表演活动。

[1]　(2018)新刑终81号。

条文解读

本条是关于禁止妇女及利用妇女进行色情活动而违反公序良俗、扰乱社会治安管理秩序的规定。

本条是在2018年《妇女权益保障法》第41条基础上进行的修订，主要对第3款进行了完善。

本条是以禁止性规范明确应当保护妇女的性自主权。本条列举了三类禁止行为，即禁止卖淫、嫖娼；禁止组织、强迫、引诱、容留、介绍妇女卖淫或者对妇女进行猥亵活动；禁止组织、强迫、引诱、容留、介绍妇女在任何场所或者利用网络进行淫秽表演活动。

1.禁止卖淫、嫖娼。妇女有保护其性纯洁并受其个人意志支配的自由，这也是妇女维护自身的人格尊严和人身自由的具体表现。卖淫、嫖娼是以出卖女性身体、贬损女性人格为代价的不等价交易。女性用货币交换的形式出卖自己的贞操，此种纯粹外在的货币回报将妇女的人格尊严贬损至底点。卖淫、嫖娼是对妇女人格尊严的侮辱与践踏，是对妇女作为基本个体的无视与轻蔑。

2.禁止组织、强迫、引诱、容留、介绍妇女卖淫或者对妇女进行猥亵活动。此类禁止行为应当重点把握：一是组织、强迫、引诱、容留、介绍妇女卖淫或者对妇女进行猥亵活动的行为主体是组织、强迫、引诱、容留、介绍者或者猥亵者，可能是一个人，也可能是几个人。二是行为人是出于主观故意，对于行为人是否直接参加并不影响侵权行为的成立。

3.禁止组织、强迫、引诱、容留、介绍妇女在任何场所或者利用网络进行淫秽表演活动。本条文扩大了保护妇女人身和人格权益的范围，即增加了禁止容留、介绍妇女在任何场所或者利用网络进行淫秽表演活动。此为本条修改之处。这样规定既是《妇女权益保障法》回应现实社会的迫切需要，将一切可能侵犯妇女人身和人格权益的情形纳入进来；又是与社会时代背景相契合，扩大禁止侵害妇女人身和人格权益情形的范围，最终实现全面地保护妇女权益，保障妇女的人格独立与个体发展。

适用要点

在适用本条文时应当注意两点：

一是随着互联网时代的发展与科学信息技术的飞速发展，妇女的人身和人格权益保护的范围不断扩展，《妇女权益保障法》也在不断规范与完善禁止侵权行为的主要类型。在判断禁止组织、强迫、引诱、容留、介绍妇女在任何场所或者利用网络进行淫秽表演活动时，相应地要扩大禁止侵权行为的适用空间，尤其是对通过网络进行淫秽表演活动予以明确禁止。

二是本条与《刑法》第 237 条、第 358 条、第 359 条、第 365 条有机地衔接，体现了《妇女权益保障法》与《刑法》有序承接。当行为人的行为构成侵权行为时，应当追究行为人的民事责任；当行为人的行为已经构成犯罪时，应当追究行为人的刑事责任。

关联法规

《刑法》第 237 条、第 358 条、第 359 条、第 365 条

《未成年人保护法》第 54 条

案例指引

付某琼、王某强生命权、身体权、健康权纠纷案[1]

——禁止猥亵妇女

基本案情：2021 年 3 月 25 日 11 时许，被告王某强在乐陵市××社区××楼房××楼××房对原告付某琼进行了猥亵。乐陵市认定王某强猥亵的违法行为成立，给予行政拘留 5 日的行政处罚。2021 年 3 月 26 日 10 时许，

[1] (2022)鲁 1481 民初 1282 号。

原告入住乐陵市人民医院,诊断为“软组织疾患”,原告住院治疗11天,主张支付医疗费4051.13元、误工费3250元、交通费180元、住院伙食补助费1100元、精神损害赔偿9000元。原告主张被告对原告进行猥亵后,被告手持铁钎,原告手持铁耙,双方互有比划,器械未直接接触到身体。在此过程中,原告精神处于高度紧张状态,被告手持铁钎与原告比划过程加剧了原告的精神紧张,诱发原告肚子疼痛到杨安镇王佰仟村卫生室诊治,随后到乐陵市人民医院诊治,原告的病发与被告猥亵及手持器械比划的行为有直接因果关系,故主张被告承担相应赔偿责任。

裁判要旨:当事人对自己提出的诉讼请求有责任提供证据加以证明,没有证据或者证据不足以证明事实主张的,应承担举证不能的法律后果。本案中原告主张的病发原因与被告的猥亵行为和后续手持器械比划行为有直接的因果关系,被告应该承担相应的赔偿责任,在××机关对原告的主治医生的询问中其主治医生明确表示原告的尿血经会诊,系泌尿感染,并非打架造成,原告放弃鉴定其住院治疗与被告的猥亵行为是否有因果关系鉴定申请,且原告未能提供证据证明其住院所产生的医疗费、误工费、交通费、住院伙食补助费与被告行为有直接因果关系,故本院对于原告的该项主张不予认定。

关于原告要求被告公开赔礼道歉及赔偿精神损害抚慰金9000元的主张,原告当庭明确公开赔礼道歉的方式为当面赔礼道歉,被告的猥亵事实已由××机关的行政处罚决定书予以认定,本院予以认定,被告的猥亵行为对原告的身心造成一定伤害,本院酌定其赔偿原告精神损害抚慰金2000元并书面形式对原告当面赔礼道歉。关于原告请求被告赔偿精神损害抚慰金9000元的诉请,本院不予支持。

综上所述,判决:1.被告王某强于本判决生效后10日内以书面形式向原告付某琼赔礼道歉;2.被告王某强于本判决生效后10日内一次性赔偿原告付某琼精神损害抚慰金2000元;3.驳回原告付某琼的其他诉讼请求。

第二十八条 【妇女的人格权益】妇女的姓名权、肖像权、名誉权、荣誉权、隐私权和个人信息等人格权益受法律保护。

媒体报道涉及妇女事件应当客观、适度,不得通过夸大事实、过度渲染等方式侵害妇女的人格权益。

禁止通过大众传播媒介或者其他方式贬低损害妇女人格。未经本人同意,不得通过广告、商标、展览橱窗、报纸、期刊、图书、音像制品、电子出版物、网络等形式使用妇女肖像,但法律另有规定的除外。

条文解读

本条是关于保护妇女的姓名权、肖像权、名誉权、荣誉权、隐私权和个人信息等人格权益的规定。

本条是在2018年《妇女权益保障法》第42条的基础上进行的修改。

本条包含3款。第1款是保护妇女人格权益的一般规定。人格权益是我国《宪法》赋予公民的一项权利,也是受《民法典》保护的权利之一。本条采用列举加兜底的方式将妇女的一切人格权益包含在内。妇女的姓名权、肖像权、名誉权、荣誉权、隐私权和个人信息属于妇女重要的具体人格权,除此之外,还包含其他人格权益,如对妇女声音的保护等。

妇女的姓名权是指妇女依法享有的决定、使用、变更自己姓名或许可他人使用自己的姓名并维护其姓名利益的权利。妇女的姓名权内容主要包括妇女的姓名命名权、姓名使用权、改名权以及许可他人使用权。妇女的肖像权是指妇女有权依法制作、使用、公开或者许可他人使用自己的肖像,以及对肖像所体现的精神利益和财产利益为内容所享有的权利。

妇女的肖像权内容主要包括妇女的肖像制作专有权、肖像使用专有权、肖像使用转让权。妇女的名誉权是指妇女享有就其个人品德、声望、才能等自身属性和价值所获得的社会评价，并保有和维护的权利。妇女的名誉权内容主要包括妇女对名誉的保有权和对自身名誉利益支配权。

妇女的荣誉权是指妇女对其获得的荣誉及其利益依法享有的保持、支配并不受他人非法侵害的权利。妇女的荣誉权内容包括妇女的荣誉保持权、荣誉利益支配权、物质利益获得权及物质利益支配权。

妇女的隐私权是指妇女享有的对其与公共利益无关的个人生活安宁和私密空间、私密活动和私密信息及其利益自主支配，不受他人侵扰，不被他人以泄露、公开、刺探等方式侵害的权利。妇女的隐私权的主要内容包括妇女的隐私隐瞒权、隐私利用权、隐私支配权。

妇女的个人信息是指以电子或其他方式记录的能够单独或者与其他信息结合识别妇女的各种信息。妇女的个人信息权是指妇女依法对其个人身份信息所享有的支配并排除他人侵害的权利。妇女的个人信息权主要包括妇女的信息保有权、信息决定权、信息知情权、信息更正权、信息锁定权以及被遗忘权。

第 2 款是新增条款，《妇女权益保障法》对保护妇女的人格权益提出了具体规定，即媒体报道涉及妇女事件应当客观、适度，不得通过夸大事实、过度渲染等方式侵害妇女的人格权益，这是对媒体报道行为的具体规则要求。《民法典》第 1028 条规定，民事主体有证据证明报刊、网络等媒体报道的内容失实，侵害其名誉权的，有权请求该媒体及时采取更正或者删除等必要措施。而《妇女权益保障法》的规定是将通过夸大事实、过度渲染等方式侵害妇女人格权益纳入规制范围内，较之《民法典》的规定更为严格，体现了《妇女权益保障法》对妇女的保护。

第 3 款是对 2018 年《妇女权益保障法》第 42 条第 2 款“未经本人同意，不得以营利为目的通过广告、商标、展览橱窗、报纸、期刊、图书、音像制品、电子出版物、网络等形式使用妇女肖像”的完善，增加了“但法律另有规定的除外”，删除了“不得以营利为目的”，这就扩大了对妇女人格权益保护的范围，即虽然侵权人不以营利为目的而通过一定形式使用妇女的肖像，但是只要侵权人的行为没有征得妇女本人的同意且不属于法律规定的除外情形，都是《妇女权益保障法》禁止的行为。

适用要点

在适用本条时应当注意两点：

一是本条与社会时代背景相契合。我国正处于科学技术飞速发展的时代，传媒信息大量充斥着人们的日常生活。通过大众传播媒介或其他方式侵犯妇女权益的现象愈来愈多，如过度利用女性的容貌、身体等刺激消费以追求“美女经济”的经济效益；片面地利用整形美容等广告进行促销。诸如此类行为中多存在毫无遮掩地降低甚至贬损女性的人格，肆无忌惮地侵犯妇女的人格权益的现象，《妇女权益保障法》规定本条文正是回应上述社会不良现象。与此同时，本条与《妇女权益保障法》第 82 条相衔接，起到警示、惩戒作用。

二是对于本条规定的但书情形，应当结合《民法典》第 1020 条、第 1025 条、第 1033 条、第 1036 条、第 1038 条等理解。在具体个案裁判中，要合理判断是否属于除外情形以做出公平公正、合法合理的裁判。

关联法规

《宪法》第 38 条

《民法典》第 1019 条、第 1020 条、第 1024—1031 条、第 1032—1039 条

《最高人民法院关于审理利用信息网络侵害人身权益民事纠纷案件适用法律若干问题的规定》第 5 条、第 6 条

《关于严防虚假新闻报道的若干规定》第 1 条

《报刊刊载虚假、失实报道处理办法》三

案例指引

和某、罗某等名誉权纠纷[1]

——侵害妇女的名誉权、隐私权

基本案情：原告与被告罗某、俸某某同为云南老乡，相互交往期间，被告罗某偷拍了很多原告和某的裸照及不雅视频。被告罗某以扩散这些照片和视频威胁，逼迫原告与其保持不正当关系。遭原告拒绝后，被告罗某将这些照片和视频发给其妻子被告俸某某。被告罗某、俸某某随意将照片和视频发到朋友圈、好友群及朋友，利用抖音公开播放，肆意羞辱原告、辱骂原告，败坏原告的名声，使原告精神遭受极大痛苦。

裁判要旨：在社交平台、媒体发布他人的照片及不雅视频，并带有侮辱性言语，具有贬损他人名誉的主观故意，构成对他人的名誉损害，应当承担相应的民事责任。造成他人精神痛苦的，应当承担精神损害赔偿。

法院判决：1. 被告罗某、俸某某停止侵权，删除手机、车载视频、电脑及其他相关载体中所有关于原告和某的照片和视频，删除扩散的所有关于原告和某的终端照片和视频。2. 被告罗某、俸某某在抖音、微信朋友圈、“山歌群”道歉（内容须经我院审查同意）。3. 被告罗某、俸某某于本判决生效后10日内赔偿原告精神抚慰金2000元。4. 驳回原告和某的其他诉讼请求。

第二十九条 【人身安全保护令】禁止以恋爱、交友为由或者在终止恋爱关系、离婚之后，纠缠、骚扰妇女，泄露、传播妇女隐私和个人信息。

妇女遭受上述侵害或者面临上述侵害现实危险的，可以向人民法院申请人身安全保护令。

[1] （2022）鲁0281民初4034号。

条文解读

本条是新增条款，是关于妇女可以申请人身安全保护令的具体规定。

本条用禁止性规范具体规定了可以通过申请人身安全保护令的方式保护妇女。即以恋爱、交友为由或者在终止恋爱关系、离婚之后，纠缠、骚扰妇女，泄露、传播妇女隐私和个人信息的行为是《妇女权益保障法》明确禁止的，妇女因上述情形可以向人民法院申请人身安全保护令。

本条第1款采用列举的方式明确了可以申请人身安全保护令的情形，第2款明确规定了妇女可以通过申请人身安全保护令来保护自己的人身和人格权益。即当妇女遭受或面临以恋爱、交友为由或者在终止恋爱关系、离婚之后，被纠缠、骚扰，被泄露、传播隐私和个人信息的侵害或现实危险时，可以向人民法院申请人身安全保护令。这样规定是将宣示性的禁止性行为落到现实法律实处的具体规定。申请人身安全保护令正是保护妇女的人身和人格权益的具体法律措施。当前的现实社会生活中，妇女权益遭受侵害不仅局限于婚姻家庭领域，在男女恋爱、交友过程中出现侵害妇女人身和人格权益的情形越来越常见。在两性关系中不可避免地存在亲密接触、私密信息往来等包含隐私内容的情形，一旦男性以公开裸照、性隐私、私密信息等方式侵害妇女的人身和人格权益，妇女心理承受的压力与遭受的社会舆论攻击有时远比遭受暴力伤害更为严重、恶劣。《妇女权益保障法》对此类情形做出了有力地回应，填补了长久以来保护妇女的人身和人格权益的法律空白。

适用要点

本条规定具有重要的现实意义：它为现实生活中当许多女性因恋爱关系结束或婚姻关系破裂而遭受纠缠、骚扰、威胁等感到无助时提供了法律依据，维护了妇女的人身和人格权益。与此同时，人民法院承担起保障妇女权益的重要任务，当妇女的人身和人格权益遭受侵害或遇到侵害危险时应当及时适用人身安全保护令，这为妇女保护自身的人身和人格权益提供了强有力的法律支撑，强化了司法保护人权的功能。

在适用本条时应当强调，一是本条规定与《反家庭暴力法》关于第 4 章人身安全保护令的内容相衔接，如实行不告不理等程序。与此同时，《反家庭暴力法》仅将保护妇女的合法权益限缩在家庭领域，而《妇女权益保障法》扩大了对妇女权益保护的范围，也就是说以恋爱、交友为由或者在终止恋爱关系、离婚之后，一旦侵权人纠缠、骚扰妇女，泄露、传播妇女隐私和个人信息，都属于《妇女权益保障法》保护的范围。这样法律更全面地保护妇女权益，大大地提高了法律保护力度。二是当人民法院依法适用人身安全保护令时，被申请人违反人身安全保护令，符合《刑法》第 313 条规定的，以拒不执行判决、裁定罪定罪处罚；同时构成其他犯罪的，依照《刑法》有关规定处理。三是根据本条规定，妇女向人民法院申请人身安全保护令不以提起诉讼为前提条件，也不需要在申请人身安全保护令后一定期限内提起诉讼。只要妇女受到本条第 1 款所述情形，就可以提出人身安全保护令，此为对妇女人身安全最及时的保护措施之一，也是社会文明迈向新征程的关键一步。

关联法规

《民法典》第 997 条

《反家庭暴力法》第 23—32 条

《最高人民法院关于办理人身安全保护令案件适用法律若干问题的规定》第 10 条、第 12 条

案例指引

毛某某、陈某某离婚纠纷人格权保护禁令[1]
——一方在离婚诉讼期间遭受另一方的威胁，可以申请人身安全保护令

基本案情：申请人毛某某称，其诉被申请人离婚纠纷一案，已向白河县人民法院诉讼。申请人毛某某由奶奶抚养长大，在诉讼前，被申请人陈某某在2022年7月5日前往毛某某奶奶家的途中向申请人发送微信消息："这里你应该知道是哪儿吧""……最起码也得拉几个垫背的""提前告诉你，给你报警的机会"等；之后，被申请人又向申请人发送手持尖刀的视频。因申请人面临人身安全的现实危险，为预防和制止可能发生的暴力危害行为，依据《反家庭暴力法》等相关法律规定，故依法申请人身安全保护令，申请禁止被申请人陈某某接触、骚扰、威胁申请人。

裁判要旨：申请人毛某某提供的证据能够证明被申请人陈某某有威胁申请人毛某某的行为，申请人毛某某有面临家庭暴力的现实危险，故申请人毛某某申请人身安全保护令符合法律规定。据此，依照《反家庭暴力法》第26条、第27条、第29条之规定，裁定如下：禁止被申请人陈某某接触、骚扰、威胁申请人毛某某。本裁定自作出之日起6个月内有效。人身安全保护令失效前，人民法院可以根据申请人的申请撤销、变更或者延长。被申请人对本裁定不服的，可以自裁定生效之日起5日内向本院申请复议1次。复议期间不停止裁定的执行。如陈某某违反上述禁令，本院将依据《反家庭暴力法》第34条规定，视情节轻重，处以罚款、拘留；构成犯罪的，依法追究刑事责任。

---

〔1〕(2022)陕0929民保令1号。

第三十条　【国家保障妇女健康】国家建立健全妇女健康服务体系，保障妇女享有基本医疗卫生服务，开展妇女常见病、多发病的预防、筛查和诊疗，提高妇女健康水平。

国家采取必要措施，开展经期、孕期、产期、哺乳期和更年期的健康知识普及、卫生保健和疾病防治，保障妇女特殊生理时期的健康需求，为有需要的妇女提供心理健康服务支持。

条文解读

本条是新增条款，是关于国家保障妇女健康的具体法律规定。

本条是关于国家负有保障妇女健康的义务规定。党的二十大报告提出，“健全社会保障体系。社会保障体系是人民生活的安全网和社会运行的稳定器。健全覆盖全民、统筹城乡、公平统一、安全规范、可持续的多层次社会保障体系”。本条规定正是积极全面健全社会保障体系的具体法律体现。《中国妇女发展纲要（2021—2030年）》中指出，“完善保障妇女健康的制度机制。全面推进健康中国建设，把保障人民健康放在优先发展的战略位置，坚持预防为主，深入实施‘健康中国行动’和‘健康中国母亲行动’，健全政府主导、部门协同、社会参与、行业监管、科技支撑的妇女健康保障工作机制。深入推进医疗、医保、医药联动改革，统筹改革监管体制，保障妇女获得高质量、有效率、可负担的医疗和保健服务。多渠道支持妇女健康事业发展。完善公共卫生应急管理体系，关注妇女的特殊需求”，“促进妇女心理健康。加强心理健康相关知识宣传，根据妇女需要开展心理咨询、评估和指导，促进妇女掌握基本的心理调适方法，预防抑郁、焦虑等心理问题。在心理健康和精神卫生服务体系建设中，重点关注青春期、孕产期、更年期和老年期妇女的心理健康。强化心理咨询和治疗技术在妇女保健和疾病防治中的应用。加大应用型心理健康和社会工作人员培养力度，促进医疗机构、心理健康和社会工作服务机构提供规范服务。鼓励社区为有需要的妇女提供心理健康服务支持”。本条也是积极落实《中国妇女发展纲要(2021—2030年)》的重要举措。

本条由两款组成,明确国家采取具体措施保障妇女的身体健康和心理健康。第1款以提高妇女的健康水平为目标,明确提出国家有建立健全妇女健康服务体系、保障妇女享有基本医疗卫生服务的职责。第2款强调突显女性性别的特殊性,根据妇女在不同的特殊时期如经期、孕期、产期、哺乳期以及更年期的特殊需要,做好各个时期的健康知识普及、卫生保健和疾病防治工作。与此同时,国家应当积极、主动地为有需要的妇女提供心理健康服务支持。

适用要点

本条是我国《妇女权益保障法》的一大亮点,国家采取积极措施保障妇女的身体和心理健康,目标是使我国保障妇女权益的体系得到全面地构建,也使我国保护妇女人身和人格权益的法律力度不断增强。

在适用本条时应当强调:一是相关部门应当积极地开展妇女常见病、多发病的预防、筛查和诊疗,提高妇女这一特定人群的健康水平。二是相关部门应当关注妇女生理上的特殊情况,有针对性地分别在女性的经期、孕期、产期、哺乳期和更年期开展健康知识普及、卫生保健和疾病防治。《中国妇女发展纲要(2021—2030年)》指出:“追求男女平等的事业是伟大的。妇女是人类文明的开创者、社会进步的推动者,是全面建设社会主义现代化国家的重要力量。男女平等和妇女全面发展程度,是衡量社会文明进步的重要标志。”本条从国家保障妇女身心健康的视角做出具体规定是对妇女的人文关怀,也是实现男女实质平等的具体举措,更是社会主义法治社会建设不可或缺的重要环节之一。

第三十一条 【政府设立妇幼保健机构、社会力量参与妇女卫生健康事业、用人单位定期为女职工安排健康检查】县级以上地方人民政府应当设立妇幼保健机构,为妇女提供保健以及常见病防治服务。

国家鼓励和支持社会力量通过依法捐赠、资助或者提供志愿服务等方式,参与妇女卫生健康事业,提供安全的生理健康用品或者服务,满足妇女多样化、差异化的健康需求。

用人单位应当定期为女职工安排妇科疾病、乳腺疾病检查以及妇女特殊需要的其他健康检查。

条文解读

本条为新增条款,是关于县级以上地方人民政府、社会力量和用人单位保障妇女健康的具体规定。

《中国妇女发展纲要(2021—2030年)》指出:"加强妇幼健康服务体系建设。健全以妇幼保健机构为核心、以基层医疗卫生机构为基础、以大中型医院和教学科研机构为支撑的妇幼健康服务网络,提升妇幼健康服务供给能力和水平。省、市、县级充分利用现有资源,加强政府举办、标准化的妇幼保健机构建设,全面开展妇幼保健机构绩效考核,强化考核结果应用,保障妇女儿童享有高质量的医疗保健服务。省、市、县级依托现有医疗机构,全面加强危重孕产妇救治中心建设,强化危重孕产妇救治保障。强化县、乡、村三级妇幼卫生服务网络建设,完善基层网底和转诊网络。加强复合型妇幼健康人才和产科、助产等岗位急需紧缺人才的培养使用。"本条也是具体落实此纲要的法律体现。

本条由3款组成,第1款明确县级以上地方人民政府对于保障妇女健康的职责,即县级以上地方人民政府应当设立妇幼保健机构,为妇女提供保健以及常见病防治服务。县级以上地方人民政府作为地方国家行政机关积极地设立妇幼保健机构是实现妇女健康的重要保障。

第2款是关于国家积极引导社会力量保护妇女的健康的规定，即国家鼓励和支持社会力量通过依法捐赠、资助或者提供志愿服务等方式，参与妇女卫生健康事业，提供安全的生理健康用品或者服务，目标是满足妇女多样化、差异化的健康需求。社会力量是不容小觑的重要力量，法律调动社会力量通过各种方式实现保护妇女的健康是现实所需也是明智之举。《妇女权益保障法》让社会力量参与到保护妇女健康的工作中来是全面提高保护妇女健康水平的关键内容。

第3款规定了用人单位对保护妇女健康应予履行的义务，即用人单位应当定期为女职工安排相应检查，包括妇科疾病、乳腺疾病检查以及妇女特殊需要的其他健康检查。这是预防妇女疾病的具体措施。

适用要点

在适用本条时应当明确：一是本条强调对保护妇女健康采用社会协调联动的机制。因此，县级以上地方各级人民政府、社会力量和用人单位应当各司其职、相互配合，根据女性生理的特殊性，给予妇女有针对性的健康保护以确保女性得到来自法律的切实保护并实现男女实质平等。二是本条以事前预防妇女疾病和事后保障妇女医疗相结合，综合社会各界力量全面地实现保护妇女健康。三是本条明确强调用人单位应当定期为女职工安排各类健康检查。用人单位是女职工日常的工作场所，用人单位建立健全保护妇女健康的健康检查机制是保障妇女身心健康的重要防线，此规定充分体现了用人单位对女职工的人文关怀。

关联法规

《妇幼保健机构管理办法》第2条、第5条、第6条、第7条

第三十二条　【妇女的生育权】妇女依法享有生育子女的权利，也有不生育子女的自由。

条文解读

本条是关于妇女生育权的规定，是对 2018 年《妇女权益保障法》第 51 条第 1 款的承继，明确规定了妇女有自主选择生育子女或者不生育子女的权利和自由。

本条强调妇女在法律规定的范围内享有自主决定是否生育子女以及生育子女的时间、数量和间隔的权利。《妇女权益保障法》对妇女的生育权的保护是维护男女实质平等的重要内容之一。对于生育权的性质基本达成共识：生育权既是一项宪法权利也是民事权利，生育权是兼具相对权和绝对权的双重效力。关于生育权的内容，学术界各执己见。主流观点认为，妇女完整的生育权应当包括妇女的生育请求权、生育决定权、生育时间与方式选择权和生育知情权。妇女的生育请求权是指夫妻之间妻子有请求自己的配偶帮助自己进行生育的权利。妇女的生育决定权是指妇女有决定自己是否生育的权利，包括生育的自由和不生育的自由。妇女的生育时间和方式选择权是指妇女有权自由选择生育的时间与方式进行生育。妇女的生育知情权是指妇女有权在合法范围内向对方或医疗卫生机构等获知与自身生育有关的一切信息。

妇女的生育权也会受到限制，主要包括自然条件的限制和社会条件的限制。前者指基于优生学、遗传学原理以及考虑民族繁荣、人口质量等诸多因素规定禁止结婚的条件，如禁止结婚的亲属关系等。后者指生育子女数量的限制、对子女性别选择的限制、生育方式的限制。通常，侵害生育权的法律责任主要为民事赔偿。有学者认为，生育权属于宣示性的道德权利，因此，在民事法律中应当增加对妇女的生育权的具体救济措施。

适用要点

在适用本条时应当注意：

一是妇女的生育权属于广义上的延续后代权。本条中规定妇女的不生育子女的自由既包含妇女终生不生育，也包含妇女暂时不生育。

二是关于妇女的生育权是身份权还是人格权没有达成共识。认为妇女的生育权属于身份权的观点是，妇女的生育权是以特定身份为前提的，如以夫妻身份为前提。认为妇女的生育权属于人格权的观点是，妇女的生育权不是以身份关系为前提条件的，否则会无形地剥夺无配偶者或丧失配偶的妇女延续后代的权利。从目前我国的法律规定而言，我国承认单身女性享有生育权。任何人都不得侵犯单身女性的生育权。

三是日常生活中，侵犯妇女的生育权主要来自配偶和第三人。配偶侵犯妇女的生育权救济方式主要有双方就生育达成协议、离婚、损害赔偿。第三人（如医疗机构、计划生育服务机构等）侵害妇女的生育权救济方式主要为侵权损害赔偿。

四是我国应当加快建立健全一系列妇女的生育保健机制和医疗保健机构，为妇女的生育权得到全面实现提供充足的社会条件。

关联法规

《人口与计划生育法》第22条

案例指引

谭某明、郑某丽合同纠纷案[1]

基本案情：谭某明与郑某丽于2017年3月7日在广安市广安区民政

[1] (2022)川1681民初947号。

局登记结婚,于2019年12月12日协议离婚,双方在离婚协议上载明双方在婚姻关系存续期间未生育子女,无共同财产,无共同债权、债权。2021年2月11日,郑某丽向谭某明出具《协议借条》一份,内容为“今2021年2月11日和谭某明商量,自结婚以来,所有债权债务2021年2月11日以前,全部作废,以2021年2月11日后商议为准,郑某丽承担债务共计(11万元)壹拾壹万元整,轿车1人1辆,传祺车车牌川XL××＊＊违规违章由谭某明自行承担,与郑某丽无关。此商议只有谭某明和郑某丽2人知晓,如有晒朋友圈、第三人知道,欠款无效……欠款还款期限为10年,中途无限金额多少还一部分。此协议不能让双方父母、亲人、朋友知道,如有违反,一律退还所有所付金额……借款人:郑某丽”。嗣后,郑某丽又在《协议借条》中附加一条,内容为“2021年附加一条,如果再婚、再生子,所协议还款,一次性付清”。《协议借条》上有郑某丽签字及手印。2021年,郑某丽再婚且生子。

裁判要旨:本院认为,婚姻自由、生育权系每个公民的基本权利,以郑某丽再婚、生子为由而要求郑某丽一次性支付款项的约定限制了郑某丽的基本权利,该约定违背社会公序良俗,应属无效,对郑某丽不产生约束力。综上,案涉《协议借条》中关于郑某丽在10年内向谭某明支付110000元的约定系双方真实意思表示,内容不违背法律、行政法规的强制性规定,合法有效,对谭某明、郑某丽均有约束力。现支付期限未至,故对谭某明要求郑某丽一次性偿还110000元本金及利息的诉讼请求,本院不予支持。

依照《民法典》第143条、第156条、第465条,《民事诉讼法》第67条第1款,《最高人民法院关于适用〈中华人民共和国民事诉讼法〉的解释》第90条,《最高人民法院关于民事诉讼证据的若干规定》第53条第1款规定,判决如下:驳回原告谭某明的诉讼请求。

第三十三条　【保障妇女的生育安全】国家实行婚前、孕前、孕产期和产后保健制度，逐步建立妇女全生育周期系统保健制度。医疗保健机构应当提供安全、有效的医疗保健服务，保障妇女生育安全和健康。

有关部门应当提供安全、有效的避孕药具和技术，保障妇女的健康和安全。

条文解读

本条为新增条款，是关于保障妇女的生育安全和健康的具体规定。

本条由两款组成，第1款规定了国家和医疗保健机构保障妇女的生育安全的具体内容。对于保障妇女的生育安全，国家健全了两类制度：第一类制度为婚前、孕前、孕产期和产后保健制度，第二类制度为妇女生育周期系统保健制度。国家只有建立起全面、系统的保护妇女生育安全的完整制度体系，才能实现妇女生育全过程的安全保障。对于医疗保健机构而言，医疗保健机构应当提供安全、有效的医疗保健服务。医疗保健机构在日常生活中对于预防和治疗妇女疾病以及保护妇女健康都发挥了不可替代的作用。因此，积极地完善医疗保健机构的医疗保健服务是确保妇女的生育安全和健康的有效途径。

第2款明确规定了有关部门保障妇女的生育自主权，即有关部门应当提供安全、有效的避孕药具和技术，确保妇女的健康与安全。有关部门提供安全、有效的避孕药具和技术不仅是防止妇女患上或感染疾病的预防方法，而且也是确保妇女的生育自由的有效方法。

本条是对妇女生育权的重要保护内容之一，它明确规定了国家、医疗机构以及有关部门的具体职责。生育不仅关系女性的健康与安全，而且关系国家的繁衍与发展。客观地讲，由于女性与男性在性别与生理上存在诸多差异，女性在生育全过程面临的风险更大，因此，《妇女权益保障法》全面地保护妇女的生育安全必不可少。国家、医疗机构以及有关部门应当积极地履行各自的职责,共同为每一位妇女的生育健康从制度、机构、服务、药具、技术等方面构建全方位的整体安全系统。

本条也是《妇女权益保障法》对《中国妇女发展纲要(2021-2030年)》做出的积极法律回应。《中国妇女发展纲要(2021-2030年)》指出:"保障孕产妇安全分娩。提倡科学备孕和适龄怀孕,保持适宜生育间隔,合理控制剖宫产率。完善医疗机构产科质量规范化管理体系。提供生育全程基本医疗保健服务,将孕产妇健康管理纳入基本公共卫生服务范围,孕产妇系统管理率达到90%以上。加强对流动孕产妇的管理服务。为低收入孕产妇住院分娩和危重孕产妇救治提供必要救助。持续推进高龄孕产妇等重点人群的分类管理和服务。全面落实妊娠风险筛查与评估、高危孕产妇专案管理、危急重症救治、孕产妇死亡个案报告和约谈通报制度。有效运行危重孕产妇救治网络,提高危急重症救治能力。"

适用要点

本条在适用过程中应当注意两点:一是本条明确规定了国家对婚前保健制度的建立。婚前保健制度不仅是保护婚姻关系与保证婚姻质量的重要举措,也是关系整个国家与社会长治久安的重要因素。因此,国家建立完整的婚前保健制度不仅有助于合法合理的婚姻关系的建立,也是对妇女的生育安全的有力制度保障。二是本条强调避孕药具和技术应当安全、有效,这关乎妇女的身体健康与生育安全。一旦有关机构生产、售卖不合法的避孕药具或实施不合法的危害妇女身体健康的避孕技术,需要追究其相应的法律责任。

关联法规

《基本医疗卫生与健康促进法》第24条、第76条

《人口与计划生育法》第19条、第38条

《母婴保健法》第 7-24 条
《计划生育技术服务管理条例实施细则》第 12 条

案例指引

王某诉中国人民解放军第二六一医院医疗赔偿案[1]

基本案情：1993 年 2 月 26 日下午 6 时 43 分，原告之母刘某荣急诊住进被告二六一医院待产，经体检未见异常。当晚 7 时 45 分，原告之母刘某荣分娩一活性男婴，即原告，分娩时羊水Ⅱ度污染，被告二六一医院未作出宫内窘迫的诊断。原告出生时体重 1900 克，属足月小样儿，出生时阿氏评分为 9 分。被告在对原告治疗护理期间，缺乏对原告状况的详细观察及记录。2 月 27 日，原告曾被被告二六一医院的医护人员抱出暖箱达 4 小时 20 分钟。2 月 28 日上午，原告出现以呼吸暂停形式表现的惊厥症状，后原告在被告医护人员的护送下转往北京医科大学第三医院，在转院途中，被告医护人员曾在空军 87345 部队卫生队补充氧气。原告经北京医科大学第三医院检查诊断为缺血缺氧性脑病（中一重度）、吸入性肺炎、缺血缺氧性心肌损害、脑积水、低血糖症、足月小样儿、先天性肾上腺皮质增生症。原告在北京医科大学第三医院共住院 27 天，支付医疗费 7178.13 元，原告父母所在单位依有关规定报销 2141.74 元。1997 年 8 月 26 日，原告到中国康复研究中心附属医院就诊，诊断为脑瘫、痉挛型、双重性偏瘫。原告法定代理人的委托代理人崔某芝就原告的医疗问题向中国人民解放军 52996 部队医疗事故技术鉴定委员会提出医疗事故鉴定申请，1998 年 5 月 8 日，52996 部队医疗事故技术鉴定委员会作出王某的医疗问题不构成医疗事故的鉴定结论。原告不服 52996 部队作出的鉴定结论，向中国人民解放军北京军区医疗事故技术鉴定委员会申请重新鉴定，

[1] （1999）海民初字第 873 号。

1998年10月29日,北京军区医疗事故技术鉴定委员会作出王某的医疗问题不构成医疗事故的鉴定结论,同时提出被告二六一医院在医疗护理工作中有以下问题:围产保健制度落实不力,产前检查无记录;未及时做出宫内发育迟缓的诊断;无正规产程观察记录;未及时做出羊水Ⅱ度污染的诊断;对新生儿头发、身长等必要检查无记录;对高危新生儿的危险性未及时向家属交代;对重要的病情变化无详细的观察及分析记录;病历记录不及时,部分内容为后补,对症状的变化描述缺乏连贯性;并指出上述工作缺陷虽不是导致脑瘫的直接原因,但却均是易引起严重医护差错与医疗事故的隐患。另查,原告之母刘某荣在产前,分别于1992年11月28日、1993年1月6日、1993年2月25日到被告处进行超声检查,检查结果为:宫内孕活胎、羊水正常、后壁胎盘,被告未作出宫内发育迟缓的诊断。上述事实,有双方当事人陈述,原、被告举证材料及法院调查笔录在案佐证。

裁判要旨:原告在被告处进行治疗护理中出现的问题不构成医疗事故,但构成医疗差错。我国法律规定,公民、法人由于过错给他人的财产、人身造成损害的应当承担民事责任。原告之母刘某荣在围产期间,于怀孕五个月后,分别于1992年11月28日、1993年1月6日、1993年2月25日在被告处进行超声检查,被告医护人员均未及时做出胎儿宫内发育迟缓的诊断,致使原告之母对胎儿的状况没有作出正确的判断,延误了采取补救措施的时机,使胎儿宫内发育迟缓的状况一直延续到出生;在原告出生后,被告在发现原告系足月小样儿且出生时羊水已污染的情况下,却未能及时做出宫内窘迫的诊断,并加以重视,严密观察,详细记录原告病情的变化,且在不能保证保暖条件前提下,将原告抱出暖箱,与母亲同室;在原告病情恶化后转往北京医科大学第三医院途中,曾中断原告吸氧。由于被告在对原告的治疗护理工作中存在上述差错,虽未能构成医疗事故,但不能排除对原告的身体造成损害,故被告应承担相应的民事责任并给予慰抚性的经济补偿。

二审法院依照《民法通则》第106条第2款,判决如下:

1.被告中国人民解放军第二六一医院一次性给付原告王某经济补偿

费 9 万元(本判决生效后 15 日内付清)。

2. 驳回原告王某的其他诉讼请求。

第三十四条 【配备妇女需要的公共设施】各级人民政府在规划、建设基础设施时,应当考虑妇女的特殊需求,配备满足妇女需要的公共厕所和母婴室等公共设施。

条文解读

本条是新增条款,是关于各级人民政府在提供基础设施时应当保障妇女特殊需要的规定。

本条突出以人为本,充分彰显新时代社会主义法治的人文精神。第一,《妇女权益保障法》首次明确地规定对于基础设施建设应当考虑妇女的特殊需求,配备满足妇女需要的公共厕所和母婴室等公共设施。母婴群体具有自身的特殊需求,各级人民政府对诸如公共厕所、母婴室等公共设施应当给予其特殊关怀,这样才能实现法律上的实质公平。第二,《妇女权益保障法》用法律形式规定在规划、建设基础设施时应予照顾母婴群体的特殊需求。这种从母婴群体的需求视角规划、建设公共设施是实现母婴权利的具体展现。2016 年 11 月 15 日国家卫生计生委等 10 部委发布了《关于加快推进母婴设施建设的指导意见》,曾对母婴设施提出相关建议[1],它与当时我国积极地推进二胎政策并出现生育高峰期的时代背景相契合。当前,我国鼓励并提倡适龄婚育、优生优育、一对夫妻可以生

〔1〕《关于加快推进母婴设施建设的指导意见》规定,“分类实施。综合考虑公共场所面积、人流量、母婴逗留情况和用人单位孕期、哺乳期女职工人数等因素,建设和完善母婴设施”,“设施配置。经常有母婴逗留且建筑面积超过 1 万平方米或日客流量超过 1 万人的交通枢纽、商业中心、医院、旅游景区及游览娱乐等公共场所,应当建立使用面积一般不少于 10 平方米的独立母婴室,并配备基本设施(推荐标准见附件)。对已建成的母婴室要做好改造完善工作。用人单位参照该标准建设女职工休息哺乳室等设施”。

育三个子女，足见母婴群体正在并将成为不容小觑的社会群体且其在整个社会群体中的比重会逐渐增大。公共厕所、母婴室等公共设施的健全不仅是优化资源配置和公平分配公共资源的具体举措，也是提高全民族人口素质的重要内容。第三，《妇女权益保障法》规定由各级人民政府考虑妇女的特殊需求，配备满足妇女需要的公共厕所和母婴室等公共设施，这实则是对男女两性生理上的根本差异以及婴儿的特殊需要做出的客观、积极的法律回应。本条规定既是社会文明进步的法律体现，也是我国人文关怀的法律展现。

适用要点

在适用本条时应当注意三点：一是《妇女权益保障法》明确规定了义务主体是各级人民政府。即各级人民政府作为国家的行政机关在规划、建设基础设施时，有满足妇女的特殊需求和维护妇女与婴儿的特殊权益的义务。二是《妇女权益保障法》是将2016年发布的《关于加快推进母婴设施建设的指导意见》相关内容上升为法律规定[1]，使该意见的落实得到强有力的法律保障。与此同时，本条规定与《中国妇女发展纲要(2021—2030年)》相辅相成，彰显社会主义核心价值观。三是本条规定的内容是社会现实迫切需要之使然。目前，我国的母婴设施等公共设施主要集中于大型购物商场、医院等场所，而各地的旅游景区、公园、游乐场所、办公场所、飞机场等鲜少看到母婴室等类似满足妇女特殊需要的公共设施。且已经存在的母婴室存在一些问题，如指示标志不明、空间规划不合理、配套的母婴设备不齐全等。这些都亟须《妇女权益保障法》通过本条规定有效地保护妇女的隐私与人格尊严，最终切实维护妇女的人身和人格权益。

---

〔1〕 属地管理。在地方政府的统一领导下，各相关部门根据职责分工，协调推进母婴设施建设。按照“谁管理，谁建设”的原则，明确母婴设施的建设管理职责。

关联法规

《关于加快推进母婴设施建设的指导意见》四

案例指引

山东省住房和城乡建设厅、山东省自然资源厅关于印发山东省城市公共厕所提标便民行动方案的通知(节录)[1]

为深入贯彻落实习近平总书记关于“厕所革命”的重要指示精神,进一步落实省政府《关于印发深化“放管服”改革优化营商环境2021年重点任务分工方案的通知》(鲁政办发〔2021〕1号)要求,持续推进城市公共厕所建设改造提升,推动各地实施城市公共厕所提标便民行动,特制定城市公共厕所提标便民行动方案。

(三)提升建设品质。在新建和改建公厕时,要严格按照《城市公共厕所设计标准》(CJJ14),规范厕位尺寸,改善通风、采光条件。一般地区女性厕位与男性厕位比例为3∶2,人流量较大地区比例为2∶1,在人流量集中区域建设一定数量无性别厕所,动态调剂男、女厕位比例,切实解决女性如厕难题。因地制宜设立方便老幼、残疾人等使用的卫生间(第三卫生间),增设无障碍厕位和儿童厕位,进一步完善盲道、轮椅坡道、扶手抓杆等人性化设施,有条件的增设母婴设施,满足特殊人群如厕需求。大力发展环保、节水、节能和生态型公厕,因地制宜探索生物降解泡沫、真空气冲、无水冲、就地生物处理等技术,突破市政排水管网未覆盖地区公厕保洁难题。公厕外观设计要注重与周边环境相协调,美观大方,体现地域文化和城市特点。

---

〔1〕《山东省住房和城乡建设厅、山东省自然资源厅关于印发山东省城市公共厕所提标便民行动方案的通知》,载国瑞集团网2021年12月3日,http://www.hzgrpg.cn/news/442.html。

第四章　文化教育权益

第三十五条　【国家对男女平等文化教育权利的保障】国家保障妇女享有与男子平等的文化教育权利。

条文解读

本条是对《宪法》规定受教育权和法律面前人人平等原则在文化教育权利方面的具体落实，要求国家采取措施以保障妇女能享受到与男子平等的文化教育权利。教育不仅是妇女应该平等享有的基本权利，也是妇女发展的基石。由于历史原因所形成的男女不平等的观念和习惯做法，导致女性在现实中并不当然就能获得与男子一样的文化教育权利，女性实质上仍然处于弱势地位，这时就需要国家通过法律或政策上的特别规定，给妇女以特别照顾，使她们摆脱这种不利和困境局面。党的十八大以来，党和国家坚持把教育摆在优先发展的战略位置，把妇女教育作为促进妇女发展的优先举措，保障妇女平等享有受教育的权利。经过多年努力，我国义务教育的性别差距基本消除，高等教育本专科在校生中女生比重过半，妇女平等享有受教育的权利得以真正保障，妇女受教育的水平得到大幅提升。

适用要点

改革开放40多年来,中国经济发生了巨大的变化,我国的文化教育事业也取得了历史性成就,比如我国义务教育有保障已全面实现。2012—2021年,全国小学净入学率从99.85%提高到99.9%以上,初中阶段毛入学率始终保持在100%以上。2021年12月公布的《中国妇女发展纲要(2011—2020年)》终期统计监测报告显示,小学学龄女童基本实现应上尽上,净入学率自2015年开始连续6年保持在99.9%以上,与男童基本持平,在义务教育阶段已基本消除性别差距。根据第七次全国人口普查结果,2020年中国15岁及以上人口平均受教育年限为9.91年,其中男性10.22年,女性9.59年,性别差距由2010年的女性比男性少0.8年缩小为少0.6年,平均受教育水平的性别差距也在进一步缩小。所有这一切成就的取得,都得益于国家积极履行了男女平等的文化教育保障义务。

但是,考虑到我国目前经济发展的不均衡状况依然存在,城乡差距、东部沿海和中西部的经济发展仍然存在一定的差异,实践中男女在文化教育权利方面所面临的不平等对待仍然存在。因此,国家对男女平等文化教育权的保障义务仍要继续,而且要更有针对性。值得注意的是,2021年9月,国务院印发《中国妇女发展纲要(2021—2030年)》,在"妇女与教育"中增设"促进女性树立终身学习意识,女性接受终身教育水平不断提高"的新目标。这意味着在新时代,随着国家继续采取高质量的教育政策,必将会有更多的妇女从接受教育中获得更好的发展。

关联法规

《教育法》第9条

第三十六条 【义务教育阶段的各方保障义务】父母或者其他监护人应当履行保障适龄女性未成年人接受并完成义务教育的义务。

对无正当理由不送适龄女性未成年人入学的父母或者其他监护人,由当地乡镇人民政府或者县级人民政府教育行政部门给予批评教育,依法责令其限期改正。居民委员会、村民委员会应当协助政府做好相关工作。

政府、学校应当采取有效措施,解决适龄女性未成年人就学存在的实际困难,并创造条件,保证适龄女性未成年人完成义务教育。

条文解读

本条第3款规定明确了在女性未成年人义务教育阶段,父母或监护人、政府、学校的三方保障义务划分。义务教育对个人和国家而言都具有非常重要的意义。义务教育是所有教育的基础,是公民追求幸福生活的基石,公民接受义务教育,既是公民的基本权利,也是国家的基本义务,这已经成为各国之间的共识。我国《宪法》第46条规定:“中华人民共和国公民有受教育的权利和义务。国家培养青年、少年、儿童在品德、智力、体质等方面全面发展。”但是,由于传统重男轻女观念的影响,女童的受教育权往往会被忽视,女童辍学的情况曾经屡见不鲜。值得高兴的是,随着经济发展和人们观念的提升,我国到2015年已经实现了女童的入学率和男童基本持平。不过,从权益保障角度看,依然有必要在法律上明确女性未成年人受教育权的三方保障义务。

适用要点

在落实本条规定时,有两点需要注意:

1. 本条第2款与2018年《妇女权益保障法》相比，在女童不接受义务教育的理由描述上有较大区别：2008年《妇女权益保障法》规定“除因疾病或者其他特殊情况经当地人民政府批准的以外”，2022年《妇女权益保障法》修改为“无正当理由”。至于何谓正当理由，立法上没有明确，这需要执法部门在执法过程中逐步形成统一认识。

2. 本条第3款的规定是对女童受教育权的深度保障，呈现了《妇女权益保障法》的全面保障特色。“政府、学校应当采取有效措施，解决适龄女性未成年人就学存在的实际困难，并创造条件，保证适龄女性未成年人完成义务教育”。适龄女性未成年人不入学或辍学，一般是其家庭陷入了某种困境。政府和学校只有摸清实际情况，有针对性地解决女性未成年人所面临的实际困难，才能从根本上保障女性未成年人的受教育权的实现。

关联法规

《教育法》第19条、第38条、第50条、第52条

《义务教育法》第58条

第三十七条　【特殊政策保障】学校和有关部门应当执行国家有关规定，保障妇女在入学、升学、授予学位、派出留学、就业指导和服务等方面享有与男子平等的权利。

学校在录取学生时，除国家规定的特殊专业外，不得以性别为由拒绝录取女性或者提高对女性的录取标准。

各级人民政府应当采取措施，保障女性平等享有接受中高等教育的权利和机会。

条文解读

本条对妇女在入学、升学、授予学位、派出留学、就业指导和服务等方面规定了保障要求。

本条包含两个层面的意思：一是教育单位要落实国家有关规定，保障妇女能平等享有教育机会和教育服务，不因性别原因而丧失教育机会或享受不到相配套的教育服务；二是各级政府有责任采取具体措施，保障女性平等享有接受中高等教育的权利和机会。中高等教育不属于义务教育，一般是择优录取，因此录取标准是否存在性别歧视就至关重要。平等的教育权利和机会不能只停留在法条上的抽象笼统表述。实际上，往往在入学、升学、授予学位、派出留学、就业指导和服务等方面会发生基于性别的不公平做法，各级政府有责任根据实际需要，制定具体应对措施避免性别歧视的发生。

适用要点

适用该法条时，有两点需要注意：一是学校等教育单位在制定录入、升学、授予学位、派出留学、就业指导和服务等方面的具体工作标准时，要有性别平等意识，建议最好委托第三方机构对工作标准进行性别平等评估或审查，这虽然不是法律的强制性要求，却有助于妇女的发展，也可以避免其成为被告。二是政府应积极制定促进女性平等接受中高等教育的措施，充分保障女性能平等享受到教育机会。本条第 3 款是 2022 年修法时新增加的内容，对于各级政府来说具有开创性。

关联法规

《教育法》第 37 条

第三十八条　【政府的扫盲责任】各级人民政府应当依照规定把扫除妇女中的文盲、半文盲工作,纳入扫盲和扫盲后继续教育规划,采取符合妇女特点的组织形式和工作方法,组织、监督有关部门具体实施。

条文解读

本条是有关扫盲工作的具体规定。

文盲、半文盲率反映了一个国家人口受教育的程度。尽管随着我国义务教育的全面普及,文盲、半文盲的数量逐年减少,但是15岁及其以上成年人口中不识字与识字很少的人数在人口中所占的比重仍然不可忽视。《中国统计年鉴2021》显示,我国15岁以上的文盲半文盲数量占比,女性4.96%,明显高于男性的1.62%。因此,扫除女性中的文盲半文盲,仍是政府需要重视的内容。尤其是在21世纪的信息社会,文盲办文盲在一定程度上制约着女性整体地位的提高。

适用要点

新中国成立后,党和政府就一直高度重视扫盲工作,也取得了非常大的成绩。信息化时代政府需要与时俱进,要"采取符合妇女特点的组织形式和工作方法",扫除女性文盲、半文盲。

关联法规

《教育法》第24条

第三十九条 【为妇女终身学习创造条件】国家健全全民终身学习体系,为妇女终身学习创造条件。

各级人民政府和有关部门应当采取措施,根据城镇和农村妇女的需要,组织妇女接受职业教育和实用技术培训。

条文解读

构建服务全民的终身学习体系,形成人人皆学、处处可学、时时能学的学习型社会,是提高全民素质、推进继续教育、提升国家发展能力和水平的必然要求。依托全民终身学习体系,妇女也将获得终身学习的机会。根据不同妇女的实际需求,组织妇女接受职业教育和使用技术培训,是当地政府的职责,此项规定是历次《妇女权益保障法》修改一直保留的条款。受益于这条规定,很多妇女参加政府组织的技术培训,获得了一技之长,进而凭借该项技能获取了一定的经济收入,提高了其在家庭中的地位。

关联法规

《教育法》第 11 条、第 42 条

第四十条 【保障妇女享有与男子平等从事科学、技术、文学、艺术和其他文化活动的权利】国家机关、社会团体和企业事业单位应当执行国家有关规定,保障妇女从事科学、技术、文学、艺术和其他文化活动,享有与男子平等的权利。

条文解读

本条是关于妇女在文化活动方面享有与男子平等的权利。女性接受教育后,必然面临在社会生活中像男性一样从事各种工作。在传统社会中,有些工作由男性专门从事。尤其是科学、技术领域,一贯被认为男性更擅长,女性如果想从事这些领域的工作,往往面临更多的艰辛和障碍。因此,在这些领域保障女性的平等权利至关重要。本条旨在要求国家机关、社会团体和企业事业单位严格执行国家规定,保障女性在这些领域的男女平等。

适用要点

适用该条,需要注意以下两个方面:一是保障女性在科学、技术、文学、艺术和其他文化活动中享有与男性一样的权利,是国家的保障义务,国家有责任制定相关的规定予以支持。二是国家机关、社会团体和企业事业单位负有直接执行相关规定的责任,应该根据相关规定健全本单位的相关工作机制。

关联法规

《宪法》第 47 条

第五章　劳动和社会保障权益

第四十一条　【与男子平等劳动权利和社会保障权利的国家保障】国家保障妇女享有与男子平等的劳动权利和社会保障权利。

条文解读

本条是关于妇女享有与男子平等的劳动权利和社会保障权利的一般规定。

劳动权利与社会保障权利是我国《宪法》规定的公民的基本权利之一。劳动权利是指具有劳动能力的公民要求提供参加社会劳动的机会，获得与劳动相关保障的权利。劳动权包括劳动就业权、劳动报酬权、休息休假权、劳动保护权、职业培训权、社会保险和福利的权利、提请劳动争议处理的权利、组织工会和参与民主管理权以及法律规定的其他劳动权利。劳动就业权是指具有劳动能力的公民在法定劳动年龄内有参加社会劳动、获得劳动报酬或经营收入的权利。劳动报酬权是劳动者通过从事各种劳动获得合法收入的权利。休息休假权是劳动者依法享有的法定工作时间外休息和休假的权利。劳动保护权是劳动者享有的、在劳动过程中的获得安全与健康保护的权利，是保护劳动者生命健康权的重要措施。职业培训权是劳动者享有通过职业培训而获得从事各种职业所需的专业技术知识和实际操作技能的权利，是保障劳动者实现就业权的一项重要权利。社会保险与福利权是指劳动者在暂时或永久丧失劳动能力和失业时，从国家和社会获得物质帮助的权利。提请劳动争议处理的权利是指劳动者因劳动权益与用人单位发生争议时享有的有权请求有关部门对争议进行处理的权利。工会是职工自愿结合的群众组织，劳动者有组织工会和参与民主管理权是公民结社自由权的充分体现。

社会保障权是指公民依法享有的在年老、疾病、伤残、失业、生育、死亡、遭遇灾害、面临生活困难时从国家和社会获得物质或者服务帮助的权利，包括社会保险权、社会救助权、社会福利权和社会优抚权等。社会保险权是指劳动者在因年老、疾病、伤残、生育等社会风险而暂时或永久失去劳动能力，或者因失业而不能实现其劳动力价值，或者劳动者遗属因劳动者死亡，从而在收入中断、减少甚至丧失的情况下，从国家或社会强制建立的社会保险基金获取津贴以维持基本生活水平的权利。社会保险权包括工伤保险权、疾病保险权、医疗保险权、失业保险权、养老保险权、生育保险权等。社会救助权是指公民陷入无法自力克服的生活困境，而向国家和社会请求获得给予无对应条件的、能保障其基本生存要求的物质和服务的权利。社会福利权是指公民有享受国家提供的诸如文化、教育、娱乐和医疗保健等方面的各种公共社会服务以提高自身生活质量、发展自我的权利。社会优抚权是指对社会有特殊贡献的公民，其本人及其家属有从国家获得优惠性质的物质帮助和褒扬的权利，以保障其生活不低于一般生活水平。

劳动就业是任何一个有劳动能力公民不可剥夺的重要权利。劳动不仅是一个人谋生的手段，也是体现其尊严和社会价值的途径。妇女参加社会劳动不仅是妇女谋取个人生活经济来源的手段，而且是妇女获得经济独立、提高社会地位的先决条件，是实现男女平等的经济支柱。社会保障为遭遇社会风险的妇女提供保障，特别是生育保障，化解女性因生育带来的风险，因此劳动与社会保障权是保障妇女经济安全的核心，也是妇女实现其他权利的基础。

新中国成立以来，中国共产党和政府始终鼓励妇女打破“家庭妇女”传统角色，走向公共领域，并为其提供各种福利设施，极大地提高了妇女的经济地位，保障妇女的劳动权利和社会保障权利。然而，在社会主义市场经济中，妇女的劳动权利和社会保障权利的实现还存在一定的局限。由于受社会传统观念、女性特有的生理特点以及经济利益驱动等因素的影响，实际就业中妇女常常处于不利地位，就业性别歧视，男女同工不同酬、怀孕女职工被非法解雇等情形时有发生。加之妇女因家庭照料负担较重，职场发展经常受限，这些严重侵害了妇女的生存和发展权利。“男女平等”作为一项基本原则，核心要义是重视和发挥妇女在经济社会发展中的主体地位和作用，推动妇女与经济社会同步发展；在承认男女现实差异的前提下倡导男女两性权利、机会和结果的平等，因此国家有责任保障妇女享有平等的劳动与社会保障权利。

国家应该不断强化男女平等的法治保障，将保障妇女劳动与社会保障权利贯穿于科学立法、严格执法、公正司法、全民守法的各个环节。国家应该制定相关立法和政策，明确将“妇女享有与男子平等的劳动权利和社会保障权利”作为一项基本原则予以确立。国家通过具体的执法机关贯彻、实施既定的保障规则，对于违法上述原则的行为予以纠正和制裁。国家通过司法救济途径，追究侵权人的法律责任，维护妇女享有与男子平等劳动权利与社会保障权利。国家应该加大宣传，鼓励和支持用人单位积极促进工作场所的性别平等，构建以男女平等为核心的先进性别文化。国家应该采取积极暂行措施，促进妇女劳动权利与社会保障权利的实现。

适用要点

本条作为本章原则性、概括性规定，在司法实践中可以与本章其他具体的条款一并适用，也可以在妇女的劳动权利与社会保障权利受到侵害、具体条款没有明确规定时，作为原则性条款予以援引适用。

关联法规

《宪法》第 14 条、第 42 条、第 45 条

《劳动法》第 3 条、第 7 条

《就业促进法》第 2 条

《社会保险法》第 2 条

第四十二条 【政府促进妇女就业职责】各级人民政府和有关部门应当完善就业保障政策措施,防止和纠正就业性别歧视,为妇女创造公平的就业创业环境,为就业困难的妇女提供必要的扶持和援助。

条文解读

本条规定为新增条款,明确了各级人民政府和有关部门负有完善就业保障政策措施、保障妇女公平就业、促进就业困难的妇女实现就业的职责。

促进就业是国家的职责。《宪法》第 42 条中规定:"国家通过各种途径,创造劳动就业条件……国家对就业前的公民进行必要的劳动就业训练。"《劳动法》第 5 条也作了类似规定,《就业促进法》对国家促进就业作出了全面、系统规定。

国家保障妇女就业首先防止和纠正就业性别歧视,保障妇女享有平等就业权。"就业性别歧视"是指对就业机会有决定性影响的用人单位和个人基于性别在就业中作出不合理的区别对待,从而损害某一性别群体劳动就业权利的行为。理论上,男女两性都有可能在就业中遭遇就业性别歧视,然而现实生活中,遭受就业性别歧视侵害的主体更多是妇女,就业性别歧视是妇女实现就业权的最大障碍。因此,国家必须采取各种措施防止和纠正就业性别歧视。我国《劳动法》第 12 条、第 13 条,《就业促进法》第 26 条、第 27 条均明确规定禁止用人单位对妇女实施就业性别歧

视,危害妇女的公平就业权。

国家保障妇女就业还要为就业困难的妇女提供必要的扶持和援助。就业困难妇女是指有劳动能力和就业愿望,但因年龄、身体状况、技能水平、家庭因素、失去土地等导致难以实现就业的妇女。国家实施就业援助可以分为间接的政策激励和直接的就业岗位提供。政策激励旨在鼓励就业困难妇女自谋职业、自主创业以及鼓励企业吸纳就业困难人员,主要表现在税收、信贷、社保补贴等方面的优惠政策。直接就业岗位是指由政府作为出资主体或者通过社会筹集资金开发的,主要安置就业困难人员,符合社会公共利益需要的服务岗位和协助管理岗位。除此之外,政府还会为就业困难妇女提供求职登记和指导,职业技能培训和服务,提高就业困难妇女在就业市场上的竞争力。

适用要点

本条规定明确了各级人民政府和有关部门促进就业的职责,在实践中可以与本章其他条款同时适用。

关联法规

《宪法》第 42 条

《劳动法》第 5 条、第 12 条、第 13 条

《就业促进法》第 3—6 条、第 2 章,第 25—27 条

第四十三条　【对妇女实施就业性别歧视具体表现】用人单位在招录(聘)过程中,除国家另有规定外,不得实施下列行为:

(一)限定为男性或者规定男性优先;

(二)除个人基本信息外,进一步询问或者调查女性求职者的婚育情况;

(三)将妊娠测试作为入职体检项目;

（四）将限制结婚、生育或者婚姻、生育状况作为录（聘）用条件；

（五）其他以性别为由拒绝录（聘）用妇女或者差别化地提高对妇女录（聘）用标准的行为。

条文解读

本条是对妇女实施就业性别歧视具体行为的界定。

本条第1项规定的是就业性别歧视的一般情形，第2—4项规定的是生育歧视的情形，第5项属于兜底性条款。

一、招聘岗位限定为男性或者规定男性优先

本项规定的情形属于非常典型的就业性别歧视行为。用人单位招聘员工应该考察与岗位相关能力等因素，而不是与能力无关的性别因素。男女应该享有平等的就业机会，用人单位没有正当理由将招聘岗位限定为男性，剥夺了能够胜任工作的女性的就业机会；或者规定男性优先，使女性与男性相比，处于劣势地位，这些都损害了妇女的平等就业权。

二、除个人基本信息外，进一步询问或者调查女性求职者的婚育情况

近年来，用人单位为了不承担生育保护的义务，不愿招聘有婚育意愿的妇女，因此在招聘中常常会千方百计询问或者调查女性求职者的婚育情况。尽管我国《劳动合同法》第8条规定了用人单位知情权，即用人单位有权了解劳动者与劳动合同直接相关的基本情况，劳动者应当如实说明。但用人单位知情权仅限于了解劳动者与劳动合同直接相关的基本情况，如个人基本信息、学历、工作经历、工作技能等。求职者的婚育情况属于劳动者的隐私，除了特殊岗位外，与劳动合同履行并非直接相关，因此用人单位无权询问或者调查女性求职者的婚育情况，用人单位询问或者调查女性求职者的婚育情况的行为构成就业性别歧视。在现实生活中，求职女性为了防止用人单位生育歧视，在招聘信息表中隐瞒真实婚姻、生

育状况,用人单位发现后以女职工有欺诈行为为由解除劳动合同。尽管女职工有欺骗行为,但实属应对用人单位违法行为的无奈之举,因此法院通常不会支持用人单位的行为,认为用人单位构成违法解除劳动合同。

三、将妊娠测试作为入职体检项目

用人单位为了了解劳动者的健康状况是否可以胜任工作,可以委托专业的医疗机构对劳动者进行入职体检。但体检项目应该和用人单位依法可以获得的信息范围保持一致。实践中用人单位为了避免承担生育保护义务,将妊娠测试作为入职体检项目以了解求职者是否怀孕,同样构成就业性别歧视。

四、将限制结婚、生育或者婚姻、生育状况作为录(聘)用条件

结婚、生育是劳动者的基本权利,用人单位为了避免承担生育保护义务限制劳动者结婚、生育或者婚姻、生育状况作为录(聘)用条件不仅侵害了劳动者的权利,也构成就业性别歧视。

五、其他以性别为由拒绝录(聘)用妇女或者差别化地提高对妇女录(聘)用标准的行为

本项是兜底性条款。现实生活中,有些用人单位往往采用隐蔽的手段对妇女实施就业歧视,为了规制上述行为法律设置了兜底条款。

本条中“国家另有规定”主要是指《女职工劳动保护特别规定》附录“女职工禁忌从事的劳动范围”包括:①矿山井下作业;②体力劳动强度分级标准中规定的第四级体力劳动强度的作业;③每小时负重6次以上、每次负重超过20公斤的作业,或者间断负重、每次负重超过25公斤的作业。此外,国家应该明确规定具有正当的职业资格需求和积极暂行措施不属于就业性别歧视。

适用要点

本条是司法实践中认定用人单位是否构成就业性别歧视主要法律依

据之一。

关联法规

《劳动法》第 12 条
《就业促进法》第 27 条
《女职工劳动保护特别规定》

案例指引

1. 郭某诉杭州市西湖区东方烹饪职业技能培训学校人格权纠纷案[1]

根据我国相关法律规定，劳动者享有平等就业的权利，劳动者就业不因性别等情况不同而受歧视，国家保障妇女享有与男子平等的劳动权利，用人单位招用人员，除国家规定的不适合妇女的工种或者岗位外，不得以性别为由拒绝录用妇女或者提高对妇女的录用条件。用人单位虽然享有自主用工权，但不能以性别差异等理由限制妇女平等就业和自主择业的权利。

2. 邓某娟诉北京市某速递物流有限公司一般人格权纠纷案[2]

妇女享有与男子平等的就业权利；在录用职工时，除国家规定的不适合妇女的工种或者岗位外，不得以性别为由拒绝录用妇女或者提高对妇女的录用标准。快递员不属于《女职工劳动保护特别规定》附录中我国规定女职工禁忌从事的劳动范围，用人单位不得以"保

〔1〕(2015)浙杭民终字第 101 号。
〔2〕(2016)京 03 民终 195 号。

护之名”拒绝录用妇女。现实生活中，有些重体力劳动岗位，即使大部分男性能够胜任该工作，而大部分女性不能胜任，但并不意味所有的男性都能胜任，而所有的女性都不能胜任，不应该剥夺能够胜任该项工作的女性的工作机会。

第四十四条 【将女职工权益保护纳入劳动（聘用）协议和集体合同】用人单位在录（聘）用女职工时，应当依法与其签订劳动（聘用）合同或者服务协议，劳动（聘用）合同或者服务协议中应当具备女职工特殊保护条款，并不得规定限制女职工结婚、生育等内容。

职工一方与用人单位订立的集体合同中应当包含男女平等和女职工权益保护相关内容，也可以就相关内容制定专章、附件或者单独订立女职工权益保护专项集体合同。

条文解读

本条第1款规定用人单位负有与女职工签订劳动（聘用）合同或者服务协议的义务。劳动者与用人单位签订劳动（聘用）合同或者服务协议，确立双方的法律关系，有利于明确双方的权利和义务，以具体化、纸面化的书面协议约束处于强势地位的用人单位，从而保护处于弱势地位的女职工。根据《劳动合同法》第10条的规定，建立劳动关系，应当订立书面劳动合同。已建立劳动关系，未同时订立书面劳动合同的，应当自用工之日起一个月内订立书面劳动合同。本款规定劳动（聘用）合同或者服务协议中应当具备女职工特殊保护条款，并不得规定限制女职工结婚、生育等内容，进一步通过劳动（聘用）合同或者服务协议明确用人单位对女职工劳动保护的义务。

本条第2款规定女职工权益保护纳入集体合同。集体合同也称团体协约，是劳动者代表与工人代表依法通过集体协商缔结关于劳动报酬、劳动条件等事项书面协议。集体合同的效力覆盖全体工会会员，有利于提高工会会员的共同劳动利益。用人单位与职工个人签订的劳动合同约定的劳动条件和劳动报酬等标准，不得低于集体合同或专项集体合同的规定。

将包含男女平等和女职工权益保护相关内容纳入集体合同中或者制定女职工权益保护专项集体合同，一方面可以将法定的女职工特殊时期保护内容纳入集体合同内容之中，另一方面可以将法律没有明确规定的内容（如企业职代会中女职工代表比例等关系女性发展的内容和其他福利等内容）作出规定，有利于提高女职工的劳动保护水平。由于集体合同是双方协商订立的，因此其可以增强用人单位对女职工保护的主动性。通过签订女职工专项合同，促进了企业女职工学法用法，增强了女职工的法律意识和自我保护能力；女职工专项合同的签订使企业有章可循，促使用人单位依法经营，不仅调动了女职工的生产积极性，也促进了劳动关系的和谐稳定。

适用要点

本条可以与《劳动合同法》第 82 条结合使用，用人单位自用工之日起超过 1 个月不满 1 年未与女职工订立书面劳动合同的，女职工可以依据《劳动合同法》第 82 条规定请求用人单位向其每月支付 2 倍的工资。

关联法规

《劳动合同法》第 10 条、第 51 条、第 52 条

《集体合同规定》

第四十五条　【男女同工同酬】实行男女同工同酬。妇女在享受福利待遇方面享有与男子平等的权利。

条文解读

本条是关于男女同工同酬原则的规定。

同工同酬是一项人权,是男女平等原则在经济上具体体现,也是按劳分配原则的要求之一。国际劳工立法明确承认男女同工同酬原则,我国加入的国际劳工组织《男女工人同工同酬公约》(《1951 年 100 号公约》)以及联合国《经济、社会及文化权利国际公约》均对同工同酬作出了规定。我国《宪法》第 48 条第 2 款规定,“国家保护妇女的权利和利益,实行男女同工同酬,培养和选拔妇女干部”。

男女同工同酬是指男女工人都有权利在从事同等价值工作的情况下获得同等的报酬。这一概念包含两个层次的含义:

1. 男女从事内容相同或类似的工作获得的报酬应该平等。

依据法律规定,男女同工同酬的条件是:(1)男女工作岗位和工作内容相同或者相似;(2)在相同或者相似的工作岗位上男女付出同样的劳动工作量;(3)同样的工作量取得了相同的工作业绩。这一规定在传统行业相对容易确定,而对许多新兴行业,随着岗位多元化,在界定时相对困难。因为即使男女在同一岗位,但是因劳动者的不同学历、工作经验、工作技能、工作态度等,也可以对处于相同工作岗位的劳动者在劳动报酬方面有所差别。因此,同工同酬更强调要求员工之间具有相同的考核评价体系,且处于相同的工资收入分配体制机制。实行同工同酬原则并不是否定工资分配领域的激励机制和按劳分配原则,而是强调用人单位在工资分配方面的公平性,根据客观的评定方法所确定的岗位差异来制定出相对应的差异化工作报酬标准,这符合对同等价值工作付予同等报酬的原则。

2. 男女从事内容不同但具有同等价值的工作获得的劳动报酬应该平等。

具有同等资质的男女两性被置于差别很大的职业类型中,产生了就业结构中的横向和纵向性别隔离。绝大多数男女有薪劳动者是在以男性或以女性为主导的职业或岗位工作，女性更多地被招募在工资低、发展有限的工种和位置上，仅在相同的工作或者工种中推行男女同酬，不能解决两性收入不平等问题，因此有必要从“同工同酬”发展为“等值同酬”原则。1979年联合国大会通过的《消除对妇女一切形式歧视公约》第11条规定，男女从事同等价值的工作享有同等报酬（包括福利）和平等待遇的权利。等值同酬不仅要求男女从事同样的工作有相同的报酬率，而且要求对工作内容不同但价值相等的男女工作及其报酬进行比较和平衡，特别要考虑多数女性从事照顾家庭这种传统无薪劳动的价值，从而使在更大范围内推进并实现男女工资报酬的平等公正。

按照男女同工同酬原则，妇女在享受福利待遇方面也应该与男子享有平等的权利。生活福利待遇是为保障劳动者正常生产工作和生活所提供的必要的生活设施和福利性待遇，主要包括住房补贴、食堂、浴室、托儿所、幼儿园、俱乐部、班车和其他生活补贴等。

适用要点

该条款规定在司法实践中运用存在一定的困难。对同工同酬中“同工”的认定是最主要的核心问题，也是难度最大的问题。因为即使男女在同一岗位，但是因劳动者存在不同的学历、工作经验、工作技能、工作态度等，可以对处于相同工作岗位的劳动者在劳动报酬方面有所差别。因此，司法实践中法院认为同工同酬的条件是员工之间有相同的考核评价体系，且处于相同的工资收入分配体制机制。

关联法规

《宪法》第48条第2款

《劳动法》第46条

第四十六条　【男女享有平等的晋升和培训机会的权利】在晋职、晋级、评聘专业技术职称和职务、培训等方面，应当坚持男女平等的原则，不得歧视妇女。

条文解读

本条是关于妇女晋升和培训机会均等权利的规定。

男女晋升机会均等是指为妇女提供与男子平等竞争职务、级别、职称等机会。晋职、晋级是对劳动者工作能力和工作成绩的肯定和奖励，评聘专业技术职称是对达到法定专业技术水平的专业技术人员专业知识、技术水平的确认。职业晋升不仅关系劳动者的收入、社会保障和职工福利，也关系其社会地位。公平合理的晋升，也能增强劳动者的主人翁责任感，鼓励其积极性和创造性，提高工作效率，促进社会主义市场经济发展和社会和谐。现实生活中，妇女担任用人单位高级管理人员的比例不高，在晋升中存在“玻璃天花板”。形成“玻璃天花板”原因是多方面，既有教育水平差异、女性生理原因、女性家庭责任重以及性别刻板印象的影响，也有企业组织文化制度等方面的因素。有一些用人单位和部门，不重视提拔妇女，在同等条件下，总是优先晋升男性，以女职工怀孕、生育、哺乳、照顾家庭等为由，压低女职工晋职、晋级比例和缩小女职工评定专业技术职务范围，为我国女性尤其女性知识分子的发展制造了很大障碍。因此，为了实现男女晋升机会均等，用人单位应该建立公平、科学的人才选拔、晋升制度，建立公开透明的竞争程序，针对女性领导者比重低、晋升慢的现实情况，通过完善人事制度来改善。完善女性领导者的素质培养方式和考核机制，确保女性领导力得以持续提升。同时，国家应该完善社会支持体系，鼓励男女共担家庭责任。

提高妇女平等竞争职务、职级和工作岗位的能力和智识，国家和用人单位需要大力发展职业培训，促进女性群体发展能力和素质的提高。用人单位要给予女职工与男职工平等的培训机会，在实施职工培训时要考虑女职工的特点，合理安排培训的时间和内容。

适用要点

这一条款目前在司法实践中适用很少。因为晋职、晋级、评聘专业技术职称和职务、培训等内容属于用人单位内部管理事项，不属于法定劳动争议范围，即使妇女因在晋职、晋级、评聘专业技术职称和职务、培训中受到性别歧视提起劳动仲裁往往也会被驳回。2018 年最高人民法院增加了“平等就业权纠纷”案由，未来该类歧视案件可以依据《就业促进法》和本条规定提起“平等就业权纠纷”之诉。

关联法规

《就业促进法》第 27 条第 1 款、第 62 条

第四十七条　【妇女享有特殊劳动保护的权利】用人单位应当根据妇女的特点，依法保护妇女在工作和劳动时的安全、健康以及休息的权利。

妇女在经期、孕期、产期、哺乳期受特殊保护。

条文解读

本条是关于妇女特殊劳动保护的规定。

劳动保护权是劳动者享有的、在劳动过程中的获得安全与健康保护的权利，是保护劳动者生命健康权的重要措施。妇女的劳动保护权是指妇女在劳动过程中依法要求用人单位提供安全卫生的劳动条件，保护其生命安全和身体健康的一项基本劳动权利。妇女的劳动保护权包括一般

性安全卫生保护权和对妇女的特殊保护权。国家为了保护劳动者在劳动过程中的安全和健康制定了一系列法律规范。这些法律规范可分为两大类:一类是劳动安全法。包括工厂安全技术规程、建设工程安全生产管理条例、矿山安全法律规范等;另一类是劳动卫生法。包括防止粉尘危害、防止职业中毒、防止噪声和强光刺激、工作场所通风照明、防暑降温、职业病的防治和处理等法律规定。女职工作为劳动者的一员,享有上述法定的权利。同时,根据妇女身体结构、生理机能的特点以及抚育子女的特殊需要,国家在劳动保护方面对妇女特殊权益的法律保障,体现了实质上的平等保护。《女职工劳动保护特别规定》规定女职工禁忌从事的劳动范围包括:①矿山井下作业;②体力劳动强度分级标准中规定的第四级体力劳动强度的作业;③每小时负重 6 次以上、每次负重超过 20 公斤的作业,或者间断负重、每次负重超过 25 公斤的作业。上述职业禁忌主要是保护女性生育机能,因其与下一代的健康有着莫大的关系,所以国家应该在整个工作时期都注意保护女性。

用人单位应当根据妇女的特点保护女职工的休息权。休息是劳动者恢复劳动能力和享有人性化生活的必要条件,其目的是保证劳动者消除身体和精神上的疲劳,恢复体力和精力,从而更加充沛地投入劳动之中。如果没有适当的休息,劳动者的生存将变得不可能,劳动者的尊严也就无从谈起。休息权是劳动者的一项基本权利,我国《宪法》《劳动法》均明确规定劳动者享有休息权。由于岗位需求不同以及男女具有不同的生理特点,用人单位在设计工作时间和休息时间时应当考虑妇女的特点,依法保护妇女在工作和劳动时休息的权利。

本条第 2 款规定妇女在经期、孕期、产期、哺乳期享有受特殊保护的权利。根据《女职工劳动保护特别规定》,妇女在经期、孕期、产期、哺乳期受到特殊保护。

1. 女职工经期保护。女职工在经期禁忌从事的劳动范围如下:①冷水作业分级标准中规定的第二级、第三级、第四级冷水作业;②低温作业分级标准中规定的第二级、第三级、第四级低温作业;③体力劳动强度分级标准中规定的第三级、第四级体力劳动强度的作业；④高处作业分级标准中规定的第三级、第四级高处作业。

2. 女职工孕期保护。女职工在孕期不能适应原劳动的，用人单位应当根据医疗机构的证明，予以减轻劳动量或者安排其他能够适应的劳动。对怀孕 7 个月以上的女职工，用人单位不得延长劳动时间或者安排夜班劳动，并应当在劳动时间内安排一定的休息时间。怀孕女职工在劳动时间内进行产前检查，所需时间计入劳动时间。为了防止工作环境中有毒有害物质对母婴健康产生不利影响，女职工在孕期禁忌从事的劳动范围如下：①作业场所空气中铅及其化合物、汞及其化合物、苯、镉、铍、砷、氰化物、氮氧化物、一氧化碳、二硫化碳、氯、己内酰胺、氯丁二烯、氯乙烯、环氧乙烷、苯胺、甲醛等有毒物质浓度超过国家职业卫生标准的作业；②从事抗癌药物、己烯雌酚生产，接触麻醉剂气体等的作业；③非密封源放射性物质的操作，核事故与放射事故的应急处置；④高处作业分级标准中规定的高处作业；⑤冷水作业分级标准中规定的冷水作业；⑥低温作业分级标准中规定的低温作业；⑦高温作业分级标准中规定的第三级、第四级的作业；⑧噪声作业分级标准中规定的第三级、第四级的作业；⑨体力劳动强度分级标准中规定的第三级、第四级体力劳动强度的作业；⑩在密闭空间、高压室作业或者潜水作业，伴有强烈振动的作业，或者需要频繁弯腰、攀高、下蹲的作业。

3. 女职工产期保护。女职工生育享受 98 天产假，其中产前可以休假 15 天；难产的，增加产假 15 天；生育多胞胎的，每多生育 1 个婴儿，增加产假 15 天。女职工怀孕未满 4 个月流产的，享受 15 天产假；怀孕满 4 个月流产的，享受 42 天产假。女职工产假期间享有生育津贴，生育津贴由生育保险基金支付；女职工未参加生育保险的，由用人单位按照女职工产假前工资的标准支付。女职工生育或者流产的医疗费用，由生育保险基金支付；对未参加生育保险的，由用人单位支付。

4. 女职工哺乳期保护。作业环境中有毒物质会使母亲通过乳汁进入婴儿体内，对婴儿的侵康也会产生不良影响。因此，女职工在哺乳期禁忌从事的劳动范围如下：①孕期禁忌从事的劳动范围的第一项、第三项、第九项；②作业场所空气中锰、氟、溴、甲醇、有机磷化合物、有机氯化合物等有毒物质浓度超过国家职业卫生标准的作业。同时对哺乳未满1周岁婴儿的女职工，用人单位不得延长劳动时间或者安排夜班劳动。用人单位应当在每天的劳动时间内为哺乳期女职工安排1小时哺乳时间；女职工生育多胞胎的，每多哺乳1个婴儿每天增加1小时哺乳时间。女职工比较多的用人单位应当根据女职工的需要，建立女职工卫生室、孕妇休息室、哺乳室等设施，妥善解决女职工在生理卫生、哺乳方面的困难。

适用要点

本条女职工特殊劳动保护内容是实践中引发争议最多的情形。本条规定比较原则，在适用中需要与《女职工劳动保护特别规定》等规定一并适用。

关联法规

《宪法》第43条

《劳动法》第43条、第46条、第6章、第7章

《人口与计划生育法》第26条

《女职工劳动保护特别规定》

第四十八条　【禁止用人单位婚育歧视、退休歧视和对孕产期女职工的解除、终止劳动合同保护】用人单位不得因结婚、怀孕、产假、哺乳等情形，降低女职工的工资和福利待遇，限制女职工晋职、晋级、评聘专业技术职称和职务，辞退女职工，单方解除劳动(聘用)合同或者服务协议。

女职工在怀孕以及依法享受产假期间,劳动(聘用)合同或者服务协议期满的,劳动(聘用)合同或者服务协议期限自动延续至产假结束。但是,用人单位依法解除、终止劳动(聘用)合同、服务协议,或者女职工依法要求解除、终止劳动(聘用)合同、服务协议的除外。

用人单位在执行国家退休制度时,不得以性别为由歧视妇女。

条文解读

本条第1款规定了禁止用人单位对女职工进行婚育歧视。人类生育对于人类来说,具有重要的双重功能:人类家庭(个人)需要和人类社会种族繁衍的需要。因此,生育的价值具有双重性,包括生育的家庭(个人)价值和社会价值两个方面。生育的社会价值表明:生育是一种社会职能。养育子女不仅是男女(家庭)的责任,也是国家、社会的责任,社会应当承担对生育的保障责任。随着社会化大生产的发展,妇女自身能力的提高,广大妇女既要从事生产劳动,同时也承担人类自身繁衍的特殊责任。妇女生育是社会发展需要,她们在满足自身需要同时,也为社会劳动力再生产付出努力。如果没有劳动力的再生产和后备劳动力的储备,社会经济就不可能持续发展,妇女生育行为在人类自身生产中具有社会意义,是一种神圣的社会劳动,与国家和社会前途直接相关。由于怀孕分娩是女性独特的生理机制,这种生理机制不应该成为女性在工作场所获得平等的不利因素,国家必须保证男女在劳动力市场获得平等地位。因此,用人单位不得因结婚、怀孕、产假、哺乳等情形,降低女职工的工资和福利待遇,限制女职工晋职、晋级、评聘专业技术职称和职务,辞退女职工、单方解除劳动(聘用)合同或者服务协议。

本条第2款规定了对生育妇女解雇和终止保护的制度。在现实生活中,有些用人单位由于生产经营需要会撤销、精简岗位或者裁员,因此处于孕期和产期的妇女即使没有受到生育歧视也会面临失业风险。如果生育妇女失业,其再就业遭遇困难,经济风险加大,会给母婴身心健康造成严重损害。因此,我国立法进一步提高对女职工的生育保护水平,对生育妇女实施解雇和终止保护制度,即女职工在怀孕以及依法享受产假期间,用人单位不得单方解除劳动(聘用)合同或者服务协议,劳动(聘用)合同或者服务协议期满的,劳动(聘用)合同或者服务协议期限自动延续至产假结束。同时本条也规定了例外情形:

1. 用人单位依法解除、终止劳动(聘用)合同、服务协议,如女职工出现下列情形之一:(1)在试用期间被证明不符合录用条件的;(2)严重违反用人单位的规章制度的;(3)严重失职,营私舞弊,给用人单位造成重大损害的;(4)劳动者同时与其他用人单位建立劳动关系,对完成本单位的工作任务造成严重影响,或者经用人单位提出,拒不改正的;(5)因《劳动合同法》第26条第1款第1项规定的情形致使劳动合同无效的;(6)被依法追究刑事责任的,用人单位可以依据《劳动合同法》第39条、第42条规定与孕、产期女职工解除劳动合同。

2. 女职工依法提出要求解除、终止劳动(聘用)合同、服务协议。本条第3款规定用人单位在执行国家退休制度时不得歧视妇女。退休是劳动者依照国家法律规定,达到一定年龄和符合相关条件而退出工作岗位。退休不仅意味着劳动者完成了职业生涯,实现了自己的人生价值,更意味着劳动者在步入老年、劳动能力衰退之后,能够获得国家和社会的物质帮助,有稳定的生活来源保障自己晚年的生活。退休关涉劳动者退出劳动岗位后的基本生存问题,其核心是退休待遇及其保障。用人单位在执行退休制度时不得歧视妇女,在妇女没有达到法定退休年龄之前不得强迫妇女提前退休,也不能降低妇女的退休待遇。

根据1978年国务院颁发的《国务院关于工人退休、退职的暂行办法》和《国务院关于安置老弱病残干部的暂行办法》,对男女退休年龄的规定存在差异,具体为:男性干部、工人年满60周岁,女干部年满55周岁,女工人年满50周岁。立法本意是保护妇女,特别是从事体力劳动的妇女,然而现实生活中却忽视延迟退休对部分妇女经济利益和职业发展的损害。2015年3月，中共中央组织部、人力资源和社会保障部发布《关于机关事业单位县处级女干部和具有高级职称的女性专业技术人员退休年龄问题的通知》（组通字〔2015〕14号），明确规定党政机关、人民团体中的正、副县处级及相应职务层次的女干部，事业单位中担任党务、行政管理工作的相当于正、副处级的女干部和具有高级职称的女性专业技术人员，年满60周岁退休。该通知实现了部分岗位男女同龄退休。

适用要点

适用本条，需注意以下三点：

1. 实践中，生育女职工由于怀孕遭到违法调岗、解雇的情形大量存在，多数以劳动争议纠纷立案，依据《劳动法》相关规定解决。司法实践中，本条第1款禁止生育歧视行为与第2款禁止解雇怀孕、休产假女性可能构成竞合。被解雇的女职工除了可以寻求劳动法救济外，还可以依据本法、《就业促进法》以侵害平等就业权为由提起民事诉讼，但两种诉求都支持还是只能选择适用其中一种，司法实践中没有形成统一标准。

2. 依据本条第2款，女职工在怀孕以及依法享受产假期间，劳动（聘用）合同或者服务协议期满的，劳动（聘用）合同或者服务协议期限自动延续至产假结束。但是，依据《劳动合同法》第45条规定，劳动合同期满，女职工在孕期、产期、哺乳期的，劳动合同应当续延至相应的情形消失时终止。依据上述规定，实践中女职工在怀孕以及依法享受产假期间，劳动（聘用）合同或者服务协议期满的，劳动合同应当自动延续至哺乳期满（即1年）。目前，《劳动合同法》和《妇女权益保障法》二者的规定并不一致，根据《立法法》第92条规定，同一机关制定的法律、新的规定与旧的规定不一致的，适用新的规定，即适用《妇女权益保障法》。但这一修改显然既限缩了对孕、产期女职工就业权的保障，也不利于人口目标的实现。

另外，该款仅规定了对孕、产期女职工解雇和终止保护，没有规定哺乳期女职工解雇和终止保护。《劳动合同法》第42条规定，女职工在孕期、产期、哺乳期的，用人单位不得依照《劳动合同法》第40条、第41条的规定解除劳动合同。《劳动合同法》第45条规定，劳动合同期满，女职工在孕期、产期、哺乳期的，劳动合同应当续延至相应的情形消失时终止。实践中，哺乳期女职工可以依据《劳动合同法》第45条规定维护自己的合法权益。

3. 在适用本条第3款时需要注意，由于法律规定男女退休年龄存在差异，妇女以被提前退休与男性存在差异构成就业性别歧视为由提起诉讼往往得不到法院支持。

关联法规

《劳动法》第13条

《劳动合同法》第42条、第45条

《国务院关于工人退休、退职的暂行办法》

《国务院关于安置老弱病残干部的暂行办法》

《中共中央组织部、人力资源社会保障部关于机关事业单位县处级女干部和具有高级职称的女性专业技术人员退休年龄问题的通知》

案例指引

1. 北京云纵互联信息技术有限公司与袁某劳动合同纠纷[1]

《女职工劳动保护特别规定》第9条规定，用人单位对哺乳未满1周岁婴儿的女职工，不得延长劳动时间或者安排夜班劳动，并且应当在每天的劳动时间内为哺乳期女职工安排1小时的哺乳时间。用人单位应当保护女职工的健康，减少和解决女职工在劳动中因生理特点造成的特殊困

[1] (2021)苏02民终800号。

难,不能因孕期、产期和哺乳期的女职工不能胜任工作或者因经济性裁员等原因而与其解除劳动合同。

2. 韩某英诉北京市大兴区某养老服务中心平等就业权纠纷案[1]

平等就业权旨在保障求职者与具有相同条件的人在求职过程中,不因民族、种族、性别、宗教信仰的不同而被区别对待。但劳动者是否符合退休条件以及办理退休手续等涉及退休问题而引发的争议,并非单一的劳动者与用人单位之间的劳动争议,不属于人民法院民事案件的受理范围,亦不属于平等就业权纠纷案由项下应当受理的民事诉讼范围。

第四十九条 【就业性别歧视行为纳入劳动保障监察范围】人力资源和社会保障部门应当将招聘、录取、晋职、晋级、评聘专业技术职称和职务、培训、辞退等过程中的性别歧视行为纳入劳动保障监察范围。

条文解读

本条是新增的关于人力资源和社会保障部门将就业性别歧视行为纳入劳动保障监察范围的规定。

劳动保障监察是指人力资源和社会保障行政部门对用人单位遵守劳动保障法律、法规的情况进行监督检查,并对违法行为依法进行处理的行政执法活动。尽管《就业促进法》第 60 条规定,劳动行政部门应当对《就业促进法》实施情况进行监督检查,但是并没有明确将就业歧视行为纳入劳动保障监察范围。《劳动保障监察条例》第 11 条规定了劳动保障监察事项的 9 项具体情形:(1)用人单位制定内部劳动保障规章制度的情况;

〔1〕 (2020)京 0115 民初 865 号。

(2)用人单位与劳动者订立劳动合同的情况;(3)用人单位遵守禁止使用童工规定的情况;(4)用人单位遵守女职工和未成年工特殊劳动保护规定的情况;(5)用人单位遵守工作时间和休息休假规定的情况;(6)用人单位支付劳动者工资和执行最低工资标准的情况;(7)用人单位参加各项社会保险和缴纳社会保险费的情况;(8)职业介绍机构、职业技能培训机构和职业技能考核鉴定机构遵守国家有关职业介绍、职业技能培训和职业技能考核鉴定的规定的情况;(9)法律、法规规定的其他劳动保障监察事项。但上述规定没有将就业歧视行为纳入劳动监察范围,根据依法行政执法的特点,实践中劳动保障监察部门认为没有法律依据授权而无法实施监管,而受害人往往因为司法救济维权成本太高而不愿维权,导致用人单位实施的就业歧视行为屡禁不止。本条将就业性别歧视行为纳入劳动保障监察范围,明确授权劳动行政部门查处就业性别歧视行为,增加对就业性别歧视行为的行政救济方式,拓宽了对就业性别歧视行为的救济渠道。

适用要点

本条规定受到就业性别歧视妇女采取行政手段救济的权利,扩大了劳动监察的范围,便于受到就业性别歧视妇女通过行政手段维护自己的权益。

关联法规

《劳动保障监察条例》第11条

第五十条 【国家对妇女社会保障权的保障】国家发展社会保障事业,保障妇女享有社会保险、社会救助和社会福利等权益。

国家提倡和鼓励为帮助妇女而开展的社会公益活动。

条文解读

本条是关于妇女依法享有社会保障权的规定。

本条第1款规定了妇女的社会保障权。《宪法》第14条第4款规定："国家建立健全同经济发展水平相适应的社会保障制度。"第45条第1款规定："中华人民共和国公民在年老、疾病或者丧失劳动能力的情况下，有从国家和社会获得物质帮助的权利。国家发展为公民享受这些权利所需要的社会保险、社会救济和医疗卫生事业。"《社会保险法》明确规定了国家建立基本养老保险、基本医疗保险、工伤保险、失业保险、生育保险等社会保险制度，保障公民在年老、疾病、工伤、失业、生育等情况下依法从国家和社会获得物质帮助的权利。社会保障制度的目的不仅是为社会成员提供一定程度的经济保障，而且通过社会资源再分配，实现社会公平。在现代社会，妇女往往更容易受到社会排斥，缺乏参与社会的必要资源，妇女享有社会保障权有利于保障妇女享有平等的"自由"和"机会"。

另外，帮助妇女不仅是国家责任也是社会义务。国家应该积极地为帮助妇女开展各项社会公益活动，同时对非政府组织开展的以帮助妇女为目的的各项社会公益活动也要加以提倡、鼓励和支持。

适用要点

本条款属于概括性、原则性条款，在实践中可以在妇女的社会保障权受到侵害时与其他具体条款一并适用。

关联法规

《宪法》第14条、第45条

《社会保险法》

第五十一条　【生育社会保障制度】国家实行生育保险制度，建立健全婴幼儿托育服务等与生育相关的其他保障制度。

国家建立健全职工生育休假制度，保障孕产期女职工依法享有休息休假权益。

地方各级人民政府和有关部门应当按照国家有关规定，为符合条件的困难妇女提供必要的生育救助。

条文解读

本条第1款规定了国家的生育社会保障义务。生育社会保障是国家在女性生育时为其及其家庭的生活和需要予以物质保障和社会服务。人类生育对于人类来说，具有人类家庭（个人）需要和人类社会种族繁衍需要的双重功能。因此生育的价值具有生育的家庭（个人）价值和社会价值两个方面。生育的社会价值表明：生育是一种社会职能。养育子女不仅是男女（家庭）的责任，也是国家、社会的责任，社会应当承担对生育的保障责任。随着社会化大生产的发展，妇女自身能力的提高，广大妇女也从事物质生产活动。妇女不仅是物质财富的生产者，还是人类自身的生产者；她们既要从事生产劳动，同时也承担人类自身繁衍的特殊责任。妇女生育是社会发展的需要，她们在为家庭传宗接代的同时，也为社会劳动力再生产付出了努力。如果没有劳动力的再生产和后备劳动力的储备，社会经济就不可能持续发展。妇女生育行为在人类自身生产中具有社会意义，是一种神圣的社会劳动，与国家和社会前途直接相关。因此，当女性因怀孕已部分或全部丧失劳动力，不能通过正常劳动获得报酬维持基本生活时，应当得到社会补偿。而实行生育社会保障，由社会分担妇女在生育期间基本生活和健康保障，则体现了生育的社会价值。由于怀孕分娩是女性独特的生理机制，这种生理机制不应该成为女性在工作场所获得平等的不利因素，国家必须通过生育保障制度保证男女在劳动力市场获得平等地位。生育社会保障包括生育保险、生育救助和生育福利。生育保险制度是指针对妇女生育及其特点,通过国家强制的方式筹集生育保险基金,为怀孕和分娩的参保妇女提供收入补偿、医疗服务和生育休假,以确保参保妇女在生育期间的生活维持和健康养护,从而维持社会人口再生产的一项社会保障制度。生育救助制度是指国家和社会对因生活困难而处于生存困境的女性在其生育时提供物质帮助和医疗服务的制度。生育福利制度是指国家在女性生育时为其和家庭提供的各种福利制度,包括生育补助金、婴幼儿托育服务等。

目前,“婴幼儿照料”问题既是影响女性生育意愿的重要原因之一,也是严重影响女职工家庭和工作失衡的重要因素。国家为了促进女性平等就业,实现人口战略目标,应当积极推进普惠型托育服务点建设,为家庭提供安全、优质、低价的公共托育服务。支持幼儿园和机关、企业事业单位、社区提供托育服务,鼓励引导社会力量兴办托育机构。

本条第 2 款为新增国家保障女职工生育休假的条款。随着我国人口政策的变化,为了减轻生育对女性就业造成的不利影响,保障母婴健康,鼓励生育,我国《人口与计划生育法》第 25 条规定,“符合法律、法规规定生育子女的夫妻,可以获得延长生育假的奖励或者其他福利待遇。国家支持有条件的地方设立父母育儿假。”目前我国各省除了西藏外均规定在产假基础上增加 1—3 个月不等的生育奖励假,各省均规定 7-30 天不等的生育护理假,部分省市规定了父母育儿假。享有生育奖励假的主体是生育妇女,享有生育护理假的主体是生育妇女的配偶,享有父母育儿假的主体是父母,父亲和母亲都可以休假。由于职工休假会给用人单位提高管理成本,且除了女职工产假期间由生育保险基金承担生育津贴外,其他休假的待遇法律没有明确规定,因此生育休假的落实情况不尽如人意,所以立法明确规定国家保障孕产期女职工依法享有休息休假权益。

本条确立了我国以生育保险制度为主,生育救助、生育福利为辅的生育社会保障制度。《社会保险法》第 6 章规定了生育保险制度,明确了生育保险缴费的主体和生育保险待遇。“建立健全婴幼儿托育等与生育相关的其他保障制度”主要是进一步完善生育福利制度。由于享有生育保险待遇的主体是女职工,许多失业城镇妇女和农村妇女无法享有生育保险待遇,特别是贫困妇女在生育时健康风险和经济风险非常大,因此本条第 3 款规定地方各级人民政府和有关部门为符合条件的困难妇女提供必要的生育救助义务。

适用要点

本条规定的生育社会保障比较原则,在适用时需与其他立法结合适用。在生育保险方面,应与《社会保险法》第 6 章结合适用。在生育救助方面,应结合地方立法予以适用。

关联法规

《社会保险法》第 6 章

第五十二条　【政府对困难妇女的权益保障】各级人民政府和有关部门应当采取必要措施,加强贫困妇女、老龄妇女、残疾妇女等困难妇女的权益保障,按照有关规定为其提供生活帮扶、就业创业支持等关爱服务。

条文解读

本条是关于各级人民政府和有关部门对贫困妇女、老龄妇女、残疾妇女等困难妇女的权益保障和关爱服务。目前的社会救助制度往往以家庭为救助单位,缺乏针对困难妇女的救助措施。各级人民政府和有关部门应该完善困难妇女的社会救助网络,发挥妇女、社会工作者的作用,完善医疗、教育、住房、就业等专项救助和临时救助制度,为困难妇女群体提供生活帮扶、就业创业支持等,切实解决困难妇女的特殊困难。

适用要点

本条属于概括性条款,困难妇女的社会救助权受到侵害时可以适用本条款和其他具体法律规定。

关联法规

《社会救助暂行办法》
《自然灾害救助条例》

第六章 财产权益

第五十三条 【国家保障财产权男女平等】国家保障妇女享有与男子平等的财产权利。

条文解读

国家保障妇女享有与男子平等的财产权利，这既是男女平等基本国策在财产权利方面的体现，也是保障男女平等基本国策实现的物质基础。本条强调由国家保障妇女享有平等的财产权利，即保障妇女享有与男子平等的财产权利是国家的义务。我国一向重视对妇女平等财产权利的保护。《宪法》第48条第1款规定，中华人民共和国妇女在政治的、经济的、文化的、社会的和家庭的生活等各方面享有同男子平等的权利。《民法典》和其他相关法律法规的规定，妇女与男子同属自然人范畴，民事权利能力平等，财产权利受法律平等保护。《民法典》在总则编规定自然人的民事权利能力平等。在分编规定，夫妻对共同财产，有平等的处理权；继承权男女平等。

财产权是相对于人身权而言的权利类型，指以财产利益为内容，直接体现经济利益的权利，包括物权、债权、继承权以及知识产权中的财产权等。妇女享有与男子平等的财产权利，体现在所有的经济领域和社会生活、家庭生活中，包括财产所有权男女平等，与财产所有权有关的宅基地使用权、土地承包经营权等他物权男女平等、债权男女平等、继承权男女平等、知识产权中的财产权男女平等等。但是由于历史传统、世俗观念的影响，妇女被歧视和妇女财产权益被侵害的现象仍然存在，因此本条开宗明义规定国家保障妇女享有与男子平等的财产权利。保障妇女权益是国家的重要职能之一，国家有责任采取措施，保护妇女享有与男子平等的财产权利，消除对妇女的歧视。

适用要点

在适用本条时注意从以下两个方面把握：

一是本条款强调妇女享有同男子平等的财产权利，不是以男子财产权利为对照标准规定女性权利，而是针对妇女发展现状和歧视妇女现象仍然存在的客观现实，作出有针对性的规定。

二是本条款是国家保障妇女平等享有财产权利的总括性规定。本章其他条文规定了保障妇女在婚姻、家庭共有财产关系中的财产权益、妇女在农村集体经济组织中的财产权益、妇女在城镇集体经济组织中的财产权益以及妇女的财产继承权等，这些规定是针对实践中妇女财产权益受侵害比较突出的问题而作出的。本法没有列举的其他财产权益的平等保护可以适用本条规定。

关联法规

《宪法》第 48 条第 1 款

《民法典》第 14 条、第 113 条、第 1055 条、第 1062 条、第 1126 条

第五十四条　【保障妇女在夫妻共同财产和家庭共有财产关系中的财产权益】在夫妻共同财产、家庭共有财产关系中，不得侵害妇女依法享有的权益。

条文解读

根据《民法典》相关规定，不动产或者动产可以由两个以上组织、个人共有。共有包括按份共有和共同共有。按份共有人对共有的不动产或者动产按照其份额享有所有权。共同共有人对共有的不动产或者动产共同享有所有权。夫妻共同财产和家庭共有财产是共同共有的两种典型形式。在共同共有中，各共有人都有管理共有物的权利和义务；处分共有的不动产或者动产以及对共有的不动产或者动产作重大修缮、变更性质或者用途的，应当全体共同共有人同意；共有人对共有物的管理费用以及其他费用，由共同共有人共同负担；共同共有人在共有的基础丧失或者有重大理由需要分割时才可以请求分割共有财产。在共同共有财产关系中，所有共有人对于共有财产不分份额平等地享有所有权，每个共有人的权利没有大小、多少之分。

除法律另有规定或者当事人另有约定之外，夫妻在婚姻关系存续期间所得的下列财产为夫妻共同财产，归夫妻共同所有：(1)工资、奖金、劳务报酬；(2)生产、经营、投资的收益；(3)知识产权的收益；(4)继承或者受赠的财产，但是遗嘱或者赠与合同中确定只归一方的财产除外；(5)其他应当归共同所有的财产。夫妻对共同财产，有平等的处理权。但是，也有些财产不在夫妻共同财产的范围之内，如一方的婚前财产、一方因受到人身损害获得的赔偿或者补偿、遗嘱或者赠与合同中确定只归一方的财产、一方专用的生活用品、其他应当归一方的财产。

家庭共有财产是指家庭成员在共同生活期间因共同劳动、共同积累而形成的财产。家庭成员主要指父母、子女、兄弟姐妹、祖父母与外祖父母、孙子女与外孙子女等。家庭共有财产以家庭成员间的家庭共同生活关系的存续为前提，以维持家庭成员共同生活或生产为目的，一旦家庭共同生活关系消灭，家庭共有财产也因失去存在的基础而随之消灭。家庭共有财产的形成主要是家庭成员在共同生活期间的共同劳动收入、家庭成员交给家庭的财产、家庭成员受赠的财产以及在此基础上购置和积累起来的财产等。

在夫妻共同财产和家庭共有财产中，妇女的合法权益表现为，妇女对共有财产享有与男子同等的权利。不论其收入多少、对共同财产贡献的大小，任何人不能剥夺或者削弱妇女对共有财产享有占有、使用、收益和处分的权利，其他共有人处分共有财产时，要尊重妇女的意见，必须取得妇女的同意。当婚姻关系和家庭共有财产关系终止时，妇女享有与男子均等分割共有财产的权利，男子不得隐藏、转移、变卖、毁损、挥霍共有财产或者伪造共同债务损害妇女合法权益。

适用要点

现实生活中轻视、漠视和侵害妇女合法权益的现象仍不同程度地存在。我国有几世同堂共同生活的传统，这些家庭会同时存在夫妻共同财产、家庭共有财产和个人财产。在适用中要特别注意区分夫妻共同财产和夫妻个人财产、家庭共有财产和家庭成员个人财产，不能混淆。随着社会的发展，家庭结构趋于简单，越来越多的家庭是由夫妻和未成年子女组成的小家庭，此种家庭共有财产一般指的是夫妻共同财产。

关联法规

《民法典》第 299—303 条、第 308 条、第 1062 条

案例指引

周某与苏某、苏某 1 等分家析产纠纷案[1]

妇女对家庭财产的积累作贡献的，应肯定为共有人，对家庭共有财产

〔1〕 (2021)桂 14 民终 553 号。

享有共有权。

周某自2006年与苏某等三人共同居住生活,成为一名家庭成员,共同参加劳动。只是其作为女性,按农村生活日常经验,对于家庭共有财产的收入和积累贡献形式与其他家庭成员可能有所区别。苏某福、陆某龙以及苏某只承认周某与他们共同居住,但不认可周某参与共同劳动,主张周某的主要工作是在家照顾子女。分家析产时未充分考虑周某作为家庭成员对共有财产的管理及对家庭贡献大小等因素。这是对妇女家务劳动价值的否定,侵害了妇女的家庭财产权益。

第五十五条　【农村妇女享有与男子平等的权利】妇女在农村集体经济组织成员身份确认、土地承包经营、集体经济组织收益分配、土地征收补偿安置或者征用补偿以及宅基地使用等方面,享有与男子平等的权利。

申请农村土地承包经营权、宅基地使用权等不动产登记,应当在不动产登记簿和权属证书上将享有权利的妇女等家庭成员全部列明。征收补偿安置或者征用补偿协议应当将享有相关权益的妇女列入,并记载权益内容。

条文解读

本条第1款旨在保障妇女在农村集体经济组织中的各项权益享有与男子平等的权利,包括农村集体经济组织成员身份确认、土地承包经营、集体经济组织收益分配、土地征收补偿安置或者征用补偿以及宅基地使用权等。

农村集体经济组织中各项财产权益的取得以享有农村集体经济组织成员身份为前提,因此本款首先明确妇女在农村集体经济组织中的身份确认与男子平等。集体经济组织成员身份认定是妇女享有农村集体经济组织财产权益的前提和基础,涉及农村妇女生存的根本权益。《农村土地承包法》规定,“确认农村集体经济组织成员身份的原则、程序等,由法律、法规规定”,但是都没有规定认定的标准。本条明确规定妇女在农村集体经济组织成员身份确认方面享有与男子平等的权利,对于农村妇女权益保护具有重要意义。

妇女享有与男子平等的农村土地承包经营权。我国农村主要实行以家庭承包为主的土地承包经营制度。农村集体经济组织的每一个农户为一个生产经营单位,以“户”为单位作为承包人承包农村集体的耕地、林地、草地等农业用地。集体经济组织的每个人,不论男女老少,都平等享有承包农村集体所有的土地的权利。土地承包经营权是我国农民一项非常重要的权利。《民法典》确认其是一项用益物权,具有排他性、稳定性、长期性。土地承包经营权是我国农村集体经济成员权利的主要体现,是否拥有土地承包经营权决定了是否可以享有农村集体经济组织成员的其他权益,其在农民有关土地权益中处于基础性的地位。

妇女享有与男子平等的集体经济组织收益分配权。一些发达地区的农村,土地集中开发使用程度较高,农村集体经济组织将土地出租或者作为股份投资取得相应的收益。为了便于对集体经济组织的收益进行管理和分配,很多地方进行股份化改革,将土地等集体资产量化为一定量的股份,然后以户籍为依据,按照年龄和贡献将股份分配给具有股东资格的村民。集体经济组织的收益按股份进行分配,股份越多,收益越多。还有一些地方从集体经济组织的收益中提取相应比例的金额,用于农村的集体福利,如农村集体合作医疗、养老保险、子女入托入学等福利,这也是集体经济组织收益的分配方式之一。

妇女享有与男子平等的土地征收补偿安置或征用补偿权益。根据《土地管理法》第48条的规定,征收土地应当依法及时足额支付土地补偿费、安置补助费以及农村村民住宅、其他地上附着物和青苗等的补偿费用,并安排被征地农民的社会保障费用。妇女对上述权益享有与男子平等的权利。

妇女享有与男子平等的宅基地使用权。《土地管理法》第62条规定，农村村民一户只能拥有一处宅基地。妇女依法申请宅基地时，应与男子平等对待，对符合条件的申请应依法批准。此外，妇女享有的宅基地标准亦应当与男子相同。

本条第2款实质是确权登记制度。明确申请农村土地承包经营权、宅基地使用权等不动产物权登记时，将享有权利的包括妇女在内的家庭成员全部列明；征收补偿安置或者征用补偿协议应当将享有相关权益的妇女列入并记载权益内容。从而实现农村妇女"证上有名、名下有权"，解决以"户"为单位的确权登记制度使妇女权益依附于家庭带来的问题。

适用要点

本条款与本法第56条均是对农村妇女的土地承包经营权益、集体经济组织收益分配、土地征收或者征用补偿费用、宅基地使用权等权益的规定。本条从正面规定农村妇女享有平等的土地承包权益及相关权利，第56条从反面规定禁止任何侵害农村妇女平等享有土地承包经营权益及相关权利的行为。正反两方面的规定体现了《妇女权益保障法》对农村妇女土地权益保护的力度和决心。法律适用时注意将两个条文结合使用。

关联法规

《土地管理法》第48条、第62条

《农村土地承包法》第16条、第60条

《民法典》第216条

案例指引

外嫁女及其子女要求征地补偿款纠纷案[1]

外嫁女的户籍以及实际生产、生活仍在原集体经济组织的，不能以外嫁为由否定其集体经济组织成员资格，从而剥夺外嫁女在集体经济组织中的合法权益，如征地补偿款等。

外嫁女是否仍具有集体组织成员资格，一般是从我国农村集体经济组织所具有的自然共同体特征出发，以形成较为固定的生产、生活，并依法登记所在地常住户口作为形式要件，以是否需要本集体经济组织农村土地为基本生活保障为实质要件。主要从以下几方面综合考虑：一是外嫁女的户籍在征地补偿方案确定时是否仍在原集体经济组织；二是征地补偿方案确定时，外嫁女是否仍在集体经济组织实际生产和生活；三是外嫁女是否仍然以原集体经济组织的土地为基本生活保障；四是外嫁女所在集体经济组织的村民代表大会讨论意见。

本案戴某、曾某二人自出生便落户在高墙组，从未迁出，戴某自出生后便在高墙组享有承包地，尽管闲时摆地摊来增加收入，其实质与外出务工的农民工是一样的，不能由此否认其仍然是以土地为基本生活保障的事实。戴某离婚后，以高墙组成员的身份向湘潭九华示范区综合执法局建房办书面报告申请建房，高墙组在该报告上签字认可，湘潭市雨湖区响水乡冯家村村委会在该报告上加盖了公章。房屋建好后，戴某携女曾某在此居住、生活。2017年，涉案的分配方案出台时，戴某、曾某仍在高墙村生活。尽管涉案的分配方案系高墙组全体户主代表会议作出的，但《村民委员会组织法》第27条第2款规定："村民自治章程、村规民约以及村民会议或者村民代表会议的决定不得与宪法、法律、法规和国家的政策相抵触，不得有侵犯村民的人身权利、民主权利和合法财产权利的内容。"《妇

[1] (2019)湘民再286号。

女权益保障法》也规定，妇女在农村土地承包经营、集体经济组织收益分配、土地征收或者征用补偿费使用以及宅基地使用等方面，享有与男子平等的权利。任何组织和个人不得以妇女未婚、结婚、离婚、丧偶等为由，侵害妇女在农村集体经济组织中的各项权益。据此，与宪法、法律、法规和国家的政策相抵触，以侵犯妇女权益为代价所作的村民会议决定，不能作为否认外嫁女集体经济组织成员资格的依据。故戴某依法享有高墙组集体经济组织成员资格，曾某随母同样享有高墙组集体经济组织成员资格。

第五十六条 【禁止侵害妇女在农村集体经济组织中的权益】村民自治章程、村规民约，村民会议、村民代表会议的决定以及其他涉及村民利益事项的决定，不得以妇女未婚、结婚、离婚、丧偶、户无男性等为由，侵害妇女在农村集体经济组织中的各项权益。

因结婚男方到女方住所落户的，男方和子女享有与所在地农村集体经济组织成员平等的权益。

条文解读

该条款是禁止性规定，禁止侵害妇女在农村集体经济组织中的各项权益，并规定对落户女方住所的男方以及子女的平等权益进行保障。

妇女在农村集体经济组织中的财产权益主要包括土地承包经营权益、集体经济组织收益分配权、土地征收或者征用补偿费用分配权、宅基地使用权等。实践中农村妇女的上述权益经常在婚姻状况发生变化时受到损害，特别是外嫁女问题最为突出。主要情形有：富裕地方的农村妇女出嫁到相对较穷的农村，不愿意将户口迁出；农村妇女出嫁到城市或港澳地区，由于户籍管理的限制不能迁出；因离婚、丧偶等原因户口已迁出的农村妇女将户口重新迁回原户籍地等。有的外嫁女丧失了土地承包经营权、宅基地使用权,有的外嫁女尽管保留了上述权益,但限于村规民约的规定,不能享受股份分红、集体福利等。村民大会或村民委员会通过村规民约、村民自治章程或者其他决议剥夺或者限制农村妇女在农村集体经济组织中的各项合法权益。针对上述情况,本条第1款作出明确规定,禁止通过村民自治章程、村规民约、村民会议、村民代表会议的决定及其他涉及村民利益事项的决定,以妇女未婚、结婚、离婚、丧偶、户无男性等为由,侵害妇女在农村集体经济组织中的各项权益。本条为维护农村妇女在农村集体经济组织中平等享有各项权益,解决农村外嫁女问题提供法律依据。

《民法典》第1050条规定,登记结婚后,按照男女双方约定,女方可以成为男方家庭的成员,男方可以成为女方家庭的成员。依我国传统婚姻习惯一般是男娶女嫁,女方到男方家落户。若男方到女方家落户,即入赘,入赘男子及其子女经常被歧视,不被给予农村集体经济组织成员平等待遇的事情时有发生。考虑到对入赘男子及其子女合法权益的保护,直接影响女方的合法权益和生活水平,因此本条第2款规定因结婚男方到女方住所落户的,男方和子女享有与所在地农村集体经济组织成员平等的权益。

适用要点

本条是禁止性规定,禁止任何侵害农村妇女平等的土地承包经营权益及相关权利的行为,与本法第55条从正反两方面合力保障农村妇女平等享有土地承包经营、集体经济组织收益分配、土地征收补偿安置或者征用补偿费用以及宅基地使用等方面的权利。法律适用时注意将两个条文结合使用。

实践中,某些农村集体经济组织通过村民自治章程、村规民约、村民会议、村民代表会议等,以村民自治、自决的方式,看似公平,实则存在性别歧视,使妇女合法权益受到侵害。本条为维护农村妇女在农村集体经济组织中平等享有各项权益，解决农村外嫁女问题提供了直接的法律依据。

关联法规

《民法典》第 261 条、第 265 条

《农村土地承包法》第 31 条

《村民委员会组织法》第 27 条

《最高人民法院关于审理涉及农村土地承包纠纷案件适用法律问题的解释》第 22 条

案例指引

侵害集体经济组织成员权益纠纷案[1]

农村农业户籍妇女出嫁后，户口仍留在原集体经济组织，在当地分配生产资料时，应视为具备该集体经济组织成员资格，依法享有集体经济组织中的财产权益。

随着我国城镇化进程加快，大量农村集体土地被征收，村民原有的土地承包经营权、宅基地使用权衍生为征地补偿分配权、集体经济收益权及其他村民待遇。部分地区通过村规民约、村民大会或村委会决议等方式，限制和剥夺出嫁女应享有的土地补偿款、口粮补偿款等集体经济组织收益，严重侵害了农村出嫁女的合法权益。

处理本案主要涉及明确土地补偿款的归属、出嫁女的集体经济组织成员资格以及村规民约的效力三个问题。首先，土地补偿款是国家对土地进行征收后给予的经济补偿。农村集体土地所有权的性质，决定了农

〔1〕 (2014)开民一初字第 01730 号。

村集体土地征地补偿款是对全体集体经济组织成员的补偿，应归全体成员共同享有。其次，农村集体经济组织成员资格的确认，一般以是否具有依法登记的集体经济组织所在地常住户口为基本原则，同时结合当事人是否在当地拥有承包地，是否在当地形成较为固定的生产、生活，是否依赖农村集体土地作为生活保障等为认定条件，不能以妇女是否出嫁作为标准。本案原告虽已出嫁，但其户口未迁出，且其结婚后仍保留有土地并且在当地生活，应当具备当地集体经济组织成员资格。最后，根据《村民委员会组织法》第27条规定，农村集体经济组织可以根据本地实际需要，通过村民会议或者村民代表会议，制定村民自治章程或村规民约等，但是村民自治章程、村规民约以及村民会议或者村民代表会议的决定不得与宪法、法律、法规和国家的政策相抵触，不得有侵犯村民的人身权利、民主权利和合法财产权利的内容。本案中，伍家岭村委会和村民小组将出嫁女不能分得土地补偿款以村民制度的形式进行了确认，并根据该制度作出出嫁女不享受任何待遇的决定，表面上看，村委会和村小组作出该决定似乎程序合法、理据充分，但其决定作出的依据——《白沙河组村民制度》的内容本身与法律规定和国家政策背道而驰。

第五十七条　【保护妇女在城镇集体所有财产关系中的权益】国家保护妇女在城镇集体所有财产关系中的权益。妇女依照法律、法规的规定享有相关权益。

条文解读

集体所有制经济是公有制的重要组成部分，城镇集体经济是集体所有制经济的重要形式之一。根据《城镇集体所有制企业条例》第4条规定，城镇集体所有制企业是财产属于劳动群众集体所有、实行共同劳动、在分配方式上以按劳分配为主体的社会主义经济组织。城镇集体经济在我国社会主义经济发展过程中，发挥了举足轻重的作用。但是城镇集体财产关系较为复杂，城镇集体财产不像农村集体财产属于本集体成员所有那样清晰、稳定，成员也不像农村集体经济组织成员那样相对固定。目前我国城镇集体企业改革还在继续深化，法律只能作出笼统规定，从法律上确认妇女作为城镇集体经济组织成员享有财产权益，具体权益内容依其他法律、法规的规定确定。如《民法典》第263条规定，城镇集体所有的不动产和动产，依照法律、行政法规的规定由本集体享有占有、使用、收益和处分的权利。第265条第1款规定，集体所有的财产受法律保护，禁止任何组织或者个人侵占、哄抢、私分、破坏。

适用要点

适用本条注意以下两点：

一是城镇集体所有财产关系的主体是本集体。妇女是作为集体经济组织中一员，与其他集体成员共同享有权益。

二是行使或享有城镇集体所有财产关系应当依照法律、法规的规定。目前，现行法律主要是《宪法》和《民法典》等，法规主要是行政法规《城镇集体所有制企业条例》。

关联法规

《宪法》第8条

《民法典》第263条、第265条

《城镇集体所有制企业条例》第4条

第五十八条　【继承权男女平等】妇女享有与男子平等的继承权。妇女依法行使继承权，不受歧视。

丧偶妇女有权依法处分继承的财产，任何组织和个人不得干涉。

条文解读

我国《宪法》规定,公民的合法的私有财产不受侵犯。国家依照法律规定保护公民的私有财产权和继承权。《民法典》规定,自然人合法的私有财产,可以依法继承,并且继承权男女平等。本条款是在上述规定基础上,对妇女平等继承权的进一步确认,可以从以下三个方面理解。

一是法定继承权男女平等。法定继承是继承人的范围、继承顺序和遗产分配原则均由法律直接加以规定的继承制度。法定继承的平等主要体现在:(1)法定继承人的范围男女平等。根据《民法典》第 1127 条规定,法定继承人包括配偶、子女、父母、兄弟姐妹、祖父母、外祖父母,以及对公婆尽了主要赡养义务的丧偶儿媳和对岳父母尽了主要赡养义务的丧偶女婿等,妇女与男子完全平等。(2)法定继承人的继承顺序男女平等。法定继承的第一顺序是配偶、子女、父母;第二顺序是兄弟姐妹、祖父母、外祖父母。在亲等相同的情况下,适用于男性的继承顺序,同样适用于女性;适用于父系的继承顺序,同样适用于母系,如丈夫与妻子、儿子与女儿、父亲与母亲等,同一顺序继承人男女平等。(3)遗产份额男女平等。同一顺序继承人继承遗产的份额,一般应当均等。(4)代位继承权男女平等。被继承人的子女先于被继承人死亡的,由被继承人的子女的直系晚辈血亲代位继承。被继承人的兄弟姐妹先于被继承人死亡的,由被继承人的兄弟姐妹的子女代位继承。代位继承适用于男性,也适用于女性;适用于父系,也适用于母系。

二是遗嘱继承权男女平等。遗嘱继承是继承人按照被继承人合法有效的遗嘱继承被继承人遗产的法律制度。妇女与男子都有按自己的意志依法立遗嘱处分个人财产的权利,也可以接受被继承人指定成为遗嘱继承人,遗嘱继承权男女平等。

三是其他继承规则男女平等。如对生活有特殊困难又缺乏劳动能力的继承人,分配遗产时,应当予以照顾。对被继承人尽了主要扶养义务或者与被继承人共同生活的继承人，分配遗产时，可以多分。有扶养能力和有扶养条件的继承人，不尽扶养义务的，分配遗产时，应当不分或者少分……这些规定均不区分男女，妇女享有与男子平等的继承权。

虽然法律全面确认了妇女享有平等的继承权，但是实践中受旧思想影响，仍存在一些侵害妇女平等继承权的现象，对此本条明确规定了两种情形：一是妇女依法行使继承权，不受歧视。继承人继承遗产的份额，不因男女性别不同而有差别。也许在具体个案中有男女继承人继承遗产份额不均等的情况，但是这不是基于性别差异，而是考量继承人对被继承人所尽扶养义务的多少、继承人的经济状况和劳动能力等综合因素确定。若以男女性别确定继承份额，就是对妇女的歧视，为法律所禁止。二是丧偶妇女在处分继承的财产时，任何人不得干涉。丧偶妇女作为第一顺序继承人，可以继承丈夫的遗产，任何人都无权干涉丧偶妇女的遗产继承权以及对所取得遗产的处分权。《民法典》第 1157 条规定，夫妻一方死亡后另一方再婚的，有权处分所继承的财产，任何组织或者个人不得干涉。

适用要点

丧偶妇女继承遗产时，应先对夫妻共同财产进行分割，将夫妻共同所有的财产的一半分出为丧偶妇女所有，其余的为被继承人的遗产。实践中，干涉丧偶妇女处分继承财产的行为主要发生在丧偶妇女再婚时。有人错误认为，丧偶妇女守志继续留在夫家照料公婆和子女才可以继承亡夫的遗产，如果改嫁，就不能继承遗产。这是对丧偶妇女继承权的侵害，也是对丧偶妇女婚姻自由的干涉，必须严格禁止。

关联法规

《宪法》第 13 条

《民法典》第 124 条、第 1126—1130 条、第 1157 条

第五十九条　【丧偶儿媳的继承权】丧偶儿媳对公婆尽了主要赡养义务的，作为第一顺序继承人，其继承权不受子女代位继承的影响。

条文解读

根据《民法典》婚姻家庭编和继承编的相关规定，丧偶妇女是亡夫的第一顺序继承人，子女与父母互为第一顺序继承人，儿媳、女婿一般不是公婆和岳父母的法定继承人。但是现实生活中，有些儿媳不仅在丧偶前与配偶共同赡养公婆，而且在丧偶后甚至再婚后仍对公婆尽主要赡养义务。为肯定和鼓励这种美德，法律规定丧偶儿媳对公婆尽了主要赡养义务的，作为第一顺序继承人，继承公婆的遗产，并且该继承权不受子女代位继承的影响。丧偶儿媳作为公婆第一顺序法定继承人应满足以下条件：

一是丧偶儿媳对公婆尽了主要赡养义务。《最高人民法院关于适用〈中华人民共和国民法典〉继承编的解释（一）》第 19 条规定，对被继承人生活提供了主要经济来源，或者在劳务等方面给予了主要扶助的，应当认定其尽了主要赡养义务或主要扶养义务。丧偶妇女对公婆尽了主要赡养义务，或者是为公婆的生活一直提供主要经济来源，如付出较多赡养费，直至公婆死亡；或者在生活上给予公婆必需的帮助和关心，在饮食起居、看病护理等方面付出较多劳务，在精神上给予公婆较多抚慰。只要以其中一种方式尽了主要赡养义务的，丧偶妇女就可以作为第一顺序法定继承人。

二是丧偶儿媳的第一顺序法定继承人地位不受子女代位继承的影响。代位继承是指被继承人的子女先于被继承人死亡时，由被继承人子女的晚辈直系血亲代替先亡的长辈直系血亲继承被继承人遗产的权利。代位继承人一般只能继承他的父母有权继承的遗产份额。丧偶儿媳对公婆遗产的继承权与子女代位继承权是两个独立的继承权，可以同时成立。丧偶儿媳对公婆遗产的继承权是建立在尽了主要赡养义务基础之上，子女代位继承权是建立在血缘基础之上,二者互不冲突。

适用要点

本条款适用时要注意,丧偶儿媳作为第一顺序继承人继承公婆的遗产,第一,只适用于法定继承,如果公婆立有合法有效的遗嘱,依遗嘱继承。第二,丧偶儿媳应对公婆尽了主要赡养义务,才能作为第一顺序法定继承人。所谓"尽了主要赡养义务",可以是丧偶儿媳为公婆提供了主要的物质生活资料,如定期给付一定数额的赡养费或实物等;也可以是丧偶儿媳在日常生活中为公婆提供了主要的劳务扶助,如照料、服侍等;还可以二者兼而有之。第三,丧偶儿媳对公婆遗产的继承权是独立的,直接独立地作为第一顺序法定继承人参加继承,既不受其子女是否代位继承的限制,也不影响其子女的代位继承权。第四,丧偶儿媳对公婆遗产的继承权不受她们是否再婚的影响。丧偶儿媳再婚不影响其对公婆遗产的继承权。第五,丧偶儿媳继承了公婆遗产后,仍有权继承自己父母的遗产,互不排斥。

关联法规

《民法典》第 1127 条、第 1129 条

《最高人民法院关于适用〈中华人民共和国民法典〉继承编的解释(一)》第 18 条、第 19 条

案例指引

法定继承纠纷案[1]

对公婆尽了主要赡养义务的丧偶儿媳作为第一顺序继承人继承被继

[1] (2018)甘民再 56 号。

承人的遗产，与子女基于代位继承继承被继承人的遗产可以并行。

本案焦点问题之一是，雍某作为丧偶儿媳是否对公婆尽了主要赡养义务，能否符合第一顺序继承人的条件。《最高人民法院关于贯彻执行〈中华人民共和国继承法〉若干问题的意见》第30条规定，对被继承人生活提供了主要经济来源，或在劳务等方面给予了主要扶助的，应当认定其尽了主要赡养义务或主要扶养义务。一审判决认定雍某对梁某昌尽了主要赡养义务，二审判决认定雍某对梁某昌尽了较多赡养义务。再审法院认为被申诉人所举证据不足以否定雍某对梁某昌尽了主要赡养义务的事实，特别是在2012年其夫梁某楼去世后，雍某实际为照料梁某昌生活的主要承担者，与其子梁某2共同承担了对梁某昌日常生活起居的照顾、服侍，直至送终，故应认定雍某尽了主要赡养义务。

本案焦点问题之二是，丧偶儿媳成为第一顺序继承人是否影响子女代位继承。最高人民法院《关于贯彻执行〈中华人民共和国继承法〉若干问题的意见》第29条规定："丧偶儿媳对公婆，丧偶女婿对岳父、岳母，无论其是否再婚，依继承法第十二条规定作为第一顺序继承人时，不影响其子女代位继承。"尽了主要赡养义务的丧偶儿媳的继承地位，与代位继承并不相互排斥。本案中，梁某昌、梁某楼代位继承后，尽了主要赡养义务的雍某仍可作为第一顺序继承人。

第七章　婚姻家庭权益

第六十条　【婚姻家庭权利平等】国家保障妇女享有与男子平等的婚姻家庭权利。

条文解读

本法规定妇女在婚姻家庭领域享有诸多权利,但在现实中,因为各种因素的影响与制约,妇女婚姻家庭权益难以得到及时有效保障。本次立法修改巩固了已有的立法成果,同时基于实践考量,又对妇女婚姻家庭权益进行了相应修正与完善。如何保障妇女在婚姻家庭领域的权利并推进相关法律实施,成为立法与执法的难点与焦点问题之一。以本法中的婚姻家庭权益作为研究视点,审视妇女在婚姻家庭领域中的人身与财产方面尚存在的缺失与不足,本章从第60条至第71条补充与完善了妇女婚姻家庭权益方面的有关规定。

本条规定妇女在婚姻家庭领域享有与男子一样平等的权利,禁止任何人或任何组织对妇女任何形式的歧视、虐待。男女平等作为一项基本国策,体现了党和国家对男女平等原则的高度重视,是新时期对马克思主义妇女观与男女平等原则的丰富和发展。本条规定强调在婚姻家庭领域妇女与男子享有完全平等的权利,包括以下内涵:

一、这一规定是我国现行《宪法》确定的男女平等原则在婚姻家庭领域的具体体现

我国现行《宪法》第48条第1款明确规定:“中华人民共和国妇女在政治的、经济的、文化的、社会的和家庭的生活等各方面享有同男子平等的权利。”

二、与国际社会的性别平等理念高度契合

《联合国宪章》序言明确规定:“重申基本人权,人格尊严与价值,以及男女与大小各国平等权利之信念。”2000年9月,我国政府在联合国首脑会议上签署《联合国千年宣言》,促进性别平等、赋予妇女权能被列为新千年发展目标的重要内容。

三、推进男女平等对实现社会可持续发展、构建和谐家庭与和谐社会至关重要

其内容包括:(1)婚姻方面男女权利平等。女性与男性在实施结婚、收养、离婚、继承等民事行为时权利义务平等。例如,结婚必须男女双方完全自愿,不许任何一方对他方加以强迫或任何第三者加以干涉;男女双方均有提出离婚的权利。离婚时,男女双方都有抚养子女、分割共同财产、清偿债务以及经济帮助等方面的权利和义务。(2)夫妻人身与财产方面权利平等。夫妻关系包括人身关系与财产关系两个方面。夫妻双方都有各自使用自己姓名的权利;都有参加生产、工作、学习和社会活动的自由;都有抚养和教育子女的权利;夫妻对共同财产有平等的占有、使用、收益与处分权;夫妻有相互扶养的义务和相互继承遗产的权利。(3)父母子女间,祖父母、外祖父母与孙子女、外孙子女间,兄弟姐妹间的法律地位完全平等。如父母都有抚养教育子女的权利与义务,父母也都有受子女赡养、扶助的权利;子女都有接受父母抚养教育的权利,都有赡养扶助父母的义务;父母子女间继承权平等。

四、《民法典》规定有助于推进男女在家庭与社会地位方面的平等

《民法典》第 1041 条第 1 款、第 2 款规定："婚姻家庭受国家保护。实行婚姻自由、一夫一妻、男女平等的婚姻制度。"第 1057 条规定："夫妻双方都有参加生产、工作、学习和社会活动的自由，一方不得对另一方加以限制或者干涉。"上述法律规定有助于推进男女在家庭与社会地位方面的平等，推进我国婚姻家庭制度不断完善。越来越多的学者强调男女之间尊严和价值的平等以及权利、机会和责任的平等是真正意义上的男女平等。

适用要点

我国社会主义制度从政治、经济、法律等各方面为全面实现男女平等奠定了基础条件，但男女平等原则的实现并非一蹴而就。本法及《民法典》等法律为男女在婚姻家庭领域享有平等权利提供了充分的法律保障。我国婚姻家庭领域在男女平等方面已取得很大成就，男女平等的条件得到明显改善，但重男轻女、歧视妇女的传统习惯势力仍有一定影响。如家庭暴力案件时有发生，女性权利受侵害的现象时有出现。在司法领域处理婚姻家庭案件时，女性婚姻家庭权利保障仍面临诸多观念与司法障碍。贯彻男女平等原则是一个系统工程，需要司法部门、社会多元机构的协作与支持，需要完善相关立法与执法措施作为保障。此外，将性别意识纳入决策主流，既有助于充分体现出社会公平与公正原则，又能避免实施男女平等原则时陷入以男性为参照标准的误区，使男女有平等获取资源与共享资源的机会。

关联法规

《宪法》第 48 条

《民法典》第 1041 条、第 1057 条

案例指引

1. 原告第二次起诉，法院能判离婚吗？[1]

法院认为，婚姻关系的维系应当以夫妻感情为基础。被告自认其好酒，饮酒后经常闹事，因此多次与原告发生纠纷，自2015年以来原告多次因被家暴报警。原告在第一次起诉离婚后，选择了原谅被告，给予了被告夫妻和好的机会。但是被告未能珍惜双方之间的感情，改正自己的不良习惯以取得原告的谅解。2019年11月，在法院判决不准予双方离婚后，被告再次与原告发生纠纷，夫妻感情进一步恶化，现原告确认双方已无和好可能，故法院确认双方感情确已破裂。准予原告徐某某与被告姜某1离婚。

2. 黄某等分家析产纠纷案[2]

被上诉人徐某某与上诉人何某3登记结婚后，随何某3到男方家庭生活，并落户于该家庭，已成为其家庭的成员，且共同承包了该村小组的土地。在此期间，徐某某与何某3及其父母同生活、同劳动，共同创造所得的财产属家庭共有财产。故徐某某对该财产依法享有权利。其与何某3离婚后，对该家庭共同承包的土地仍享有承包经营权。一审法院根据本案相关证据及本案的实际情况，依法对该家庭共有财产及承包地进行实物分割、作价补偿等处理并无不当。二审法院不予采纳上诉意见。

〔1〕（2020）沪0117民初12094号。

〔2〕（2021）云28民终802号。

3. 陈某某与沈某某离婚纠纷案[1]

法院认为，原、被告系自由恋爱、自主婚姻，婚后双方虽为琐事发生矛盾，但原告据以认定夫妻感情彻底破裂的依据尚不充分。原、被告应正确处理夫妻矛盾，珍惜夫妻感情。只要双方相互关心、相互照顾，夫妻关系可以改善。综上所述，根据《民法典》第1079条之规定，原告陈某某要求与被告沈某某离婚的诉讼请求，经审查不符合该规定的要求，依法不予支持。

第六十一条　【婚姻自主权】国家保护妇女的婚姻自主权。禁止干涉妇女的结婚、离婚自由。

条文解读

一、国家保护妇女的婚姻自主权，禁止干涉妇女的结婚、离婚自由

婚姻自由权是本法及《民法典》的重要原则，也是《宪法》赋予公民的一项基本权利。本法规定的婚姻自主权是指妇女有权按照法律的规定，自主自愿地决定自己的婚姻问题，排除任何人或组织的强制与干涉。这一概念包含两层内涵：(1)婚姻自主权是法律赋予妇女的一项基本权利，任何人或组织不得强制和干涉。在我国，感情是婚姻缔结的基础，但感情只能源于婚姻当事人，只能由婚姻当事人自己表达，这种表示感情的权利为法律所规定并受法律保护。任何第三者或组织，包括当事人的父母在内，或有关组织都不能侵犯这种权利。我国《宪法》第49条特别规定“禁止破坏婚姻自由”，婚姻自由是《民法典》婚姻家庭编的一项基本原则，亦

[1] (2021)沪0113民初7126号。

是《宪法》赋予公民的一项基本权利。在我国,婚姻自由为法律所确认和保护。我国现行《宪法》第49条,《民法典》第1041—1042条、第1046条、第1051条、第1055条、第1076条等对保障婚姻自由都作了明确规定。婚姻自由是法律所确认和保护的权利,如果他人侵犯了这一权利,就是违法行为;如果构成犯罪,要依法受到刑事制裁。《民法典》规定禁止包办买卖婚姻和其他干涉婚姻自由的行为,规定结婚必须男女双方完全自愿等。(2)婚姻自主权的行使必须符合法律的规定。婚姻自主权是妇女的一项基本权利,但这种权利不是绝对的、毫无限制的。《民法典》规定了结婚必须符合的条件和必须履行的程序、离婚的程序和处理原则,具体指明了婚姻自由的范围,划清了婚姻问题上合法与违法、正确与错误的界限。因此,妇女在行使婚姻自主权的时候,必须受到国家法律和政策的约束,不得滥用权利而损害他人的合法权益和社会公共利益。因此,我们要正确理解和行使婚姻自由权利,不允许任何人侵犯这个权利,也不允许当事人滥用这个权利。

二、婚姻自主权的内容

婚姻自主权包括三个方面的内容:(1)结婚自主权。结婚自主权是指缔结婚姻关系的自由,即当事人有权依法决定是否结婚,与谁结婚,不受任何人或组织强迫或干涉。只有充分保障婚姻自主权,当事人才可能根据本人意愿择偶。只有这样婚姻当事人才可能对自己、对家庭、对社会负责,才有可能建立美满幸福的家庭。(2)离婚自主权。离婚自主权是指当事人有解除婚姻关系的自由,即在夫妻感情确已破裂的情况下,夫妻任何一方尤其是妇女有权提出离婚,任何人或组织不能加以干涉。离婚毕竟是一种重要的法律行为,关系着家庭和子女、社会的利益,因此婚姻当事人应以慎重态度对待离婚问题,要遵守《民法典》有关离婚规定的精神。(3)结婚自主权和离婚自主权缺一不可。保障妇女结婚自主权是为了使当事人能够完全按照自己意愿结成伴侣。保障离婚自主权,是为了使感情确已破裂、无法共同生活的夫妻能够依法解除婚姻关系。仅有结婚自主权是不够的,必须有离婚自主权作为补充,两者结合构成了婚姻自主权的完整内容。只有正确保障妇女结婚自主权和离婚自主权,婚姻自主权才能全面实现。

三、婚姻自主权的实现

《民法典》第 1042 条第 1 款规定:“禁止包办、买卖婚姻和其他干涉婚姻自由的行为。禁止借婚姻索取财物。”要贯彻婚姻自由原则,必须做到以下三个禁止。第一,禁止包办、买卖婚姻和其他干涉婚姻自由的行为。包办婚姻和买卖婚姻是干涉婚姻自主权的两种主要形式。包办婚姻是指第三者(包括父母在内)违背婚姻自由的原则,在完全违背婚姻当事人意愿(以违背妇女意愿为多数)的情况下,强迫其缔结婚姻;买卖婚姻是指第三者(包括父母在内)以索取大量财物为目的,强迫当事人缔结婚姻。包办婚姻和买卖婚姻既有联系,又有区别。共同之处在于两者均是违背当事人的意愿,对婚事包办强迫。区别在于是否以索取大量的财物为目的。如果包括父母在内的第三人,是以索取大量财物为目的包办自己的子女和他人缔结婚姻,就是买卖婚姻;如果包括父母在内的第三人并不是以索取大量财物为目的强迫包办自己的子女和他人的婚姻,则是包办婚姻。包办婚姻和买卖婚姻都是干涉他人婚姻自由的行为,包办的婚姻和买卖的婚姻属于可撤销婚姻,受害人可以向婚姻登记机关和人民法院请求撤销该婚姻。第二,禁止其他干涉婚姻自由的行为。其他干涉婚姻自由的行为是指除包办、买卖婚姻以外的违反婚姻自主的行为。其表现形式很多,如:父母干涉儿女婚事,即父母因子女选择的对象不如己意,以种种借口阻挠、干涉;子女干涉父母再婚,尤其是干涉妇女再婚较多,即子女以各种借口对离异或丧偶的父母的再婚进行干涉、阻挠。对此,《民法典》第 1069 条明确规定:“子女应当尊重父母的婚姻权利,不得干涉父母离婚、再婚以及婚后的生活。”如果情节恶劣构成犯罪,如采用暴力干涉婚姻自由的,要依照《刑法》的有关规定,依法追究刑事责任。我国《刑法》第 257 条规定:“以暴力干涉他人婚姻自由的,处二年以下有期徒刑或者拘役。

犯前款罪,致使被害人死亡的,处二年以上七年以下有期徒刑。第一款罪,告诉的才处理。"第三,禁止借婚姻索取财物。借婚姻索取财物是指除买卖婚姻以外的其他借婚姻索取财物的行为。这种情况下,男女双方结婚基本上自主自愿,但是一方(主要是女方或者女方父母)向另一方索要一定的财物作为结婚的先决条件。这种行为和买卖婚姻的共同点都是以索取财物为结婚的条件,不同点是买卖婚姻通常是包办强迫的婚姻,而借婚姻索取财物,基本上是自主婚,但不是以感情作为基础,而是把满足自己的物质欲望作为缔结婚姻的首要条件,婚姻当事人不是正确行使婚姻自由的权利,而是滥用了这一权利。

适用要点

无论是包办婚姻、买卖婚姻和其他干涉婚姻自由的行为,还是借婚姻索取财物的行为,都是贯彻婚姻自由原则的障碍。在具体处理因此引起的纠纷时,要正确掌握法律和政策的精神,注意以下问题的处理。

一、划清包办婚姻和父母主持、经人介绍、本人自愿同意的界限

前者由父母决定,违背婚姻当事人的意愿,违反了婚姻自由原则,是违法行为;后者虽由父母出面主持,但婚姻当事人是同意的,符合婚姻自由原则,是合法行为。

二、划清买卖婚姻和借婚姻索取财物的界限

前者是以包办强迫为手段索取大量财物,后者是在婚姻自由的情况下索取财物。虽然两者都是违法行为,但情节、后果不同,处理方法也不同。根据《最高人民法院关于适用〈中华人民共和国民法典〉婚姻家庭编的解释(一)》第5条的规定,当事人请求返还按照习俗给付的彩礼的,如果查明属于以下情形,人民法院应当予以支持:(1)双方未办理结婚登记手续;(2)双方办理结婚登记手续但确未共同生活;(3)婚前给付并导致

给付人生活困难。适用前款第(2)、(3)项的规定,应当以双方离婚为条件。

三、有关嫁妆问题处理

嫁妆是女方从娘家带来用于双方共同生活的财物。彩礼与嫁妆均是男女双方为建立与巩固婚姻家庭关系而采取的手段,这种物质交换对男女双方稳定家庭生活秩序有一定意义。但当夫妻感情破裂时,均会涉及财产分割与处理。因法律未规定给付嫁妆的当事人有要求返还嫁妆的权利,从而导致平等民事主体在享受权利上存在性别歧视问题。因此,未来应将嫁妆性质与处理纳入法律研究与立法视野。[1]

四、区分借婚姻索取财物和男女自愿赠与的界限

前者通常是女方或女方父母主动索取,是结婚的先决条件,对方给付财产是被迫与违心的,是违法行为;后者是男女双方自愿赠与,是合法行为。

五、特定时期限制男方离婚诉权,旨在更好地保障妇女离婚自主权

《民法典》第 1082 条规定,女方在怀孕期间、分娩后 1 年内或终止妊娠后 6 个月内,男方不得提出离婚。女方提出离婚的,或人民法院认为确有必要受理男方离婚请求的,不在此限。针对男方诉权的限制仅限于特定情形下,是一种延缓或推迟,并非对男方离婚请求权的排斥、否定和剥夺,期限届满后男方离婚诉权自然恢复。特定情况下对男方诉权限制主要是为了保护妇女和子女的合法权益。女方在上述特定期间,身体、精神与心理上均有一定负担,如在特定时期内允许男方提出离婚,会给女方从身体到精神、心理上带来多重打击,不但影响女方的身心健康,同时也不利于胎儿、婴儿的健康发育与成长。但女方在特定时间内提出离婚不受此规定的限制。

---

[1] 参见李秀华:《妇女婚姻家庭法律地位实证研究》,知识产权出版社 2004 年版,第 73 页。

关联法规

《宪法》第 48 条、第 49 条

《民法典》第 1041 条、第 1042 条、第 1046 条

《刑法》第 257 条

《老年人权益保障法》第 21 条

《最高人民法院关于适用〈中华人民共和国民法典〉婚姻家庭编的解释(一)》第 5 条

案例指引

张某甲与刘某某变更抚养关系纠纷案[1]

法院认为，本案原、被告在离婚时约定“女方如果再婚，孩子张某乙过户男方，由男方抚养”。该约定内容干涉了被告再婚的自主权利，故原、被告之间的该项约定无效。原、被告离婚后，孩子张某乙一直由被告抚养，张某乙跟随被告生活，已建立了稳定家庭生活环境，如变更生活环境不利于其身心健康。同时，考虑张某乙系女孩，其跟随母亲生活更利于其健康成长。原告以双方约定内容及被告再婚生育子女为由，提出变更抚养权，不属于法律规定的情形，故原告请求变更孩子张某乙的抚养权，于法无据，不予支持。

第六十二条 【婚前保健服务】国家鼓励男女双方在结婚登记前，共同进行医学检查或者相关健康体检。

---

〔1〕 (2020)陕 0630 民初 930 号。

条文解读

本条规定从立法高度引导准备结婚的男女双方在结婚登记前，主动接受婚前医学检查等婚前保健服务，积极履行健康状况告知义务，进而更切实有效维护和保障婚姻当事人、子女及其他家庭成员的健康权益。国家鼓励各地有关部门改革创新、借鉴有益经验，通过实施有效举措，将婚前检查与相关健康检查纳入公共卫生服务项目，不断提高婚检率。是否在我国婚姻法家庭编中设立婚检制度，目前学术界颇有歧义。

本条规定的内涵与意义有以下几个方面。

1. 倡导恢复婚检规定有助于婚姻当事人及子女利益的保障，有助于防止疾病婚及其他违法婚姻的发生，有助于抑制某些隐形冲突，防止违法行为扩张。《国家卫生健康委办公厅关于统筹推进婚前孕前保健工作的通知》（国卫办妇幼函〔2020〕1024 号），要求：全面加强婚前孕前保健和出生缺陷一级预防，不断提高出生人口素质和妇女儿童健康水平，推进健康教育、婚前医学检查、孕前优生健康检查、增补叶酸等婚前孕前保健服务，提高服务可及性、促进服务均等化。

2. 有助于引导男女双方在结婚登记前，主动接受婚前医学检查等婚前保健服务，积极履行健康状况告知义务，维护和保障婚姻当事人健康权益。

《健康中国行动（2019—2030 年）》明确将"主动接受婚前医学检查和孕前优生健康检查"纳入评估指标体系，将健康教育、婚前医学检查、孕前优生健康检查等作为重点任务，列入妇幼健康促进及健康知识普及专项行动。

3. 做优做实孕前优生健康检查项目，加大对高风险人群评估指导和追踪随访力度，推进孕前保健与孕期保健，以及产前筛查与诊断信息和服务对接，协调推进一级、二级预防。

加大政策统筹和资源整合力度，结合公共卫生服务补助资金分配方式改革、户籍制度改革和健康扶贫工作。加强婚前保健、孕前保健专科标准化建设。在做好在岗专业人员业务培训和继续教育的基础上，将婚前孕前保健服务专业人员纳入出生缺陷防治人才培训项目，制订培训计划、组建师资队伍，强化规范培训和人才培养。以临床检验、风险评估和优生咨询为重点，加强人才队伍和学科建设，不断提升服务能力和水平。鼓励具备条件的综合医院承担婚前孕前保健服务，健全供给多元、运转高效的婚前孕前保健服务网络，优化资源配置和服务供给。探索建立孕前—围孕保健服务模式，落实婚前孕前保健对健康孕育服务管理的科学指导，提供供给多元、运转高效的婚前孕前保健服务网络。

4. 有助于开展个性化、精准化健康促进与教育。加大出生缺陷防治知识技能等核心信息推广、传播力度，加快科普资源库建设。注重健康科普作品的创作与推广，用好用足优秀健康科普作品，提高公众出生缺陷防治知识知晓率。坚持宣传教育关口前移，建好用好婚育健康宣传教育便民平台，婚姻家庭健康咨询室和生育服务咨询室，向婚育人群广泛开展宣传教育和咨询指导。《民法典》第 1053 条规定："一方患有重大疾病的，应当在结婚登记前如实告知另一方；不如实告知的，另一方可以向人民法院请求撤销婚姻。请求撤销婚姻的，应当自知道或者应当知道撤销事由之日起一年内提出。"该规定中导致撤销婚姻的"重大疾病"因其不确定与模糊性使其在具体法律适用中颇具挑战性。

适用要点

实践中常见的不应结婚的疾病包括以下几种类型。

1. 丧失行为能力的精神病患者。因为患这类疾病的人通常是无民事行为能力人，当然不能独立实施结婚这一法律行为。同时精神病患者结婚后，很可能将精神方面的疾病遗传给后代。

2. 先天性痴呆。

3. 性病患者，如艾滋病患者等。

4. 其他不应结婚的传染病患者和遗传性疾病患者也在禁婚范围。

《民法典》对重大疾病未作具体规定,是因为这些病情较复杂、类别多,并且轻重程度有别,不宜一概而论全部予以禁止。如何科学解释《民法典》第 1053 条第 1 款规定的"重大疾病"的内涵与范围?有学者对"重大疾病"类型划分进行了系统探索,认为对精神疾病而言,无结婚行为能力的智力障碍者和精神病、重型精神病应被排除;具有结婚行为能力的智力障碍者和精神病属之。对身体疾病而言,与性、生殖有关的疾病原则上属之;严重遗传性疾病原则上属之;甲类传染病和准甲类传染病应被排除,艾滋病、性病属之;其他乙类传染病和丙类传染病属之;重大身体疾病属之。〔1〕 有学者则强调明确哪些疾病属"重大疾病",应从结婚目的、婚姻功能并参考"医学上认为不应该结婚的疾病"者结婚制度、实践经验等方面考察,"重大疾病"应包括严重精神类疾病、严重的传染性疾病、显著影响生育的疾病、严重影响本人健康的疾病。〔2〕 笔者认为,所谓"重大疾病"是指患病方婚前隐瞒法律与医学界定的"重大疾病",该过错行为严重损害对方及家人合法权益,无过错方有权主张撤销婚姻关系。婚前健康检查制度对遗传性疾病、精神类疾病及传染性疾病筛查有重要作用。通过婚检筛查可有效防范新生儿出生缺陷,有效保障夫妻双方健康。为防止《民法典》第 1053 条的规定在法律适用中被极度扩张,法律要求患病方必须履行"重大疾病"婚前告知义务,否则另一方有权依法申请撤销婚姻关系。《民法典》不再将患有医学上认为不应当结婚的疾病或其他"重大疾病"作为禁止结婚的情形,标志着结婚当事人有权自主决定是否与患有"重大疾病"的人结婚。这一法律规定充分体现国家立法理念突破与进步,彰显了国家尊重当事人婚姻自主权,追求公平、公正立场与人文关怀

---

〔1〕 张学军:《民法典隐瞒"重大疾病"制度解释论》,载《甘肃政法学院学报》2020 年第 5 期。

〔2〕 笔者提出:婚姻撤销请求权制度将配偶健康权保障寄托于重疾患者的"道德自觉"是否正当合理?从法律适用看,"重大疾病"的范围确定、无民事行为能力或限制民事行为能力人经法定代理人同意能否结婚、"重大疾病"举证难等问题值得关注。参见蒋月:《准配偶重疾告知义务与无过错方撤销婚姻和赔偿请求权——以〈民法典〉第 1053 条和第 1054 条为中心》,载《法治研究》2020 年第 4 期。

的思想。根据《民法典》的规定,无效婚姻情形删除“婚前患有医学上认为不应当结婚的疾病,婚后尚未治愈的”情况。根据《民法典》第 1053 条的规定,一方患重大疾病且隐瞒这一情况,另一方可以主张婚姻撤销。实践中一方隐瞒疾病与另一方结婚,使另一方结婚的意思表示的精准性受到影响,有的婚姻当事人因此背负沉重心理负担与经济负担,影响婚姻质量及下一代健康。例如,如果一方罹患法定传染病,包括未经治愈的梅毒、淋病、艾滋病、开放性肺结核、麻风病、重症精神病或处于发病期间等,隐瞒了对方,势必对双方、子女、其他家庭成员等生活造成重大影响。笔者认为,既然男女健康情况事关未来子女、婚姻与家庭生活质量,因此婚前双方对彼此经济、学历、健康情况应有一定知情权。坦白自己重大病史,是对另一方知情权、健康权及人格权的极大尊重。婚前健康知情权为婚姻健康稳定发展及对另一方权益提供了强有力保障。隐私权保护,要以不侵犯他人权益、社会公共利益与国家利益为前提,当隐私影响到他人权利和生命健康时,隐私权就让位于知情权。本条的规定,已在某种程度上协调了知情权与隐私权,已对现实婚检需求进行了一定回应。

关联法规

《民法典》第 1049 条、第 1053 条、第 1054 条

案例指引

丈夫隐瞒妻子患重病真相主张离婚是否构成遗弃行为?[1]

丈夫于 2017 年 10 月向法院提起离婚诉讼,一审法院判决不准离婚

〔1〕 (2017)闽 0583 民初 8787 号;(2019)闽 0583 民初 921 号;(2020)闽 0583 民申 2 号;(2020)闽 0583 民特 94 号;(2021)闽 05 民终 188 号。

生效6个月后，再次提起离婚诉讼，且两次离婚诉讼时，丈夫均未如实告知法院妻子患精神疾病的状况，企图通过法院离婚判决达到其不扶养配偶的目的，存在遗弃家庭成员主观恶意，有违社会公德及法律规定精神。最终法院根据法律规定，妻子有权请求损害赔偿与经济帮助。法院认为丈夫给付妻子损害赔偿、经济帮助合计20万元，合理合法，予以支持。

第六十三条 【婚姻家庭辅导服务】婚姻登记机关应当提供婚姻家庭辅导服务，引导当事人建立平等、和睦、文明的婚姻家庭关系。

条文解读

本条是此次修改增设的倡导性规定，具有重要的意义与价值。

一、有助于家庭与社会健康发展与进步

《民法典》第1043条第2款规定："夫妻应当互相忠实，互相尊重，互相关爱；家庭成员应当敬老爱幼，互相帮助，维护平等、和睦、文明的婚姻家庭关系。"

二、是社会主义核心价值观的要求与体现

《民法典》第1条规定"弘扬社会主义核心价值观"，第1043条第1款在此基础上，增加了"家庭应当树立优良家风，弘扬家庭美德，重视家庭文明建设"的规定。将优良家风与家庭美德、家庭文明建设写入《民法典》，是社会主义核心价值观与倡导良好家风、风尚与风气价值基础。

三、优良家风可直接影响家庭和谐、稳定与平安

这一倡导性规定在一定程度上塑造家庭成员品格和良好行为。从法

律制度层面倡导弘扬家庭美德，有助于维护平等、和睦、文明的婚姻家庭关系。

四、通过婚姻家庭辅导服务，提升家庭成员个体素质

本条规定，婚姻登记机关应当提供婚姻家庭辅导服务。婚姻家庭辅导服务，旨在培养家庭成员成为遵守法律、遵守规则与社会公德、职业道德的好公民。通过婚姻家庭辅导学习，有助于树立优良家风、建设家庭美德与家庭文明，较好地促进社会公德与文明秩序的形成和发展。婚姻家庭关系与秩序的建构是一个系统与复杂的工程，需要法律、道德、习惯等各种力量共同建构与维系。婚姻家庭的伦理道德属性决定了新时期的婚姻家庭制度必须与依法治国、以德治国价值理念有机结合。婚姻家庭辅导学习强调了婚姻家庭不仅需要法律加以保护，更需要通过学习发挥优良家风和家庭美德润泽。家庭成员在情感、生活和工作等方面互相关心、互相帮助、互相支持、互敬互爱，是中华民族的传统美德，也是家庭对个人、对社会所承担的不可替代的重要职能。[1]

五、婚姻家庭辅导服务的工作内容丰富

婚姻家庭辅导服务的工作内容主要有：开展婚前培训，对申请婚姻登记的双方进行《民法典》《妇女权益保障法》等法律教育，帮助新人做好进入婚姻状态的准备；提供婚内心理调适服务，帮助夫妻学会化解婚姻危机技巧；开展离婚疏导，进行情感危机干预和调节。婚姻家庭辅导可通过政府购买、公开招募志愿者等形式，聘用或招募具备一定法律政策知识、婚姻家庭经验、社会生活阅历、热心公益服务的人员作为婚姻家庭辅导员，如婚姻家庭纠纷人民调解员、家事法官、家事律师、婚姻家庭指导师、家事心理咨询师、家事社会工作者等。加强婚姻家庭指导、推进婚前、离婚时、

〔1〕 夏吟兰、薛宁兰：《民法典之婚姻家庭编立法研究》，北京大学出版社 2016 年版，第 11 页。

婚姻家庭辅导教育服务平台建设,婚前保健、婚姻家庭关系调适和离婚辅导,减少婚姻家庭纠纷。鼓励有条件的婚姻登记机关设置社会工作岗位,开展相关社会工作和志愿服务。

适用要点

一、强调婚姻登记机关应当提供婚姻家庭辅导服务

通过公益创投、政策扶持、经费补贴、政府购买服务等方式,引导社会组织、基层群众性自治组织和专业人才,面向社区开展婚姻家庭辅导学习。强调夫妻应当平等,互相尊重,互相关爱。夫妻尊重与夫妻互相关爱,是夫妻伦理的必然要求。夫妻应该互敬互爱、互助互让,是建立平等、和睦、文明婚姻关系的基本要求。夫妻在人身方面要尊重彼此人格,不得打骂、虐待、侮辱,不得进行精神摧残,不得非法限制对方的正常社会活动。当夫妻对方有困难时,要尽力关心、协助、照料,在与家庭经济利益有关的对外经济等各项重大活动中要互相商量。这是现代法律彰显权利、维护公序良俗之应有之义。目前全国很多婚姻登记机关已开展婚姻家庭辅导服务。积极开展婚前辅导,积极开发婚前针对性辅导课程,进行反家暴教育、恋爱婚姻家庭观念教育、生活减压和社会支持等预防性专业服务。按照自身履行职责的需要和社会需求,依据相关数据信息,契合工作内涵特点,明确服务对象,突出解决问题,确立购买婚姻家庭辅导服务的需求,报有关部门审批立项。有些民政部门将婚姻辅导纳入离婚办理的必要程序。最高人民法院曾在 2016 年提出,探索引入家事调查员、社工陪护及儿童心理专家等多种方式,不断提高家事审判的司法服务和保障水平。家事案件的审理涉及心理学、社会学等多方面专业知识,需要相关专业领域人员的配合与协助。

二、提升解决婚姻家庭冲突服务水平

帮助婚姻当事人做好进入婚姻家庭的各方面准备,从源头上干预婚

姻家庭纠纷产生。积极探索婚姻辅导流程并实现常态化,通过建立形式多样、机构多元的婚姻家庭辅导服务模式,让当事人感悟婚姻家庭蕴含的责任担当,并掌握有效解决纠纷的方法与措施。

三、可建立多机构合力推进婚姻家庭辅导支持系统

婚姻机关与其他相关机构共同合力设置婚姻家庭辅导室(婚姻家庭纠纷调解室),建立婚姻家庭辅导专业人才库,积极引入家事社会工作师、家事法学老师、家事心理专家、婚姻家庭咨询师等具有专业知识的人员担任婚姻家庭辅导老师,为婚姻当事人提供婚姻家庭咨询、婚姻家庭情感沟通、婚姻家庭心理疏导、婚姻家庭关系修复、婚姻家庭纠纷调解等服务。倡导、推广和弘扬传统婚俗文化精髓,鼓励现代婚俗创新,抵制高价彩礼、铺张浪费等不良风气。

民政部门将离婚前指导、法律咨询、情感辅导、矛盾化解、离婚劝和等设置为领取离婚证的前置环节,让离婚男女双方通过学习掌握必要的经营婚姻家庭的经验方法。同时,引入离婚前调解机制,通过部门联动,让家事律师、家庭法官、妇联干部、心理咨询师、社会工作者等专业人员为有需要的当事人梳理感情纠纷,学习婚姻生活经营相处之道,让更多步入婚姻殿堂的当事人在离婚前理性处理婚姻家庭中的矛盾,减少"冲动"离婚,让婚姻家庭辅导工作有温度更有深度。全面贯彻与落实本条规定,对实现夫妻、父母、子女及家庭成员间互相尊重、敬老爱幼、互相帮助,维护平等、和睦、文明的新型婚姻家庭关系,推进社会主义物质文明和精神文明的建设,促进男女平等,并推进婚姻家庭的稳定和社会全面进步有十分重要的意义。

关联法规

《民法典》第 1043 条

《家庭教育促进法》第 1—4 条

案例指引

丈夫沉迷麻将是否夫妻感情彻底破裂?[1]

丈夫杨某在外打工,沉迷麻将缺少家庭责任感。张某一赌气找到某民政局与妇联寻找帮助。了解到这对夫妻婚姻冲突后,某民政局将两人引到婚姻家庭辅导工作室进行离婚劝解。对此,某民政局联合家事法官、妇联干部、家事律师、家事法学专家、婚姻家庭专业调解人员、法律诊所学生等对这对夫妻进行调解。通过专业人员分析、开导与劝解,分析离婚原因及婚姻现状等,认为夫妻双方感情出现了危机,并未到感情破裂的程度。最终达成和好调解协议,在一定程度上最大化地保障了子女利益与妇女权益。

第六十四条　【男方离婚诉权限制】女方在怀孕期间、分娩后一年内或者终止妊娠后六个月内,男方不得提出离婚;但是,女方提出离婚或者人民法院认为确有必要受理男方离婚请求的除外。

条文解读

设立该限制条款的主要目的是保护女方、胎儿及婴幼儿的合法权益,体现了法律对妇女、儿童等弱势群体的特别保护。中华人民共和国成立后,男女平等在法律上得到了肯定,但现实生活中,歧视妇女、重男轻女的旧观念、旧思想仍存在,妇女的合法权益容易受到犯害。从生理情况而言,妇女与男子存在很大差别。怀孕、分娩、终止妊娠是妇女的特别时期。因为妇女在这个特别时期心理与身体负担比较重,需要男方的照料和帮助。从心理状态来看,妇女在怀孕、分娩、终止妊娠期间,心理极其脆弱,

〔1〕 扬州大学法学院婚姻家庭法律诊所2018年10月处理案件。

非常需要关心和抚慰。此外，夫妻有互相扶助的义务，丈夫在这一特别时期应履行对妻子的扶助义务。女方怀孕期间和分娩不久以后，女方身体和精神状况直接关系到胎儿、婴幼儿的健康。如果男方在此时提出离婚，很可能给女方的精神造成重大打击，影响身体健康，进而对胎儿和婴幼儿的生长发育产生不利影响。这一条文不但是保护妇女、儿童原则在离婚制度中的具体深化，还体现了法律的人道主义精神。本条肯定了《民法典》规定，根据保护妇女和儿童的合法权益原则，对怀孕期间、分娩或终止妊娠后的妇女进行特殊保护，旨在充分保护孕、产妇和终止妊娠术后妇女的身心健康，并有利于胎儿、幼儿的发育成长。

本条是关于特定时期限制男方离婚诉权的规定。即特别强调了在婚姻关系存续期间的特定时期内男方不得提出离婚，即女方怀孕期间、分娩后 1 年内、终止妊娠后 6 个月内。但上述情况不是绝对的，如果女方主动提出离婚、人民法院认为确有必要是可以受理的，不受限制。《民法典》第 1079 条规定了夫妻均有提起离婚诉讼的权利，但第 1082 条对男方提出离婚进行了特定时期必要的限制，但要注意该限制并非剥夺或否定男方的离婚诉权。

准确理解本条规定，要注意特别时期内涵与界定。(1)“怀孕期间”含义。怀孕期间，是指女方在怀孕至分娩或终止妊娠的一段时期，这里所说的受孕包括自然受孕和通过人工生殖技术受孕，分娩包括自然分娩和剖宫产，终止妊娠包括自然终止和人工终止；本条所说的“怀孕期间”指的是“夫妻”双方发生性关系而造成的怀孕期间，不包括同居导致的怀孕。(2)“分娩后一年内”的含义。分娩，是指胎儿脱离母体作为独自存在的个体的一段时期。只要女方有分娩事实，无论是顺产还是剖宫产，无论婴儿娩出时是否死亡，分娩后 1 年内男方均不得提出离婚。即女方分娩后幼儿死亡或早产，仍应适用本条规定。(3)“终止妊娠后六个月内”的含义。终止妊娠，是指母体承受胎儿在其体内发育成长过程的自然终止或人工终止。自然终止妊娠主要指胎儿患有严重疾病停止发育等，人工终止妊娠则指的是因女方意外怀孕、患妊娠期疾病或者其他原因引起的胎儿发育异常等需要人工终止妊娠。本条规定的终止妊娠仅指自然流产或人工流产。终止妊娠,对妇女的身心健康都会有很大的影响,妇女在此期间也应受法律的特别保护。

适用要点

本条规定是对诉讼离婚中男方诉权的特别限制,在司法实践中适用此规定,应明确以下几点。

一、该规定对男方诉权特殊时期所设定的限制

该限制仅是特殊时期推迟男方诉权的实现,并非对男方离婚请求权进行否定和剥夺,期间届满后男方的离婚诉权自然恢复。

二、旨在保护妇女和未成年子女的合法权益

因为女方在怀孕期间、分娩后 1 年内或者终止妊娠后 6 个月内等期间,身体、心理及精神上均会有一定负担。如果允许男方提出离婚,势必给女方在精神与心理上带来沉重打击,严重影响女方的身心健康,同时也不利于胎儿、婴幼儿的发育及健康成长。

三、对男方离婚诉权限制有两种情况可以例外

本条对男方离婚诉权限制规定了两种例外情况:(1)女方自己在特定期间提出离婚,不受此限制;(2)人民法院认为确有必要受理男方的离婚请求。根据立法本意及审判实践,所谓“确有必要”主要包括下列情况:男方有确凿证据证明女方婚后主动与他人发生性关系而怀孕的。包括女方与他人通奸、同居或重婚等情况而怀孕的。女方婚前患有不宜结婚的疾病,婚后经治不愈或不宜生育的。女方分娩后 1 年内,婴儿死亡的,原则上仍应适用上述规定。女方流产 6 个月内,也应受到保护。如果女方对婴幼儿未尽抚养义务,虐待或遗弃幼儿的,从保护儿童的身心健康出发,

应当准许男方提出离婚。一审法院判决离婚时，未发现女方怀孕，女方自己发现并提出上诉，法院应撤销原判决，驳回男方离婚请求。

关联法规

《宪法》第49条

《民法典》第1082条

《未成年人保护法》第3条

案例指引

诉讼离婚期间女方终止怀孕，男方可以主张离婚吗？[1]

原告杨某起诉离婚后，被告宋某某表示其2021年12月24日查出来怀孕，最后终止妊娠时间是2022年1月31日，并提交其在医院做的超声医学诊断科影像报告单。原告对此不持异议。本案中，宋某某于2022年1月31日终止妊娠，杨某在宋某某终止妊娠后6个月内不得提出离婚，故法院裁定驳回原告杨某的起诉。

第六十五条　【反家庭暴力】禁止对妇女实施家庭暴力。

县级以上人民政府有关部门、司法机关、社会团体、企业事业单位、基层群众性自治组织以及其他组织，应当在各自的职责范围内预防和制止家庭暴力，依法为受害妇女提供救助。

---

〔1〕（2022）豫1402民初2616号。

条文解读

一、家庭暴力的概念与危害

2001 年出台的《婚姻法》在“总则”中增加了“禁止家庭暴力”的规定，这是我国首次将家庭暴力纳入国家立法之中。

1. 家庭暴力的概念。2001 年 12 月，《最高人民法院关于适用〈中华人民共和国婚姻法〉若干问题的解释（一）》，将家庭暴力定义为“是指行为人以殴打、捆绑、残害、强行限制人身自由或者其他手段，给其家庭成员的身体、精神等方面造成一定伤害后果的行为”。这是《婚姻法》首次从法律层面上对家庭暴力作出释义。它列举了实施家庭暴力的行为方式是以肢体暴力为主，但也采用“或者其他手段”开放的方式，并且强调行为会造成身体和精神等方面的后果。2008 年 3 月，最高人民法院中国应用法学研究所公布的《涉及家庭暴力婚姻案件审理指南》第 2 条对家庭暴力作出定义：“家庭暴力，是指发生在家庭成员之间，主要是夫妻之间，一方通过暴力或胁迫、侮辱、经济控制等手段实施侵害另一方的身体、性、精神等方面的人身权利，以达到控制另一方的目的的行为。”列举的家庭暴力行为方式增加了胁迫、侮辱和经济控制，并强调了对性方面权利的侵害后果。该定义指出家庭暴力体现出性别歧视及权利控制的本质。2015 年 12 月 27 日，第十二届全国人民代表大会常务委员会第十八次会议表决通过的《反家庭暴力法》第 2 条对家庭暴力作出定义：“家庭成员之间以殴打、捆绑、残害、限制人身自由以及经常性谩骂、恐吓等方式实施的身体、精神等侵害行为。”第 37 条规定“家庭成员以外共同生活的人之间实施的暴力行为，参照本法规定执行”。这标志着家庭暴力已突破了传统概念的限制，将精神暴力纳入对家庭暴力法律规制的视野。《反家庭暴力法》第 37 条将家庭暴力关系主体扩大到共同生活的人。所谓“共同生活”已突破原来法律中“家庭成员共同生活”的范围，而关注到“基于某种特殊的情感关系或依法具有类似家庭成员的权利与义务而形成的共同生活关系”,既包括同居关系,也包括监护、抚养、寄养关系,还包括与家庭成员以外的其他人形成的事实共同生活关系。

2. 家庭暴力的危害。家庭暴力行为不仅影响受害人的婚姻家庭关系,也破坏了我国的婚姻家庭制度,影响了社会和谐与稳定。经常性的家庭暴力构成虐待。家庭暴力通常发生于夫妻间单独相处时,具有一定的隐蔽性与复杂性。很多家庭暴力受害人在家庭生活与社会中处于弱势地位,为家庭稳定、子女利益和避免激化夫妻矛盾选择逆来顺受,很少向外部力量求助。由于对受害人救助的过程要揭开受害人的伤痛隐私,如何有效保障遭受家暴受害人的合法权益成为当务之急。

二、推进多机构善用各种资源各司其职,为受害妇女提供救助

本条第 2 款规定县级以上人民政府有关部门、司法机关、社会团体、企业事业单位、基层群众性自治组织以及其他组织,应当在各自的职责范围内预防和制止家庭暴力,依法为受害妇女提供救助。该规定强调干预家庭暴力基层各部门要各司其职,同时要加强合作与联动,积极推动跨专业与跨机构合作,满足家庭暴力受害人复杂多样的需求,重新建构家庭暴力受害人作为“人”有尊严生活的新秩序。多部门在各自的职责范围内实现预防与积极干预家暴行为、避免家庭暴力发生和在家庭代际中传递的目标,促进施暴者对其家庭暴力行为的反思与负责,确保干预家庭暴力服务有效。从预防与制止家庭暴力的视角来看,县级以上人民政府有关部门、司法机关、社会团体、企业事业单位、基层群众性自治组织以及其他组织,在各自职责范围内预防和制止家庭暴力,对有效处理家庭暴力、破解家庭暴力干预机制所遭遇的障碍具有重要意义。例如,在尊重家庭暴力受害人意愿的前提下,各机构合作可提供相关或转介法律咨询与协助,包括报警咨询与协助、法律援助咨询与协助申请、告诫书咨询与协助申请、人身安全保护令咨询与协助申请、陪同出庭等。同时,条件具备的部门可为受害人提供庇护服务、心理咨询、辅导与治疗、生活救济、就业扶助、协助检视和厘清关系状态、改善家庭关系和指导子女教育等

服务。总之,不同的机构接在处家庭暴力案件时,应程序明晰,分工明确,做到有法可依,及时介入干预家庭暴力系统,做好事前和事中防范、事后及时干预。从而避免陷入职责模糊、互相推诿的困局,建构职责清晰、相互协作、不断优化多机构联动干预家庭暴力的模型,进而彰显法律正义和人权保障。

适用要点

一、人身安全保护令措施保护申请人的具体措施

《反家庭暴力法》第23条第1款规定,当事人因遭受家庭暴力或者面临家庭暴力的现实危险,可以申请人身安全保护令。第27条规定作出人身安全保护令应当具备下列条件:(1)有明确的被申请人;(2)有具体的请求;(3)有遭受家庭暴力或者面临家庭暴力现实危险的情形。同时根据《反家庭暴力法》第23条第2款的规定,当事人是无民事行为能力人、限制民事行为能力人,或因受到强制、威吓等原因无法申请的,其近亲属、公安机关、妇联、村委会、居委会、救助管理机构可以代受害人向法院提出人身安全保护令申请。申请人可以向申请人或者被申请人居住地、家庭暴力发生地的基层人民法院申请人身安全保护令。根据《反家庭暴力法》第29条的规定,人身安全保护令措施包括禁止被申请人实施家庭暴力,禁止被申请人骚扰、跟踪、接触申请人及其相关近亲属,责令被申请人迁出申请人住所,保护申请人人身安全的其他措施。根据《反家庭暴力法》第30条的规定,人身安全保护令的有效期不超过6个月,自作出之日起生效。人身安全保护令失效前,人民法院可以根据申请人的申请撤销、变更或者延长。第32条规定,人民法院作出人身安全保护令后,应当送达申请人、被申请人、公安机关以及居民委员会、村民委员会等有关组织。人身安全保护令由人民法院执行,公安机关以及居民委员会、村民委员会等应当协

助执行。根据《反家庭暴力法》第 31 条的规定,申请人对驳回申请不服或者被申请人对人身安全保护令不服的,可以自裁定生效之日起 5 日内向作出裁定的人民法院申请复议一次。人民法院依法作出人身安全保护令的,复议期间不停止人身安全保护令的执行。

《妇女权益保障法》第 29 条第 1 款规定,禁止以恋爱、交友为由或者在终止恋爱关系、离婚之后,纠缠、骚扰妇女,泄露、传播妇女隐私和个人信息。本法最大的亮点是在申请人身安全保护令时突破了传统主体范畴的界定,主体扩大到同居的男女及前恋爱关系中的男女及前配偶。妇女遭受上述侵害或者面临上述侵害现实危险的,可以向人民法院申请人身安全保护令。

二、家庭暴力受害人如何举证

举证是家庭暴力受害人获得法律保护最重要的前提。在申请人身安全保护令时,需要有一定证据能证明受害人遭受家庭暴力或正在面临家庭暴力的危险。家庭暴力受害人要做好以下证据材料收集工作:(1)"110"报警记录;(2)录音录影录像;(3)医院病历、治疗过程与医疗费用清单;(4)心理咨询、治疗过程与医疗费用清单;(5)求助律师、妇联、调解组织、法律援助机构、村/居民委员会等机构、公安局、法院及与人员的接待记录;(6)相关证人证言;(7)施暴人承诺书;(8)司法鉴定;(9)电话录音、短信、微博、微信、QQ 聊天记录、邮件等;(10)其他证据等。

关联法规

《反家庭暴力法》第 2 条、第 3 条、第 5 条、第 23 条、第 24 条、第 27 条、第 29 条、第 31—33 条

《民法典》第 1042 条、第 1043 条、第 1079 条

《妇女权益保障法》第 29 条

案例指引

遭遇丈夫威胁、恐吓，妻子申请人身安全保护法令[1]

因家庭琐事发生矛盾，丈夫对尚在怀孕期的妻子威胁、恐吓，致使其因惧怕离家出走。当地派出所对丈夫发出家庭暴力告诫书，但无济于事。妻子不堪忍受，向法院申请人身安全保护令。湖北省浠水县人民法院签发人身安全保护令，并裁定：禁止丈夫对妻子实施家庭暴力，禁止丈夫殴打、辱骂、威胁沈某；丈夫每月30日前参照湖北省农村居民人均消费支出，支付妻子怀孕期间的生活费用1500元（不包含孩子教育医疗等费用开支）。

第六十六条 【共同财产平等处理权】妇女对夫妻共同财产享有与其配偶平等的占有、使用、收益和处分的权利，不受双方收入状况等情形的影响。

对夫妻共同所有的不动产以及可以联名登记的动产，女方有权要求在权属证书上记载其姓名；认为记载的权利人、标的物、权利比例等事项有错误的，有权依法申请更正登记或者异议登记，有关机构应当按照其申请依法办理相应登记手续。

条文解读

本条是关于对夫妻共同财产平等处理权及不动产权利方面关照妇女的保护性规定。

本条规定更聚焦财产关系的核心问题：妇女对共同财产的权利及夫妻对共有不动产的保护措施。本条规定在《民法典》规定夫妻共同财产权

[1] （2021）鄂1125民保令1号。

利的基础上，进一步对夫妻共同财产的权利行使及房产权利保障进行明确和补充。有利于保护妇女的财产利益，维护夫妻关系、家庭关系和社会秩序的和谐稳定。

我国法定夫妻财产制是未约定前提下婚后所得共同制。夫妻婚后所得共同制，是指在婚姻关系存续期间，夫妻双方或一方所得的财产，除法律另有规定或者夫妻另有约定外，均为夫妻共同所有。对夫妻共同所有的财产，妇女平等地享有占有、使用、收益和处分的权利。对夫妻共同所有的不动产以及可以联名登记的动产，女方有权要求在权属证书上记载其姓名，认为记载的权利人、标的物、权利比例等事项有错误的，有权依法申请更正登记或者异议登记，有关机构应当按照其申请依法办理相应登记手续。

适用要点

在具体适用法律规定时，应注意关注以下几点。

一、明晰共同财产的范围

本条所指的夫妻共同财产，是指婚姻关系存续期间的夫妻所得，包括共同所得和夫或妻一方所得。这里强调的所得是指财产所有权，而不强调实际财产所得。

二、对实践中易争议的共同财产要明晰

例如，在婚姻关系存续期间，一方继承、受赠的财产作为夫妻共同财产，符合婚后所得共同制的基本原则，但按照《民法典》第 1063 条第 3 项规定，遗嘱或赠与合同中确定只归夫或妻一方财产的除外。

三、对房产所有权取得进行了保障性规定

实践中，因传统观念的制约，女性房产权更易被侵犯。《最高人民法院关于适用〈中华人民共和国民法典〉婚姻家庭编的解释（一）》第 29 条

对父母出资买房作出了相关规定:“当事人结婚前,父母为双方购置房屋出资的,该出资应当认定为对自己子女个人的赠与,但父母明确表示赠与双方的除外。当事人结婚后,父母为双方购置房屋出资的,依照约定处理;没有约定或者约定不明确的,按照民法典第一千零六十二条第一款第四项规定的原则处理。”

四、共同财产的范围日益拓宽与复杂

《最高人民法院关于适用〈中华人民共和国民法典〉婚姻家庭编的解释(一)》第 25 条规定的“其他应当归共同所有的财产”包括一方以个人财产投资收益,男女双方实际取得或者应当取得的住房补贴、住房公积金,男女双方实际取得或者应当取得的养老保险金、破产安置补偿费。此项规定对夫妻共同财产的范围进行了兜底性规定,对实践中不断变化的多种家庭收入形式更具有包容性。

五、关于知识产权收益性质的界定

知识产权的收益,是指婚姻关系存续期间实际取得或已明确可取得的财产性收益。包括作品出版发行或允许他人使用而获得的报酬;专利权人许可他人使用专利或者转让专利权所取得的收入;商标所有人许可他人使用其注册商标或转让商标权所取得的收入等。审判实践中,应注意“财产性利益”是指基于知识产权而获得的经济利益,而非知识产权本身。对一方尚未取得经济利益的知识产权,不宜认定为夫妻共同财产。

六、妻子对共同财产享有平等的占有、使用、收益和处分权利,不受双方收入差距影响

《民法典》第 1087 条第 1 款规定:“离婚时,夫妻的共同财产由双方协议处理;协议不成的,由人民法院根据财产的具体情况,按照照顾子女、女方和无过错方权益的原则判决。”在离婚时对夫妻共同财产进行分割时,应依据公平原则及具体情况对夫妻另一方予以适当照顾与补偿。本法的

规定进一步加强了对妇女财产权利的保障力度，有利于协调家庭成员的利益冲突，有效维护家庭关系和社会秩序的和谐稳定。

关联法规

《民法典》第1062条、第1063条、第1065条、第1092条

《最高人民法院关于适用〈中华人民共和国民法典〉婚姻家庭编的解释（一）》第24—32条

案例指引

房产证加妻子名，感情恶化，丈夫能撤销赠与吗？[1]

一审法院认为崔某将其婚前个人财产不动产权证变更为崔某、胡某共同共有，应当视为崔某将上述房屋赠与胡某与崔某共同共有。现崔某要求撤销对胡某上述房屋的赠与于法无据，法院对崔某的诉讼请求依法不予支持。二审法院认为，胡某提起离婚诉讼是行使自己的法定权利，不能据此否定胡某是涉案房屋的共有人。因现有证据和事实，不足以证实赠与存在附加条件，故崔某的主张，证据不足，理由不当，法院不予支持。一审判决认定事实清楚，适用法律正确，应予维持。

第六十七条　【财产调查与申报制度】离婚诉讼期间，夫妻一方申请查询登记在对方名下财产状况且确因客观原因不能自行收集的，人民法院应当进行调查取证，有关部门和单位应当予以协助。

---

〔1〕（2022）鲁06民终1250号。

离婚诉讼期间,夫妻双方均有向人民法院申报全部夫妻共同财产的义务。一方隐藏、转移、变卖、损毁、挥霍夫妻共同财产,或者伪造夫妻共同债务企图侵占另一方财产的,在离婚分割夫妻共同财产时,对该方可以少分或者不分财产。

条文解读

本条明确了离婚诉讼期间,登记在对方名下且确因客观原因无法自行收集的财产状况,属于法院可依当事人申请调查取证的证据。该规定女性在家庭经济地位处于弱势,因此该制度设立目的旨在保障妇女财产权益,有助于降低当事人举证难度,从而有效解决夫妻间财产纠纷。

本条规定包括了两层含义:

一、离婚诉讼期间的调查权利或申请法院调查的权利

离婚诉讼开始后,夫妻一方申请查询登记在对方名下的财产状况且确因客观原因不能自行收集的,人民法院应当进行调查取证,有关部门和单位应当予以协助。离婚诉讼开始后,搜集、掌握对方的财产状况很重要。主要的夫妻共同财产一般有房产、车辆、公司股权、存款、高价值动产及不动产等。以房产与存款调查为例:查询房产信息可以到房产交易中心,但此类信息有些地区间并不联网,若存在多地有多套房屋的情况,需要分别到相应不动产登记中心进行查询。若当事人不清楚配偶购买房屋的具体位置,有些地方可以通过提供被查询人的身份证信息而得知被查询人名下所有的不动产信息,但更多的要通过提供不动产的具体位置而查到该不动产的所有权人。必须指出的是,各地房产查询政策不一致,大都是"以房查人","以人查房"基本上并不被允许。有些地方严禁当事人以任何方式查询别人的(包括配偶)房产信息,对于拆迁安置房,暂时没有取得房产证或购买后尚未过户,更是难以查证。在离婚案件中,如果没有

约定,可以主张分割对方名下夫妻共有的存款,但必须要知道具体开户行、银行账号等信息。POS 机刷卡小票、银行存单、开户凭单等也可以是调查的线索。微信、支付宝里的“零钱”“理财产品”,这些特殊的“存款”也是夫妻共同财产。当事人如果掌握了对方某个或某几个银行账号,律师可向法院申请律师调查令或者申请法院依职查询对方该银行账户中的交易明细。

二、离婚诉讼期间,夫妻双方均有向人民法院申报全部夫妻共同财产的义务

离婚诉讼中,夫妻通常会出现矛盾激化,财产界定不清晰的情况,从而使一方的财产权利被侵犯。如果夫妻一方隐藏、转移、变卖、损毁、挥霍夫妻共同财产,或者伪造夫妻共同债务企图侵占另一方财产,在离婚分割夫妻共同财产时,对该方可以少分或者不分财产。在司法实践中,妻子离婚诉讼中财产权利受损的比例高于男性。这一措施在一定程度上防止当事人利用其社会、家庭及经济的优势地位侵犯弱者一方合法的财产利益。

适用要点

一、对隐藏、转移夫妻共同财产行为的认定规则

根据本法、《民法典》第 1062 条及第 1092 条的规定,夫妻对共同财产应平等、协商作出重要处理决定。隐藏、转移夫妻共同财产,严重侵犯了夫妻对共同财产平等的处理权。对于隐藏、转移共同财产的行为,要从以下几个方面认定。(1)需要判断行为人是否具有隐藏、转移财产之主观恶意与目的。(2)对隐藏、转移夫妻共同财产行为中损害程度的判断,应结合隐藏、转移夫妻共同财产行为的性质、夫妻双方的收入情况、隐藏转移共同财产的数额、造成的影响与伤害程度等诸因素分析与判断。(3)提出主张隐藏、转移共同财产行为的一方需对此承担严格的举证责任,不仅要证明离婚时行为人存有恶意隐藏、转移共同财产的行为,还应证明行为人

恶意隐藏、转移共同财产的行为严重侵犯了其合法的财产权益。

二、《民法典》对夫妻共同财产范围的界定

依照《民法典》第 1062 条的规定，下列财产视为夫妻共同财产：(1)工资、奖金和其他劳务报酬。这里的“工资、奖金”主要指工资性收入。我国职工收入除基本工资之外，还有各种形式的劳务补贴、奖金、福利等，甚至还有实物分配。在一些企业中，还存在年薪、股份期权等收入形式，这些都属于夫妻共同财产的范围。(2)生产、经营、投资的收益。这里的“生产、经营、投资的收益”既包括生产劳动收入，也包括服务业、信息业等行业的生产、经营收益以及投资公司、企业经营等收入，上述这些生产、经营、投资的收益均属于夫妻共同财产。(3)知识产权的收益。婚后夫妻一方取得的知识产权权利本身归一方专有。但由其取得的经济利益，属夫妻共同财产。根据《最高人民法院关于适用〈中华人民共和国民法典〉婚姻家庭编的解释(一)》第 24 条的规定，这里所说的“知识产权的收益”，是指婚姻关系存续期间，实际取得或者已经明确可以取得的财产性收益。(4)如果没有根据《民法典》第 1063 条第 3 项规定的遗嘱或者赠与合同中确定只归一方的财产的情况下，夫妻一方继承或者受赠的财产属于夫妻共同财产。(5)其他应当归共同所有的财产。根据《最高人民法院关于适用〈中华人民共和国民法典〉婚姻家庭编的解释(一)》婚姻关系存续期间，下列财产属于《民法典》第 1062 条规定的“其他应当归共同所有的财产”：①一方以个人财产投资取得的收益；②男女双方实际取得或者应当取得的住房补贴、住房公积金；③男女双方实际取得或者应当取得的基本养老金、破产安置补偿费。

关联法规

《民法典》第 1062 条、第 1063 条、第 1065 条、第 1092 条

案例指引

离婚后车辆分割纠纷案[1]

一审法院认为,离婚时未予处理的夫妻共同财产,可在离婚后向人民法院主张予以分割。离婚后,甲女与乙男就车辆分割存在争议且一直通过其他方式予以主张。现甲女要求分割××的小轿车售车款,理由正当,法院予以支持。乙男与赵某之间就车牌号为×××的小轿车买卖合同已被人民法院认定为无效,现甲女要求分割上述车辆,理由正当,法院亦予以支持。法院已明确告知乙男在诉讼过程中不能将诉争车辆过户,但乙男仍将车辆转移至案外人名下,故甲女关于乙男系恶意转移夫妻共同财产的主张,法院予以采信。据此,一审法院根据现有证据,认定该车辆系夫妻共同财产,并将该车辆判归甲女所有,由甲女向乙男支付车辆折价款。乙男上诉,二审法院认为关于乙男主张约定车辆价值时未将牌照费计算在内,缺乏事实及法律依据,二审法院不予采信。乙男的上诉请求不能成立,二审法院认为一审判决结果认定事实清楚,适用法律正确,判决驳回上诉,维持原判。

第六十八条 【共同承担家务劳动及补偿制度】夫妻双方应当共同负担家庭义务,共同照顾家庭生活。

女方因抚育子女、照料老人、协助男方工作等负担较多义务的,有权在离婚时要求男方予以补偿。补偿办法由双方协议确定;协议不成的,可以向人民法院提起诉讼。

---

[1] (2021)京02民终10667号。

条文解读

如何认识家务劳动制度的价值？

家务劳动是夫妻一方或双方在家庭中的劳务付出，难以直接用金钱衡量，因此家务劳动价值很难被社会认可。随着妇女权益保障理念的深化，人们逐渐意识到家务劳动不仅在家风建设与道德层面上有维护家庭稳定和体现公平公正的价值，还蕴含了巨大的经济和社会价值。每个家庭成员必须看到家务劳动承担者对这个家庭所做出的隐含贡献。家务劳动可以使配偶另一方全身心投入到工作中去，提高工作效率，创造出更多的财富。从这一方面来说，家务劳动不仅增加了家庭个体的财富，也增加了社会财富。家庭作为一个共同体，一方在家做家务劳动，另一方在外没有后顾之忧进行社会生产，通过这种方式，事实上是把家务劳动转化为社会劳动，换言之家务劳动创造了经济价值。充分认识家务劳动的社会与经济价值，承认家务劳动承担者与在外工作的另一方具有同等的价值，是保障妇女作为家务劳动承担者权益的前提条件。由于承担家务劳动的多为妇女，通过法律凸显妇女在家务劳动中的重要价值和保障家务劳动承担者的合法权益，对于维持家庭及社会的和谐稳定具有十分重要的作用。

对本条的理解，要注意以下三点。

一、倡导夫妻共同承担家务

家务劳动是一种在家庭内部从事的劳作，家务劳动承担者不仅要满足家庭成员的物质生活，还要满足他们的精神生活。[1] 一般而言，家务

〔1〕 一是合伙说。这一学说认为夫妻之间存在一种合伙契约关系。有法官认为，妻协力于夫之工作而超越了通常限度时，夫妻间有默示的合伙契约关系之成立，依此契约，妻对于夫得请求分配所得。二是雇佣说，这一学说认为妻子如果做家务无疑于协助丈夫的工作，妻子可以请求丈夫支付报酬。三是不当得利说。日本学者认为，在无合伙契约或雇佣契约情况下，妻协力于夫之工作，而超过必要之协力范围时，夫乃无法律上的原因，因他人之劳务而受有利益，妻对夫有不当得利之返还请求权。参见蔡淑燕、徐慧清：《女性与家务劳动研究初衷——兼评〈婚姻法〉第 40 条的立法不足》，载《中华女子学院学报》2003 年第 3 期。

劳动包括日常家务、照顾孩子、照料老人、减轻另一方工作负担等。这意味着家务劳动难以社会化，每一个家庭都有家务劳动，每个家庭都离不开家务劳作。[1] 本条特别强调夫妻双方应当共同负担家庭义务，共同照顾家庭生活。立法倡导男女平等的原则体现在家务劳动中，防止家务劳动造成的不公平的现象。

二、设立离婚时家务劳动经济补偿制度适用条件

在离婚纠纷案件中，如果夫妻一方主张家务劳动补偿，由于受传统观念影响，该诉讼请求难以得到支持。《民法典》第1088条删除分别财产制的适用前提，本条进行修改就是对《民法典》的回应，即在共同财产制下也适用家务劳动经济补偿制度，以矫正家务劳动牺牲一方未来收入无法通过离婚共同财产分割得以完全弥补的损失。

三、强调家务劳动补偿制度是指对家务劳动付出较多的妻子，在离婚时有权请求丈夫从个人财产中给予一定经济补偿的法律制度

家务劳动补偿制度肯定了家务劳动的社会与经济价值，是夫妻平等、社会公正的体现，是维护婚姻家庭稳定的重要制度。《民法典》家务劳动补偿制度从法律上肯定了家务劳动的价值，体现了法律的公平正义，取消了夫妻分别财产制的前置条件。如果夫妻双方离婚，双方可以就家务劳动补偿进行协商，协议不成可诉请法院处理。

适用要点

一、家务劳动补偿制度的具体适用

由于每个家庭的具体情况和补偿金额的计算标准不同，法律规定过于原则，难以适应复杂多样的案情，操作极为困难。首先，家务劳动补偿

[1] 王琪：《家务劳动的经济价值及其法律保护》，载《法学论坛》2007年第4期。

制度在实际应用中存在的问题是家务劳动价值评估困难。立法没有将如何对家务劳动进行价值估值补偿的问题写入法律或司法解释,实践中就出现了对家务劳动补偿标准制定困难问题。从事家务劳动较多的一方,其本身可能拥有不低的收入,也有从工作等途径中获取财富的能力,但其进行家务劳动,则牺牲了原本可以获取更高收入的时间。同时,从事家务劳动较少的一方可能在社会上创造出较多的财富,而为家务劳动付出的一方却无法按照其收益获得一定比例的补偿,有违公平原则。其次,此项规定没有明确家务劳动价值计算标准。实践中应立足每个家庭的实际,考虑夫妻双方付出的实际情况,确定计算家务劳动价值的标准,让每一份家务补偿金都有据可依。在实际运行此规定时,应考虑夫妻双方结婚的时间、经济状况、工作能力、经济需要、离婚前生活水准、家务劳动时间的长短、子女状况等因素确定家务劳动补偿的数额。《美国纽约州家庭关系法》规定,法院在公平处理离婚财产时,应考虑在婚姻财产的获得过程中所起的作用,对婚姻财产的获得作出的直接或借鉴的贡献,包括共同的收入或开支,以及作为配偶、父母、挣工资者和操持家务者所作出的共同贡献和服务;为对方的事业或培养对方职业潜能所作的直接或间接的贡献。[1] 美国的立法对家务劳动给予了相当关注,而且更多的以成文法形式表现出来,包括了夫妻一方以间接形式为另一方的事业或职业潜能作出的贡献,保证了承担主要家务劳动的夫妻一方能因离婚后另一方给付的扶养费而重新获得必要的就业机会,使家务劳动承担者能尽量维持与其离婚前相当的生活水平。

二、双方离婚协议未生效,诉讼离婚可否提出家务劳动补偿?

如果夫妻双方就家务劳动补偿约定过协议,但因夫妻双方反悔未办理离婚登记手续,离婚协议不具有生效要件。其中夫妻双方约定的有关一方因家务劳动负担很多取得家务劳动补偿的相关条款,因未离婚条件

---

〔1〕 张贤钰主编:《外国婚姻家庭法资料选编》,复旦大学出版社 1991 年版,第 147 页。

未生效。夫妻双方起诉离婚的，主张家务劳动取得补偿一方需承担举证责任，之前的离婚协议有一定参考价值。

关联法规

《民法典》第1076条、第1078条、第1079条

案例指引

离婚时妻子可以因承担家务多主张家务劳动补偿吗？[1]

丈夫自1995年外出，两名子女均随母亲生活至成家。结合双方结婚时间、子女大小、婚姻关系存续期间在子女抚养教育方面、对老人的照料方面的投入情况、双方的经济收入等因素，离婚时法院酌定给予妻子离婚经济补偿15000元。

第六十九条 【共有房屋分割】离婚时，分割夫妻共有的房屋或者处理夫妻共同租住的房屋，由双方协议解决；协议不成的，可以向人民法院提起诉讼。

条文解读

在司法实践中，房屋是多数夫妻离婚时最有价值的财产。通常房屋是在婚姻存续期间取得，属于夫妻共同财产，在房屋分割中要体现对妇女儿童权益的保护，尽量将房屋分割和子女抚养结合起来。根据本条的规定，离婚时，分割夫妻共有的房屋或者处理夫妻共同租住的房屋，由双方

[1] （2021）皖1621民初1895号。

协议解决；协议不成的，可以向人民法院提起诉讼。夫妻双方另有约定的除外。夫妻共同租用的房屋，离婚时，应当按照照顾子女和女方权益的原则协议解决。夫妻居住男方单位的房屋，离婚时，女方无房居住的，男方有条件的应当帮助其解决。离婚时，一方对另一方婚前承租的公房无权承租而解决住房确有困难的，人民法院可调解或判决其暂时居住，暂住期限一般不超过两年。暂住期间，暂住方应交纳与房屋租金等额的使用费及其他必要费用。离婚时，一方对另一方婚前承租的公房无权承租，另行租房经济上确有困难的，如承租公房一方确有负担能力，应给予一次性经济帮助。对夫妻共同出资而取得的"部分产权"的房屋，人民法院可参照上述意见予以妥善处理。但分得房屋"部分产权"的一方应按所得房屋产权的比例，依照离婚时当地政府有关部门公布的同类住房标准价，给予对方一半价值的补偿。夫妻双方均争房屋"部分产权"的，如双方同意或者双方经济、住房条件基本相同，可采取竞价方式解决。

房改后，如何分割夫妻关系存续期间根据房改政策购买的房屋，各地做法不同，大致如下：(1)离婚双方对该房今后的市场价进行确认，一方得房，一方获取补偿；(2)双方都要房，可通过房屋置换公司置换、调剂；(3)一方要房，另一方不争，但双方对房屋当前的市场价不能达成一致，房屋暂不分割，先作为共同财产，待以后上市时再作分割；(4)竞价，由出价高的一方取得房屋，另一方取得一半价款等。

适用要点

一、实务中若一方将个人所有房产赠与另一方，但未办理过户登记的权属认定

我国目前对不动产物权变动原则上采用登记生效主义。赠与合同中，除特定情况的赠与外，赠与人在赠与财产权利转移之前，享有任意撤销权。因此，对于实践中一方婚前或婚姻存续期间将自己个人房产赠与另一方，但未办理过户登记，离婚时，赠与房产的一方主张撤销赠与，另一

方主张继续履行合同的情况,是按照物权编和合同编的规则处理,还是基于婚姻家庭关系的特殊性处理,实践中存在很大争议。笔者认为,此种情况应当适用合同编关于赠与合同的相关规则处理。婚姻家庭虽以身份关系为前提和基础,但其中亦涉及财产关系内容,《民法典》施行后,婚姻法回归民法体系,更应注重婚姻家庭编与物权编、合同编的协调统一,仅以身份关系为由,完全排斥物权编和合同编对婚姻家庭领域财产关系的调整,需要特别慎重。而且,为贯彻不动产物权登记的公示公信原则,要求夫妻双方对于房产的权属明确地通过登记体现出来,也能够最大限度保护不特定的第三人利益,维护交易安全。

二、实务中婚前个人购置房产婚后交了部分房款取得房产证,该房屋如何定性及分割?

《城市房地产管理法》第60条规定,国家实行土地使用权和房屋所有权登记发证制度。第38条第6项规定,未依法登记领取权属证书的房地产,不得转让。从以上规定可以看出,婚前个人购置的房产,因没有取得房产证而不具有所有权,依法只能占有、使用、收益,但没有处分的权利。婚后交了部分房款取得房产证,证明该房产是在婚后取得了所有权。根据《民法典》的有关规定,夫妻关系存续期间取得的财产属于夫妻共同财产。婚前个人购置房产婚后取得房产证,实务中一般认为该房产应按当时的市场行情确定价格,该价格与所交房款形成的差额即是房屋的升值。如果婚前个人购置房产的一方分得该房,其扣除婚前所交房款及升值的价款后,剩余部分价款的一半支付对方;反之,如果另一方分得房产,将把婚前所交房款及升值的价款支付给对方后,共同所交房款和升值部分价款的一半支付对方。

关联法规

《民法典》第303条、第1062条、第1063条、第1065条、第1066条、第1092条

案例指引

任某、王某离婚纠纷案[1]

法院认为,根据照顾女方的原则,争议房屋归任某所有,并给予王某房屋价值50%的补偿较为适宜。经评估,该房屋现市场价值总价245.54万元,任某应补偿王某122.77万元。其他财产共同分割。综上,依照《民法典》第1079条、第1087条,《民事诉讼法》第64条、第142条的规定,判决如下:1.准许原告任某与被告王某离婚;2.坐落于武汉市洪山区××路××号××栋××单元××层××室房屋[鄂(2017)武汉市洪山不动产权第0××1号,鄂(2017)武汉市洪山不动产权第0××2号]归原告任某所有,原告任某于本判决生效之日起60日内向被告王某支付房屋补偿款1227700元。

第七十条 【父母的平等监护权】父母双方对未成年子女享有平等的监护权。

父亲死亡、无监护能力或者有其他情形不能担任未成年子女的监护人的,母亲的监护权任何组织和个人不得干涉。

条文解读

父母双方对未成年子女享有平等的监护权。

一、监护的内涵释义

监护是指对于无民事行为能力人和限制民事行为能力人的人身、财

[1] (2021)鄂0106民初11097号。

产及其他合法权益进行监督、保护的一项民事法律制度。从本质上讲，监护是对缺乏行为能力的人的监督和照顾制度。监护是民法理论和实务中的一项重要的法律制度。各国民法典中对监护的规定不尽相同。在我国目前的法律结构中，监护制度的内容主要规定在《民法典》总则编中，但是从立法精神看，旨在保护无民事行为能力和限制民事行为能力的合法权益的监护关系，主要发生在一定范围的亲属之间，因此，我国的监护制度也是婚姻家庭领域中的一项制度。

二、妇女的监护权是男女平等原则落实的重要内容

本条明确规定，父母双方对未成年子女享有平等的监护权。父亲死亡、无监护能力或者有其他情形不能担任未成年子女的监护人的，母亲的监护权任何组织和个人不得干涉。

三、设立监护的目的

设立监护的目的主要是保护无民事行为能力人和限制民事行为能力人的合法权益，从而维护家庭与社会秩序稳定。狭义的监护，是指对不处在亲权保护之下的未成年人及无行为能力或限制行为能力的成年人的人身、财产及其他合法权益进行监督和保护的民事法律制度。对其他未成年人的监督和保护，另设亲权制度加以规定。大陆法系国家多采取这一法律规定。英美法系国家，则通常根据被监护人的特点把监护分为对未成年人的监护和对禁治产人的监护。广义的监护除包括狭义的监护，还包括对处在亲权保护之下的未成年人的人身、财产及其他合法权益所进行的监督和保护。

四、监护制度的功能

监护制度的功能主要有以下几个方面：

1. 弥补无民事行为能力人和限制民事行为能力人的能力瑕疵。未成年人和精神病人在实施违法行为侵害他人利益时，由于缺乏责任能力，无

法承担民事责任,受害人的利益将难以得到保护。通过监护制度,可以补救无民事行为能力人或限制民事行为能力人的能力瑕疵,使这些人的民事权利能得以实现;维护家庭与社会的正常秩序。

2. 设立监护制度,可以监督或防止无民事行为能力人或限制行为能力人实施侵害他人合法权益的行为,从而维护正常的社会秩序。

3. 通过监护制度,要求监护人来承担被监护人的侵害行为给他人造成损害的民事责任,以保护受侵害人的合法权益,推进社会保障作用的实现。现实中否定与剥夺妇女监护权的现象屡有发生,强调妇女监护权旨在更好地维护被监护人的合法权益。监护制度设置不仅关系到被监护人的合法利益,关系到特定家庭的利益,关系到妇女权益的保障,也关系到国家和民族的未来,因此,监护制度本身已非以维护私益为目的的民事权利或民事义务所能诠释,这是监护制度历来在立法上备受重视,并常设有指定监护制度等类似的公法干预的原因。明确监护人尤其是母亲监护权,不仅是现实的需要和男女平等原则的要求,更是维护与保护未成年人利益的有效举措。

适用要点

一、《妇女权益保障法》是否有必要强调母亲的监护权?

有学者认为,法律规定监护制度,并未否定母亲的监护权,在《妇女权益保障法》中强调母亲监护权的规定是重复的。但仍有学者主张要在《妇女权益保障法》中肯定妇女的监护权。因为现实生活中妇女监护权难以实现的情况并非个别现象。国外选定或选任监护人的程序十分严格。一般而言,父亲是第一顺序的监护人,但是一方或双方去世或无力监护时,会出现对监护人的选择问题。如德国,即由监护监督机构选定或选任监护人。《德国民法典》第 1779 条规定了由监护法院选择监护人的条件:如果不能将监护职责委托该法第 1776 条规定的有资格者,监护法院应在听取青少年事务局的意见后选择监护人;监护法院应选择按照本人情况、财产状况以及其他情况适合于执行监护事务的人,在选择时应考虑父母可能怀有的意愿、被监护人的个人关系、被监护人的血亲或姻亲以及被监护人的宗教信仰。《日本民法典》第841条则规定,无指定监护人时,家庭裁判所应根据被监护人的亲属或其他利害关系人的请求,选任监护人。因此,《妇女权益保障法》强调母亲的监护权有助于体现男女平等原则,也有助于最大限度保障未成年人利益。父母为未成年人的当然法定监护人。父母分居或离异,对未成年人监护人的资格不受影响。父母一方死亡或监护能力有障碍,并不影响另一方的监护人资格。只有当母亲作为监护人对未成年人明显不利,人民法院才可以取消其担任监护人。母亲因正当理由不能亲自履行监护职责的,也允许母亲委托他人代为履行监护职责,但母亲仍为法定监护人。只有在未成年子女的父母双亡或丧失监护能力或被取消监护人资格的,才由其他有监护能力的人担任监护人。

二、《民法典》规定哪些人可以担任监护人?

《民法典》第27条规定,父母是未成年子女的监护人。未成年人的父母已经死亡或者没有监护能力的,由下列有监护能力的人按顺序担任监护人:(1)祖父母、外祖父母;(2)兄、姐;(3)其他愿意担任监护人的个人或者组织,但是须经未成年人住所地的居民委员会、村民委员会或者民政部门同意。有权指定未成年人的监护人的有关组织是未成年人父母所在单位;如果未成年人父母没有单位或者该单位拒绝指定或不适宜由其指定时,由未成年人住所地的居民委员会或者村民委员会指定。当事人不服上述组织指定的,可向人民法院提起诉讼。如果未经有关组织指定,直接向人民法院起诉的,人民法院不予受理。监护人一旦指定,就不允许自行变更。如果擅自变更,则由原被指定的监护人和变更后的监护人共同承担监护责任。

三、无民事行为能力或者限制民事行为能力成年人的监护人如何确定?

无民事行为能力或者限制民事行为能力的成年人,由下列有监护能力的人按顺序担任监护人:(1)配偶;(2)父母、子女;(3)其他近亲属;(4)其他愿意担任监护人的个人或者组织,但是须经被监护人住所地的居民委员会、村民委员会或者民政部门同意。《民法典》第29条规定,被监护人的父母担任监护人的,可以通过遗嘱指定监护人。第30条规定,依法具有监护资格的人之间可以协议确定监护人。协议确定监护人应当尊重被监护人的真实意愿。第31条规定,对监护人的确定有争议的,由被监护人住所地的居民委员会、村民委员会或者民政部门指定监护人,有关当事人对指定不服的,可以向人民法院申请指定监护人;有关当事人也可以直接向人民法院申请指定监护人。居民委员会、村民委员会、民政部门或者人民法院应当尊重被监护人的真实意愿,按照最有利于被监护人的原则在依法具有监护资格的人中指定监护人。指定监护人前,被监护人的人身权利、财产权利以及其他合法权益处于无人保护状态的,由被监护人住所地的居民委员会、村民委员会、法律规定的有关组织或者民政部门担任临时监护人。监护人被指定后,不得擅自变更;擅自变更的,不免除被指定的监护人的责任。第32条规定,没有依法具有监护资格的人的,监护人由民政部门担任,也可以由具备履行监护职责条件的被监护人住所地的居民委员会、村民委员会担任。

四、监护人的职责是什么?

根据《民法典》的规定,监护人的职责包括以下方面:(1)代理被监护人实施民事法律行为,保护被监护人的人身权利、财产权利以及其他合法权益等。(2)监护人依法履行监护职责产生的权利,受法律保护。监护人不履行监护职责或者侵害被监护人合法权益的,应当承担法律责任。因发生突发事件等紧急情况,监护人暂时无法履行监护职责,被监护人的生活处于无人照料状态的,被监护人住所地的居民委员会、村民委员会或者民政部门应当为被监护人安排必要的临时生活照料措施。(3)监护人应当按照最有利于被监护人的原则履行监护职责。监护人除为维护被监护人利益外,不得处分被监护人的财产。未成年人的监护人履行监护职责,在作出与被监护人利益有关的决定时,应当根据被监护人的年龄和智力状况,尊重被监护人的真实意愿。(4)成年人的监护人履行监护职责,应当最大程度地尊重被监护人的真实意愿,保障并协助被监护人实施与其智力、精神健康状况相适应的民事法律行为。对被监护人有能力独立处理的事务,监护人不得干涉。

五、什么情况下监护人资格会被撤销?

《民法典》第36条规定,监护人有下列情形之一的,人民法院根据有关个人或者组织的申请,撤销其监护人资格,安排必要的临时监护措施,并按照最有利于被监护人的原则依法指定监护人:(1)实施严重损害被监护人身心健康的行为;(2)怠于履行监护职责,或者无法履行监护职责且拒绝将监护职责部分或者全部委托给他人,导致被监护人处于危困状态;(3)实施严重侵害被监护人合法权益的其他行为。该条规定的"有关个人或者组织"包括:居民委员会、村民委员会、学校、医疗机构、妇女联合会、残疾人联合会、未成年人保护组织、依法设立的老年人组织、民政部门等其他依法具有监护资格的人。

六、什么情况下监护关系终止?

被监护人的父母或者子女被人民法院撤销监护人资格后,除对被监护人实施故意犯罪的外,确有悔改表现的,经其申请,人民法院可以在尊重被监护人真实意愿的前提下,视情况恢复其监护人资格,人民法院指定的监护人与被监护人的监护关系同时终止。《民法典》第39条规定,有下列情形之一的,监护关系终止:(1)被监护人取得或者恢复完全民事行为能力;(2)监护人丧失监护能力;(3)被监护人或者监护人死亡;(4)人民法院认定监护关系终止的其他情形。监护关系终止后,被监护人仍然需要监护的,应当依法另行确定监护人。被监护人为无民事行为能力人的,其全部民事活动由监护人代理。被监护人是限制民事行为能力人的,可以进行与他的年龄、智力相适应或者与他的精神健康状况相适应的民事活动;其他民事活动由他的法定代理人代理,或者征得他的法定代理人的同意。在被监护人的合法权益受到侵害或者与他人发生争议时,监护人应当代理被监护人进行诉讼,以维护其合法权益。

关联法规

《民法典》第29—31条

案例指引

1. 庞某与韦某同居关系子女抚养与监护纠纷案[1]

一审法院认为,父母是未成年子女的监护人,父母双方对未成年子女享有平等的监护权,父母对未成年子女负有抚养、教育和保护的义务。庞某2年龄尚小,尚不足3周岁,出生后至2020年10月一直随被告生活,与被告存在较深厚的感情,被告作为母亲亲自抚养更有利于其健康成长。原、被告都有一定的经济收入,均具备抚养子女的经济能力,抚养子女的条件基本相同,被告虽然结婚,但未生育子女,也没有影响子女成长的不利因素,在原、被告生育有两个儿子且考虑被告已错过最佳生育年龄的情况下,根据平等原则和从维护妇女权益的角度出发,亦应当满足母亲亲自抚养儿子的意愿。综上,一审法院确认庞某2由被告抚养,庞某1由原告抚养,抚养费各自承担。一审法院依照《民法典》第26条第1款、第27条第1款,2015年修正的《妇女权益保障法》第49条第1款规定,判决:(1)原告庞某与被告韦某的非婚生儿子庞某1由原告庞某抚养,非婚

---

[1] (2021)桂09民终1010号。

生儿子庞某2由被告韦某抚养,抚养费各自承担;(2)驳回原告庞某的其他诉讼请求。原告庞某上诉。二审法院对一审查明的事实予以确认。二审法院认为,一审判决认定事实清楚,适用法律、判决正确。上诉人庞某的上诉理由不能成立,二审法院不予采纳,驳回上诉,维持原判。

2. 吴某与杨某侵权责任纠纷案[1]

法院认为,监护权依附人生关系而产生,监护权是义务和责任,且是一种主动作为的行为。对监护权的行使应当有利于被监护人的身心健康,保障被监护人的合法权益并结合案件的实际情况综合考虑。2015年修正的《妇女权益保障法》第49条规定:“父母双方对未成年子女享有平等的监护权。”2012年修正的《未成年人保护法》第10条规定:“父母或者其他监护人应当创造良好、和睦的家庭环境,依法履行对未成年人的监护职责和抚养义务。”《婚姻法》第36条第1款规定“父母与子女之间的关系,不因父母离婚而消除,离婚后,子女无论由父或母直接抚养,仍是父母双方的子女”。《婚姻法》第38条规定“离婚后,不直接抚养子女的父或母,有探望子女的权利,另一方有协助的义务。行使探望权利的方式、时间由当事人协议;协议不成时,由人民法院判决”。本案中,原告吴某与被告杨某在离婚时,已经达成一致调解协议,女儿吴某1跟随被告杨某生活,且对吴某的探望权以及探望时间均作出了明确约定。对于女儿吴某1的探望问题,法院虽然作出了判决,但对探望方式方法等,双方应多沟通、多理解、多包容,不应以此作为筹码来牵制各自的生活以及工作。原、被告之间因为探望女儿的方式方法产生纠纷而引发本案诉讼,不能因此就证明被告侵害了原告的监护权以及女儿被监护的权利。故对于原告诉请,于法无据,法院不予支持。

---

[1] (2020)川1602民初569号。

第七十一条 【丧失生育能力妇女的抚养权保护】女方丧失生育能力的，在离婚处理子女抚养问题时，应当在最有利于未成年子女的条件下，优先考虑女方的抚养要求。

条文解读

一、本条规定的意义

本条的规定有助于保护未成年子女利益原则的有效落实，也有利于最大限度保障妇女抚养孩子的权利。人民法院在审理离婚案件时，如果涉及子女抚养问题，应充分考虑如何有利于子女身心健康，同时充分结合父母双方的抚养能力和抚养条件等特殊情况予以解决，以保障子女的合法权益。

二、离婚时优先考虑有生育障碍母亲的抚养权

父母离婚后，母亲如果生育有障碍，在子女抚养问题上应向母亲倾斜。在离婚案件中，确定父母对子女的抚养权，应充分考虑父母的经济承受能力及能否再生育等具体情况。确定子女抚养权的原则是有利于子女身心健康，保障子女的合法权益。这是贯穿于《民法典》的基本原则，也是处理离婚后子女抚养归属问题的出发点。

三、在未成年子女利益最大化前提下关照母亲抚养权

离婚不影响父母子女关系。我国《民法典》规定，父母与子女间的关系，不因父母离婚而消除。离婚后，父母对子女仍有抚养、教育的权利和义务。夫妻离婚，在处理子女抚养问题时，应当在最有利于未成年子女身心健康的条件下，优先考虑女方的抚养要求。

适用要点

一、女方丧失生育能力，父母对2周岁以上子女抚养有争议时如何处理？

根据本条及《最高人民法院关于适用〈中华人民共和国民法典〉婚姻家庭编的解释(一)》第46条的规定，对已满2周岁的未成年子女，父母均要求直接抚养，一方有下列情形之一的，可予优先考虑：(1)已做绝育手术或者因其他原因丧失生育能力；(2)子女随其生活时间较长，改变生活环境对子女健康成长明显不利；(3)无其他子女，而另一方有其他子女；(4)子女随其生活，对子女成长有利，而另一方患有久治不愈的传染性疾病或者其他严重疾病，或者有其他不利于子女身心健康的情形，不宜与子女共同生活。因此，父母双方对已满2周岁的子女抚养问题协议不成的，由人民法院根据双方的具体情况，按照最有利于未成年子女的原则判决。子女已满8周岁的，应当尊重其真实意愿。如果女方已做绝育手术或者因其他原因丧失生育能力，离婚时可以优先考虑由母亲抚养孩子。

二、离婚时子女抚养的基本原则有哪些？

父母与子女间的关系，不因父母离婚而消除。离婚后，子女无论由父或母直接抚养，仍是父母双方的子女。离婚后，父母对于子女仍有抚养、教育的权利和义务。离婚时，不满两周岁的子女，以由母亲直接抚养为原则。已满两周岁的子女，如双方因抚养问题发生争执不能达成协议时，由人民法院根据双方的具体情况，按照最有利于未成年子女的原则判决。

三、父母各种条件基本相同的情况下，子女随谁生活？

(1)父母各种条件都基本相同的情况下，原则上由经济能力较强的一方抚养；(2)8岁以上有识别能力的子女，无论随父亲还是随母亲，应征求子女本人的意见；(3)父母双方抚养子女的条件基本相同，双方均要求子女与其共同生活，但子女单独随祖父母或外祖父母共同生活多年，且祖父母或外祖父母要求并且有能力帮助子女照顾孙子女或外孙子女的,可作为子女随父或母生活的优先条件予以考虑;(4)在有利于保护子女利益的前提下,父母双方协议轮流抚养子女,应予准许。

四、何种情况下,一方要求变更子女抚养关系可以得到法院支持?

有下列情形之一,父母一方要求变更子女抚养关系的,法院应予支持:(1)与子女共同生活的一方因患严重疾病或因伤残无力继续抚养子女的;(2)与子女共同生活的一方不尽抚养义务或有虐待子女行为,或其与子女共同生活对子女身心健康确有不利影响的;(3)8周岁以上未成年子女,愿随另一方生活,该方又有抚养能力的;(4)有其他正当理由需要变更的。

关联法规

《民法典》第1084条

《最高人民法院关于适用〈中华人民共和国民法典〉婚姻家庭编的解释(一)》第46—49条

案例指引

1. 苏某与李某变更抚养关系纠纷案[1]

法院认为,对两周岁以上未成年的子女,父方和母方均要求随其生活,一方有下列情形之一的,可予优先考虑:(1)已做绝育手术或因其他原因丧失生育能力的;(2)子女随其生活时间较长,改变生活环境对子女健康成长明显不利的;(3)无其他子女,而另一方有其他子女的;(4)子女随其生活,对子女成长有利,而另一方患有久治不愈的传染性疾病或其他严

---

[1] (2021)京0105民初39282号。

重疾病，或者有其他不利于子女身心健康的情形，不宜与子女共同生活的。结合本案，苏某某自原、被告离婚后长期随原告共同生活，形成了固定的生活环境及方式，在没有证据证明苏某抚养苏某某对苏某某产生明显不利的情况下，苏某要求变更抚育的主张，法院难以支持。综上，依照《最高人民法院关于人民法院审理离婚案件处理子女抚养问题的若干具体意见》第3条、第16条之规定，驳回原告苏某的诉讼请求。

2. 李某、王某同居期间子女抚养纠纷案[1]

法院认为，原、被告未达法定婚龄即以夫妻名义同居生活，而且在达到法定婚龄后一直未补办结婚登记，其同居关系属无效婚姻。因双方婚姻关系无效无须法院判决解除，原告此项诉讼请求法院不予审查；对同居期间所生子女的抚养问题，因原告已失去生育能力，从保护妇女合法权益的角度考虑，其要求抚养两女儿的诉求法院予以部分支持：非婚生子女王某1由被告王某抚养，非婚生子女王某2由原告李某抚养。抚养费自理。

[1] (2021)甘2923民初148号。

第八章　救济措施

第七十二条　【救济途径】对侵害妇女合法权益的行为，任何组织和个人都有权予以劝阻、制止或者向有关部门提出控告或者检举。有关部门接到控告或者检举后，应当依法及时处理，并为控告人、检举人保密。

妇女的合法权益受到侵害的，有权要求有关部门依法处理，或者依法申请调解、仲裁，或者向人民法院起诉。

对符合条件的妇女，当地法律援助机构或者司法机关应当给予帮助，依法为其提供法律援助或者司法救助。

条文解读

本条以2018年的《妇女权益保障法》第52条为基础，规定了妇女合法权益遭受侵害时的各种救济途径。

所谓妇女的合法权益，是指包括本法第2章至第7章所规定的政治权利、人身与人格权益、文化教育权益、劳动和社会保障权益、财产权益、婚姻家庭权益在内的各种合法的权利和利益。其中，人身与人格权益、财产权益、婚姻家庭权益是典型的私法上的权益，而政治权利、文化教育权益属于公法上的权益，劳动和社会保障权益则兼具私法权益和公法权益的特征，属于社会法上的权益。

本条第1款为2022年新增规定。依据本法第4条的规定，"保障妇女的合法权益是全社会的共同责任。国家机关、社会团体、企业事业单位、基层群众性自治组织以及其他组织和个人，应当依法保障妇女的权益”。因此，当妇女的合法权益遭受侵害时，不仅妇女本人可以依据本条第2款、第3款的规定寻求救济，任何组织和个人获知妇女合法权益遭受侵害时，也都有权通过各种方式救助受害妇女，具体的救助方式包括劝阻、制止侵害妇女合法权益的行为以及向有关部门提出控告或者检举。此外，为切实实现对受害妇女的救济并保障救助人的安全，本条第1款课以有关部门在接到控告或者检举后“依法及时处理”并“为控告人、检举人保密”的义务。

本条第2款、第3款规定了妇女本人在自身合法权益遭受侵害时寻求救济的具体途径，包括基本权救济和生存权救济两个方面。

1. 依据《宪法》第33条的规定，国家应当保障公民所享有的基本权利，因此，当公民的基本权利遭受侵害时，国家应当提供及时且充分的救济。国家对公民基本权利的保障和救济主要体现为各种以保障、救济公民权利为目的的法律制度的构建和实施，本条第2款正是在妇女权益保护领域落实妇女基本权利保护的规定。依据本条第2款的规定，当妇女合法权益遭受侵害时，受害妇女可以向行政机关申请依法处理、向仲裁机构申请调解或仲裁以及向人民法院起诉，从而实现自身权益的救济。当侵害妇女合法权益的行为涉及有关部门时，受害妇女可以向该部门申请依法处理。比如，本法第23条第2款规定，妇女遭受性骚扰的情形，“受害妇女可以向有关单位和国家机关投诉。接到投诉的有关单位和国家机关应当及时处理，并书面告知处理结果”。此外，受害妇女还可以申请仲裁或者提起诉讼。所谓“依法申请仲裁”，是指依据《仲裁法》《劳动法》《农村土地承包法》等法律的规定申请仲裁。具体而言，受害妇女若因合同纠纷或者其他财产纠纷遭受权益侵害，可以申请协议仲裁；若是劳动和社会保障权益遭受侵害，则应申请劳动仲裁；若因农村土地承包纠纷而遭受权益侵害，则应向农村土地承包仲裁机构申请仲裁。依据《仲裁法》第9条的规定，仲裁裁决作出后，当事人原则上不得再次申请仲裁或者向法院起诉。依据《劳动法》第 79 条的规定，劳动仲裁是诉讼的前置程序，当事人不服劳动仲裁裁决的，可以向人民法院提起诉讼。依据《农村土地承包法》第 55 条第 2 款的规定，涉及农村土地承包经营的纠纷，仲裁并非诉讼的前置程序，当事人既可以申请仲裁，也可以向人民法院起诉；依据《农村土地承包经营纠纷调解仲裁法》第 48 条的规定，当事人不服仲裁裁决的，可以向人民法院提起诉讼。所谓“向人民法院起诉”，是指受害妇女根据侵害行为的性质向人民法院提起民事诉讼、行政诉讼或者刑事自诉。

2. 考虑到受害妇女未必有能力依据本条第 2 款的规定获得相应的救济，为切实实现对妇女权益的救济，本条第 3 款明确规定，受害妇女享有寻求法律援助和司法救助的权利，这种权利属于广义的生存权的范畴。依据《法律援助法》第 2 条的规定，所谓法律援助，是指“国家建立的为经济困难公民和符合法定条件的其他当事人无偿提供法律咨询、代理、刑事辩护等法律服务的制度”。第 31 条规定，符合“下列事项的当事人，因经济困难没有委托代理人的，可以向法律援助机构申请法律援助：(1)依法请求国家赔偿；(2)请求给予社会保险待遇或者社会救助；(3)请求发给抚恤金；(4)请求给付赡养费、抚养费、扶养费；(5)请求确认劳动关系或者支付劳动报酬；(6)请求认定公民无民事行为能力或者限制民事行为能力；(7)请求工伤事故、交通事故、食品药品安全事故、医疗事故人身损害赔偿；(8)请求环境污染、生态破坏损害赔偿；(9)法律、法规、规章规定的其他情形”。第 32 条规定，符合下列情形时，“当事人申请法律援助的，不受经济困难条件的限制：(1)英雄烈士近亲属为维护英雄烈士的人格权益；(2)因见义勇为行为主张相关民事权益；(3)再审改判无罪请求国家赔偿；(4)遭受虐待、遗弃或者家庭暴力的受害人主张相关权益；(5)法律、法规、规章规定的其他情形”。依据上述规定，满足法定条件的前提下，任何公民均可申请法律援助。本条第 3 款从保护妇女权益的角度确认了受害妇女获得法律援助的可能性，更为重要的是，将向符合条件的妇女提供法律援助规定为法律援助机构的义务。依据《最高人民法院关于对经济确有困难的当事人提供司法救助的规定》第 2 条的规定，所谓司法救助，是指“人民法院对于当事人为维护自己的合法权益，向人民法院提起民事、行政诉讼，但经济确有困难的，实行诉讼费用的缓交、减交、免交”的制度，同时，该规定第3条明确了司法救助的法定条件。依据上述规定，满足法定条件的前提下，任何公民均可申请司法救助。本条第3款从保护妇女权益的角度确认了受害妇女获得司法救助的可能性，并将向符合条件的妇女提供司法救助明确规定为司法机关的义务。

适用要点

本条第1款的适用与《民法典》关于正当防卫（第181条）、紧急避险（182条）以及自愿实施救助行为（第183条、第184条）的规定相关联。依据本条第1款的规定，针对侵害妇女合法权益的行为所实施的劝阻、制止行为原则上属于合法正当的权利行使行为，不成立侵权行为。但是，劝阻、制止行为可能引发损害。首先，若劝阻、制止行为造成侵权人损害，只要符合正当防卫的要件，依据《民法典》第181条的规定，劝阻、制止侵权行为之人“不承担民事责任”。其次，若劝阻、制止行为造成受助妇女的损害，依据《民法典》第184条的规定，劝阻、制止侵权行为之人原则上也“不承担民事责任”。再次，若劝阻、制止行为造成侵权人、受助妇女以外的其他人的损害，且符合紧急避险的要件，依据《民法典》第182条第1款的规定，由侵权人承担民事责任。最后，若实施劝阻、制止行为之人因劝阻、制止侵权行为而“使自己受到损害”，依据《民法典》第183条的规定，“由侵权人承担民事责任，受益人可以给予适当补偿”，“没有侵权人、侵权人逃逸或者无力承担民事责任，受害人请求补偿的，受益人应当给予适当补偿”。

关联法规

《妇女权益保障法》第23条

《最高人民法院关于对经济确有困难的当事人提供司法救助的规定》第3条

案例指引

区某与江门市蓬江区杜阮镇瑶村股份合作经济联合社、江门市蓬江区杜阮镇人民政府其他行政管理案[1]

出嫁后户口未迁出集体经济组织的妇女依法享有集体经济组织成员权以及分红权益，针对受害妇女要求确认集体经济组织成员权的书面申请，镇镇府不予确认的行政行为违法，应予纠正。

第七十三条 【妇联组织协助救助的职责】妇女的合法权益受到侵害的，可以向妇女联合会等妇女组织求助。妇女联合会等妇女组织应当维护被侵害妇女的合法权益，有权要求并协助有关部门或者单位查处。有关部门或者单位应当依法查处，并予以答复；不予处理或者处理不当的，县级以上人民政府负责妇女儿童工作的机构、妇女联合会可以向其提出督促处理意见，必要时可以提请同级人民政府开展督查。

受害妇女进行诉讼需要帮助的，妇女联合会应当给予支持和帮助。

条文解读

本条以2018年《妇女权益保障法》第53条、第54条为基础，规定了妇女联合会等妇女组织负有帮助受害妇女实现权益救济的职责。

[1] (2020)粤07行终133号。

2018年《妇女权益保障法》第53条规定,受害妇女“可以向妇女组织投诉”,但并未明确“妇女组织”是什么。一般认为,我国的妇女组织是指各级妇女联合会(简称妇联)和其他非政府妇女组织。中华全国妇女联合会是我国最大的非政府妇女组织,妇联的地方组织包括省、市、县、乡四级妇女联合会,农村的行政村、乡镇企业、农林牧渔场、城市的居民委员会、街办企业和专业市场则设立妇女代表会,负责日常工作。除妇联组织外,我国的其他非政府妇女组织还有中华全国总工会女职工委员会,是工会内部具有民主性、代表性的女职工组织,此外,还有一些行业性的妇女组织。在保障和维护妇女权益方面,我国已基本形成了以各级人民政府为主导,司法机关配合,妇联、工会、青年团等社会团体积极参与的社会化工作格局。在这一格局中,各级妇联组织以其自身的特点和优势,发挥了十分重要的作用。相较于2018年《妇女权益保障法》第53条而言,本条第1款通过列举最主要的妇女组织(妇女联合会)的方式,明确了“妇女组织”的内涵,有助于受害妇女更清晰地认识到寻求救济的具体途径。

妇联等妇女组织对于受害妇女权益救济的帮助,主要体现为“有权要求并协助有关部门或者单位查处”以及对受害妇女提供诉讼支持以实现其自身权益的救济两个方面。首先,接到受害妇女求助时,“有权要求并协助有关部门或者单位查处”,这是对妇联等妇女组织的查处要求,“有关部门或者单位应当依法查处,并予以答复”(本条第1款);其次,帮助妇女通过诉讼方式实现自身救济(本条第2款)。针对妇联等妇女组织查处侵害妇女权益行为的要求,“有关部门或者单位应当依法查处,并予以答复”;“不予处理或者处理不当的,县级以上人民政府负责妇女儿童工作的机构、妇女联合会可以向其提出督促处理意见,必要时可以提请同级人民政府开展督查”。

2018年《妇女权益保障法》第54条第2款规定,妇女联合会或者相关妇女组织对侵害特定妇女群体利益的行为,可以通过大众传播媒介揭露、批评,并有权要求有关部门依法查处。本次修改删除了该内容。通过大众传媒对“侵害特定妇女群体利益的行为”的揭露、批评的确是引发关注的有效手段,但如果运用不当,反而可能造成对受害妇女权益(名誉权、隐私权等)的再度侵害。

本条规定的“负责妇女儿童工作的机构”,主要是指各级政府设置的妇女儿童工作委员会。国务院于1990年设置了妇女儿童工作协调委员会,后更名为国务院妇女儿童工作委员会,负责协调和推动政府有关部门执行妇女儿童的各项法律法规和政策措施,发展妇女儿童事业。各级政府均设有妇女儿童工作委员会,乡人民政府、街道办事处设有负责妇女权益保障工作的人员。妇女儿童工作委员会的职责包括如下几点:(1)宣传有关保障妇女权益的法律、法规;(2)监督、检查有关保障妇女权益的法律、法规的贯彻实施;(3)调查、研究有关保障妇女权益的重大事项,向人民政府或有关部门提出意见和建议;(4)接受群众对侵害妇女权益行为的投诉、举报,交有关部门查处,为受害妇女提供法律帮助;(5)督促有关部门查处严重侵害妇女权益的行为,必要时组织调查,提出查处意见;(6)总结、推广保障妇女权益工作的先进经验,表彰、奖励在保障妇女权益工作中作出显著成绩的单位和个人;(7)办理其他有关妇女权益保障方面的事项。

适用要点

本条的适用与本法第72条第3款发生关联。依据本法第72条第3款的规定,符合条件的妇女有权获得法律援助和司法救助,这种获得法律援助和司法救助权利并非妇女所独有,符合条件的公民均享有这种权利。本条规定向妇联等妇女组织处求助的权利则是受害妇女享有的特殊权利,妇联等妇女组织向受害妇女提供的帮助并不限于法律援助,还包括政策、心理等多方面的咨询服务以及与有关部门的协调。

关联法规

《妇女权益保障法》第72条

第七十四条　【工会、妇联组织协助对用人单位的监督】用人单位侵害妇女劳动和社会保障权益的，人力资源和社会保障部门可以联合工会、妇女联合会约谈用人单位，依法进行监督并要求其限期纠正。

条文解读

本条为2022年新增规定，针对用人单位侵害妇女劳动和社会保障权益的行为，规定了工会、妇联有协助人力资源和社会保障部门依法监督和要求其限期改正的权限。

用人单位侵害妇女劳动和社会保障权益的行为，主要指用人单位在招聘、录取、晋职、晋级、评聘专业技术职称和职务、培训、解聘、执行国家退休制度等过程中实施性别歧视行为，也包括用人单位违反劳动安全的相关要求，未按照国家要求建立健全职工生育休假制度等行为。此外，依据本法第25条的规定，用人单位应当采取相关措施预防对妇女的性骚扰，因此，用人单位怠于采取预防性骚扰的相关措施，也属于广义的侵害女职工劳动和社会保障权益的行为。针对上述行为，人力资源和社会保障部门可以联合工会、妇女联合会依法对用人单位进行监督并要求其限期改正。

适用要点

本条的适用与本法第6条、第73条相关联。依据本法第6条的规定，妇女联合会“代表和维护各族各界妇女的利益”，负责“维护妇女权益、促进男女平等和妇女全面发展的工作”；工会则应在自己的工作范围内“做好维护妇女权益的工作”。女职工的劳动和社会保障权益遭受侵害的情形，最有可能向妇联和工会寻求救助。依据本法第73条的规定，妇联组织“应当维护被侵害妇女的合法权益，有权要求并协助有关部门或者单位查处”并且为受害妇女提供诉讼上的帮助;依据本条的规定,妇联、工会还可以依法对用人单位“进行监督并要求其限期改正”,通过多种救济措施、方式的灵活运用,切实、有效地实现对受害妇女的救济。

关联法规

《妇女权益保障法》第6条

第七十五条 【侵害妇女农村集体经济组织成员权益的法律救济】妇女在农村集体经济组织成员身份确认等方面权益受到侵害的,可以申请乡镇人民政府等进行协调,或者向人民法院起诉。

乡镇人民政府应当对村民自治章程、村规民约,村民会议、村民代表会议的决定以及其他涉及村民利益事项的决定进行指导,对其中违反法律、法规和国家政策规定,侵害妇女合法权益的内容责令改正;受侵害妇女向农村土地承包仲裁机构申请仲裁或者向人民法院起诉的,农村土地承包仲裁机构或者人民法院应当依法受理。

条文解读

本条为2022年新增规定,规定了妇女在农村集体经济组织中的各项权益遭受侵害时能够寻求的救济途径。

一直以来,农村妇女因出嫁、离婚、再婚、丧偶等原因丧失农村集体经济组织成员身份以及相关权益的现象时有发生,如何保障妇女在农村集体经济组织中的各项权益成为亟待解决的重要课题。[1] 对此,农村集体经济组织立法已被列入人大常委会的立法规划范畴,[2]而2022年《妇女权益保障法》则从妇女权益保护的角度率先提出了解决上述问题的立法方案。具体而言,首先,本法第55条宣示了"妇女在农村集体经济组织成员身份确认、土地承包经营、集体经济组织收益分配、土地征收补偿安置或者征用补偿以及宅基地使用等方面,享有与男子平等的权利";其次,结合妇女在农村集体经济组织中各项权益遭受侵害的实际情况,本法第56条将2018年《妇女权益保障法》第33条所规定的"任何组织和个人"不得侵害妇女在农村集体经济组织中的各项权益修改为"村民自治章程、村规民约,村民会议、村民代表会议的决定以及其他涉及村民利益事项的决定"不得侵害妇女在农村集体经济组织中的各项权益,从而提高了条文的针对性。以此为前提,本条通过明确规定救济途径的方式进一步实现对妇女在农村集体经济组织中各项权益的保障。

本条第1款明确了妇女在农村集体经济组织中的各项权益遭受侵害时两种主要的救济途径,即申请乡镇人民政府协调或者向人民法院起诉。为确保上述救济途径的有效性,本条第2款分别对乡镇人民政府和司法仲裁机关课以相应的义务。首先,乡镇人民政府"应当对村民自治章程、村规民约,村民会议、村民代表会议的决定以及其他涉及村民利益事项的决定进行指导,对其中违反法律、法规和国家政策规定,侵害妇女合法权益的内容责令改正",这实质上是要求行政机关对村民自治章程、乡规民约等村民自治规则进行合法性审查以及行政指导,实现村民自治与公民基本权利保护之间的协调。其次,针对实践中出现的司法仲裁机关对于妇女在农村经济组织中各项权益遭受侵害的案件"不予受理"的现象,本

---

〔1〕 参见农村集体经济研究:《如何保障农村失地妇女权益?集体经济组织成员认定标准须明确》,载微信公众号"农村集体经济研究"2022年6月4日,https://mp.weixin.qq.com/s?__biz=MzU0ODI3NTc2Mw==&mid=2247493586&idx=2&sn=c738da4e5894787607c8669ee5b954ac&chksm=fb43348ecc34bd98536af7e0b687d513ed5bd9b3b54c05a710c1002b07e04f701faabe2bf0b5&mpshare=1&scene=23&srcid=1031wwrnPevZjDWKJLFlr6U0&sharer_sharetime=1667185298378&sharer_shareid=fa1ccc1b70bd142c07b2e9ea9f7aaddb#rd。

〔2〕 参见朱宁宁:《制定农村集体经济组织法 研究起草草案初稿》,载中国人大网2022年2月15日,http://www.npc.gov.cn/npc/c30834/202202/a9e12e772b29423d8808592ab50160e9.shtml。

法明确课以司法仲裁机构“依法受理”的义务。

适用要点

本条在适用中需注意，农村土地承包经营纠纷实行的是可裁可审，当事人既可以向农村土地承包仲裁委员会申请仲裁，也可以直接向人民法院提起诉讼。若当事人先申请仲裁，对仲裁裁决不服的，自收到裁决书之日起 30 日内可以向人民法院起诉。

实践中，侵害妇女在农村集体经济组织中相关权益的，并不限于村民自治规则，也包括一些地方颁布的政府规章、条例。[1] 此种情形下，很难期待这些规章、条例的制定主体作自我审查，受害妇女直接申请仲裁或起诉具有重要意义。此外，根据《农村土地承包法》第 55 条第 2 款的规定，涉及农村土地承包经营的纠纷，仲裁并非诉讼的前置程序，当事人既可以申请仲裁，也可以向人民法院起诉。

关联法规

《农村土地承包法》第 55 条

《农村土地承包经营纠纷调解仲裁法》第 2—4 条、第 48 条

案例指引

湖南刘某与宁乡县某村一组承包地征收补偿费用分配纠纷抗诉案[2]

土地承包经营权和宅基地使用权是法律赋予农户的用益物权，集体收益分配权是农民作为集体经济组

〔1〕 参见朱宁宁：《制定农村集体经济组织法　研究起草草案初稿》，载中国人大网 2022 年 2 月 15 日，http://www.npc.gov.cn/npc/c30834/202202/a9e12e772b29423d8808592ab50160e9.shtml。

〔2〕 (2015)长中民征终字第 00319 号、(2017)湘民抗 27 号、(2017)湘民再 488 号。

织成员应当享有的合法财产权利。这三权是农民生存生活最重要的保障，不宜因进城务工农民享受了相关社会保险待遇就剥夺其集体经济组织成员资格，对于没有在其他集体经济组织享受成员权益的出嫁女，更不应剥夺其成员资格。集体经济组织成员身份的确认应依据是否具有该集体经济组织合法有效的户籍、是否分配了承包土地、是否履行了该集体经济组织成员义务三条原则综合判断。

第七十六条 【妇女权益保护服务热线的构建和维护】县级以上人民政府应当开通全国统一的妇女权益保护服务热线，及时受理、移送有关侵害妇女合法权益的投诉、举报；有关部门或者单位接到投诉、举报后，应当及时予以处置。

鼓励和支持群团组织、企业事业单位、社会组织和个人参与建设妇女权益保护服务热线，提供妇女权益保护方面的咨询、帮助。

条文解读

本条为2022年新增规定。本条第1款规定县级以上人民政府有开通全国统一的妇女权益保护服务热线，及时受理、移送有关侵害妇女合法权益的投诉、举报的义务。本条第2款为倡导型规定，鼓励和支持群团组织、企业事业单位、社会组织和个人参与建设妇女权益保护服务热线以及提供妇女权益保护的咨询、帮助工作。

“12338”是由中华全国妇女联合会设立的全国统一号码、统一规范的妇女维权热线，旨在为妇女、儿童提供法律、婚姻、家庭、心理、教育等方面的咨询，并受理侵害妇女、儿童权益案件的投诉。该热线所属机构为各地区妇联组织，其建设和维护则有赖于地方政府的支持。因此，本条将开通全国统一的妇女权益保护服务热线明确规定为县级以上人民政府的法定义务，并提倡其他组织和个人积极参与到服务热线以及相关配套设施的建设工作中。鉴于近年来反家暴热线、反家暴微信小程序[1]等新型救济手段在反对家庭暴力、保护妇女儿童权益方面实际发挥的重要作用,应当将反家暴法领域的经验推至妇女权益保护的全部领域,开通、建设全国统一的妇女权益保护服务热线,保障妇女权益救济渠道的畅通无阻。

适用要点

本条的适用与本法第 73 条相关联。依据本法第 73 条的规定,“妇女的合法权益受到侵害的,可以向妇女联合会等妇女组织求助”,这种求助的实现以求助通道的畅通为前提,而妇女权益保护服务热线正是妇女寻求救助的具体通道。从这个意义上说,本条是本法第 73 条得以实现的制度保障。

第七十七条 【公益诉讼】侵害妇女合法权益,导致社会公共利益受损的,检察机关可以发出检察建议;有下列情形之一的,检察机关可以依法提起公益诉讼:

(一)确认农村妇女集体经济组织成员身份时侵害妇女权益或者侵害妇女享有的农村土地承包和集体收益、土地征收征用补偿分配权益和宅基地使用权益;

(二)侵害妇女平等就业权益;

(三)相关单位未采取合理措施预防和制止性骚扰;

(四)通过大众传播媒介或者其他方式贬低损害妇女人格;

(五)其他严重侵害妇女权益的情形。

---

〔1〕 参见翟星理:《一个反家暴小程序,5 天里的 1.3 万次使用》,载微信公众号“南方周末”2022 年 9 月 19 日,http://mp. weixin. qq. com/s? __biz=Njk5MTE1&mid=2652538841&idx=1&sn=c04ed008ee08da5fa0fd52b6f888613f&chksm = 33db7a5d04acf34ba4f67ad8b94a4b7aecbb904df7f0e66544c70a2b06e04e8cfa3b2b1df11a&mpshare=1&scene=23&srcid=092092fnjVpY3garSfgt0DmU&sharer_sharetime=1665410380547&sharer_shareid=fa1ccc1b70bd142c07b2e9ea9f7aaddb#rd。

条文解读

本条为2022年新增规定,明确规定了妇女权益保护领域的检察公益诉讼制度。

2014年10月,党的十八届四中全会通过的《中共中央关于全面推进依法治国若干重大问题的决定》首次提出"探索建立检察机关提起公益诉讼制度"。2015年7月,《全国人民代表大会常务委员会关于授权最高人民检察院在部分地区开展公益诉讼试点工作的决定》正式授权最高人民检察院在13个省、自治区、直辖市开展为期两年的公益诉讼试点工作。2017年,全国人大常委会专门修改了《民事诉讼法》和《行政诉讼法》,在立法层面上正式确立了检察公益诉讼制度。

检察公益诉讼包括民事公益诉讼和行政公益诉讼。《民事诉讼法》和《行政诉讼法》划定了检察公益诉讼的基本范围。依据《民事诉讼法》第58条第2款的规定,"破坏生态环境和资源保护、食品药品安全领域侵害众多消费者合法权益等损害社会公共利益的行为,在没有前款规定的机关和组织或者前款规定的机关和组织不提起诉讼的情况下,可以向人民法院提起诉讼";依据《行政诉讼法》第25条第4款的规定,"生态环境和资源保护、食品药品安全、国有财产保护、国有土地使用权出让等领域负有监督管理职责的行政机关违法行使职权或者不作为,致使国家利益或者社会公共利益受到侵害的,应当向行政机关提出检察建议,督促其依法履行职责","行政机关不依法履行职责的,人民检察院依法向人民法院提起诉讼"。《民事诉讼法》和《行政诉讼法》修改后,随着一批法律的制定和修改,检察公益诉讼的范围得以扩张。具体而言,2018年制定的《英雄烈士保护法》第25条第2款规定,"英雄烈士没有近亲属或者近亲属不提起诉讼的,检察机关依法对侵害英雄烈士的姓名、肖像、名誉、荣誉,损害社会公共利益的行为向人民法院提起诉讼";2021年制定的《个人信息保护法》第70条规定,"个人信息处理者违反本法规定处理个人信息,侵害众多个人的权益的,人民检察院、法律规定的消费者组织和由国家网信部门确定的组织可以依法向人民法院提起诉讼”;2021 年制定的《军人地位和权益保障法》第 62 条规定,“侵害军人荣誉、名誉和其他相关合法权益,严重影响军人有效履行职责使命,致使社会公共利益受到损害的,人民检察院可以根据民事诉讼法、行政诉讼法的相关规定提起公益诉讼”;2020 年修改的《未成年人保护法》第 106 条规定,“未成年人合法权益受到侵犯,相关组织和个人未代为提起诉讼的,人民检察院可以督促、支持其提起诉讼;涉及公共利益的,人民检察院有权提起公益诉讼”;2021 年修改的《安全生产法》第 74 条第 2 款规定,“因安全生产违法行为造成重大事故隐患或者导致重大事故,致使国家利益或者社会公共利益受到侵害的,人民检察院可以根据民事诉讼法、行政诉讼法的相关规定提起公益诉讼”。2022 年《妇女权益保障法》修改,新增了本条规定,肯定了在妇女权益保护领域提起检察公益诉讼的可能性,明确了提起检察公益诉讼的具体情形。

依据本条的规定,关于妇女权益保护的检察建议的发出以“侵害妇女合法权益,导致社会利益受损”为要件;关于妇女权益保护的检察公益诉讼的启动则须满足以下两个要件:其一,“侵害妇女合法权益,导致社会公共利益受损”(公益性要件);其二,符合本条列举的五种情形,即“确认农村妇女集体经济组织成员身份时侵害妇女权益或者侵害妇女享有的农村土地承包和集体收益、土地征收征用补偿分配权益和宅基地使用收益”、“侵害妇女平等就业权益”、“相关单位未采取合理措施预防和制止性骚扰”、“通过大众传播媒介或者其他方式贬低损害妇女人格”或者“其他严重侵害妇女权益的情形”(最后一项为兜底条款)。妇女权益通常体现为个人权益,妇女合法权益遭受侵害时,受害妇女通过提起普通民事诉讼的方式,通常就能实现自身的权益救济。但是,妇女权益还具有社会性、公共性和秩序性特征,这些特征使妇女权益具有社会公共利益的属性,当此种社会公共利益遭受侵害时,有必要通过公益诉讼的方式对其进行救济。

一般而言,检察建议的对象是行政机关。依据《人民检察院公益诉讼办案规则》第75条的规定,“经调查,人民检察院认为行政机关不依法履行职责,致使国家利益或者社会公共利益受到侵害的,应当报检察长决定向行政机关提出检察建议”。公益诉讼的对象则包括行政机关和个人。依据该规则第81条的规定,“行政机关经检察建议督促仍然没有依法履行职责,国家利益或者社会公共利益处于受侵害状态的,人民检察院应当依法提起行政公益诉讼”。依据该规则第96条的规定,“社会公共利益仍然处于受损害状态的,人民检察院应当提起民事公益诉讼”。

适用要点

本条在适用上的难点在于是否达到公益诉讼起诉标准(公益性要件)的判断,即某一行为是否侵害了不特定多数妇女的权益。这是公益诉讼共通的难点,有待在未来的司法实践中通过发布司法解释或者指导性案例的方式予以明确。

关联法规

《民事诉讼法》第58条

《行政诉讼法》第25条

第七十八条　【诉讼支持】国家机关、社会团体、企业事业单位对侵害妇女权益的行为,可以支持受侵害的妇女向人民法院起诉。

条文解读

本条是关于支持起诉制度的规定,是新增内容。

依据《民事诉讼法》第15条的规定,“机关、社会团体、企业事业单位对损害国家、集体或者个人民事权益的行为,可以支持受损害的单位或者个人向人民法院起诉”。本条在妇女权益保护领域对支持起诉制度予以确认。

适用要点

实践中的支持起诉多由检察机关发动。相较于非司法机关的诉讼支持而言,检察机关对于民事诉讼的支持体现为提供咨询、调查取证、制发支持起诉书、派员出庭等一整套流程化作业,能够较为有效地帮助受害人实现自身权益的救济。因此,本条在适用上的难点在于如何激发非司法机关主体的主观能动性。对此,可以借鉴反家暴工作机制建设方面的经验,尝试构建多部门联合参与的妇女权益保护工作机制,通过包括司法机关在内的各部门间的信息共享和联动合作,更为有效地保障受害妇女的诉讼权利,维护社会公共利益。[1]

关联法规

《人民检察院公益诉讼办案规则》第100条、第101条

〔1〕 参见金琦:《〈妇女权益保障法〉修订草案亮点及评析》,载微信公众号“WomenHelpEachOther”2022年1月5日,https://mp.weixin.qq.com/s?__biz=Mzg3ODU1OTAwNQ==&mid=2247483775&idx=1&sn=655d5f97289113ddf824212d5f779c4c&chksm=cf10ab0df867221bebf018e496526a2999840f3809d56d54e17d5d8254f317a5920ee7295c50&mpshare=1&scene=23&srcid=0929iRo2cOSDaBc7tSnwqwhJ&sharer_sharetime=1665409813644&sharer_shareid=fa1ccc1b70bd142c07b2e9ea9f7aaddb#rd。

第九章　法律责任

第七十九条　【政府部门及基层自治组织违反强制报告义务的法律责任】违反本法第二十二条第二款规定，未履行报告义务的，依法对直接负责的主管人员和其他直接责任人员给予处分。

条文解读

本条是关于政府部门及基层自治组织未履行报告义务的法律责任的规定。具体而言，即负有报告义务的部门或组织的工作人员没有履行强制报告义务将受到相应处分。

本条所涉报告义务可概括为以下三个方面：第一，强制报告责任主体主要包括各级人民政府、公安、民政、人力资源和社会保障、卫生健康等部门及居民委员会、村民委员会。第二，强制报告的内容主要围绕拐卖、绑架等侵害妇女权益的行为。第三，未履行强制报告义务的法律责任，即负有报告义务的责任主体的主管人员和其他直接责任人员将受到相应处分。

妇女作为社会弱势群体，其合法权益极易遭受侵害。上述强制报告责任主体在日常工作中具有第一时间知道或了解妇女权益受到侵害的便利，也负有保护妇女合法权益的职责。当发现疑似妇女被拐卖、绑架的行为发生时，其应及时报告并做好解救、安置、救助和关爱等工作。其中，妇女联合会作为专门的妇女保护组织，还负有协助和配合做好有关工作的义务。

虽然本法第22条第2款指出强制报告的内容主要围绕妇女被拐卖、绑架的情形，但应当进行报告的侵害妇女权益行为并不限于此，其他诸如性骚扰行为，虐待行为，组织、强迫、引诱、容留、介绍妇女卖淫的行为，猥亵行为，家庭暴力行为等也需纳入强制报告的范围，未履行报告义务的责任主体也应受到相应处分。

强制报告义务的规定既是对妇女权益的必要保障，也是对负有保护义务的部门和组织及时、全面履行职责的一种督促。同样地，当未成年人、老人、残疾人等社会弱势群体的权益受到侵害、疑似受到侵害或者面临其他危险情形时，能够密切接触到这些弱势群体的部门或组织也都负有报告义务。这一点在《反家庭暴力法》《未成年人保护法》《关于建立侵害未成年人案件强制报告制度的意见（试行）》《国务院关于加强农村留守儿童关爱保护工作的意见》等法律、规范性文件中都有体现。

适用要点

本条在适用中应注意强制报告的义务主体是婚姻登记机关、乡镇人民政府、街道办事处、居民委员会、村民委员会、妇女联合会，具体由其工作人员履行这一报告义务。强制报告制度的实施具有强制性，责任主体未履行强制报告义务须承担相应的法律责任，由直接负责的主管人员和其他直接责任人员承担。实践中，当发现侵害妇女权益的行为时，任何组织和个人都可以向有关机关报告，但作为一般的组织和个人，检举、控告系其权利而非义务。此外，本条并未明确对直接负责的主管人员和其他直接责任人员予以处分的权力主体，参照《反家庭暴力法》《未成年人保护法》相关条款的规定，通常由上级主管部门或者所在单位行使。《反家庭暴力法》《未成年人保护法》都限定了处分的前提条件是“造成严重后果”，而本条未作这一限定，但应依据后果的严重程度决定采取何种具体的处分措施。

关联法规

《反家庭暴力法》第 35 条

《未成年人保护法》第 117 条

《国务院关于加强农村留守儿童关爱保护工作的意见》四、(一)

第八十条 【性骚扰行为人和监管失职单位的法律责任】违反本法规定,对妇女实施性骚扰的,由公安机关给予批评教育或者出具告诫书,并由所在单位依法给予处分。

学校、用人单位违反本法规定,未采取必要措施预防和制止性骚扰,造成妇女权益受到侵害或者社会影响恶劣的,由上级机关或者主管部门责令改正;拒不改正或者情节严重的,依法对直接负责的主管人员和其他直接责任人员给予处分。

条文解读

所谓性骚扰,是指在公开或非公开场合,以非性交为目的的猥亵或其他侵犯人身体,给对方造成一定的精神与身体伤害的行为。性骚扰的受侵害者通常为成年女性、未成年人,当然成年男性也可能成为性骚扰的受害者。《未成年人保护法》《未成年人学校保护规定》等法律、部门规章对未成年人遭受性骚扰的情况也作出了规范。

本条针对的是实施性骚扰的行为人以及监管失职的学校、用人单位的制裁。具体而言,一旦性骚扰行为发生,不仅公安机关应当对行为人给予批评教育或者出具告诫书,同时该行为人所在单位也应当依法给予其处分。学校、用人单位如违反规定,未采取必要措施预防和制止性骚扰,致使妇女权益受到侵害或者社会影响恶劣的,由上级机关或者主管部门责令改正;拒不改正或者情节严重的,直接负责的主管人员和其他直接责任人员将受到处分。

适用要点

本条涉及的是一般性骚扰行为的行政处罚,对行为人除了予以批评教育或出具告诫书外,对于情节恶劣者,公安机关应根据《治安管理处罚法》的规定予以行政拘留。对于构成犯罪的性骚扰行为则应追究其刑事责任,给受害人造成损失者也应承担相应的民事责任。

关联法规

《民法典》第1010条

《女职工劳动保护特别规定》第11条

《未成年人保护法》第40条

《未成年人学校保护规定》第18条、第24条、第36条、第42条、第53条

《治安管理处罚法》第44条

《刑法》第237条

第八十一条 【住宿经营者违反报告义务的法律责任】违反本法第二十六条规定,未履行报告等义务的,依法给予警告、责令停业整顿或者吊销营业执照、吊销相关许可证,并处一万元以上五万元以下罚款。

条文解读

本条主要是关于住宿经营者未履行报告义务的法律责任的规定。具体而言,当住宿经营者发现其经营场所内可能存在侵害妇女权益的违法

犯罪行为时,应当及时向公安机关报告,如未及时履行报告义务,将根据情节轻重受到相应的行政处罚。

上述强制报告义务可概括为以下四个方面:第一,强制报告责任主体规定在本法第 26 条,即住宿经营者。第二,强制报告的内容主要围绕可能侵害妇女权益的违法犯罪行为。第三,强制报告的接收对象为公安机关。第四,未履行强制报告义务的法律责任,即对住宿经营者予以警告、责令停业整顿或者吊销营业执照、吊销相关许可证,并处 1 万元以上 5 万元以下罚款的行政处罚。

旅馆、宾馆、酒店等住宿经营者在与消费者订立住宿合同时应当及时、准确地对住宿人员的信息进行登记。在住宿合同的履行过程中,住宿经营者不仅负有提供符合双方约定标准的主给付义务,还负有对住宿者的安全保障义务。因此,住宿经营者具备接触住宿者基本信息的便利条件,较易发现侵害法益的可疑情况。本条规定住宿经营者负有报告义务不仅有助于及时发现、制止违法犯罪行为和保护妇女合法权益,也有利于健全住宿服务规章制度。此外,《未成年人保护法》《治安管理处罚法》等也规定了住宿经营者针对未成年人的可疑违法犯罪行为的强制报告义务。

适用要点

本条在适用中应遵循比例原则,亦即住宿经营者未履行报告义务的行为应与其受到的行政处罚程度相当。实践中可根据住宿经营者的主观过错程度、经营管理规章制度和入住流程的规范性、发现的违法犯罪行为的严重程度及造成的损害后果等因素综合考量。此外,本条未明确对住宿经营者进行处罚的权力主体,参照《未成年人保护法》《旅馆业治安管理办法》的相关规定,应由市场监督管理、应急管理、公安等部门按照职责分工进行处罚。

关联法规

《未成年人保护法》第 16 条、第 57 条、第 122 条
《治安管理处罚法》第 57 条

案例指引

卢某卫与萍乡市公安局开发区分局、萍乡市人民政府治安行政处罚及行政复议案[1]

住宿经营者对住宿者的违法行为负有向公安机关报告的法定义务，其在明知住宿者利用住宿地点从事卖淫活动后，没有履行报告义务，也没有终止租赁行为，而是放任将房屋出租给住宿者继续从事卖淫行为，属容留他人卖淫，具有严重的社会危害性。

第八十二条 【贬低损害妇女人格行为的法律责任】违反本法规定，通过大众传播媒介或者其他方式贬低损害妇女人格的，由公安、网信、文化旅游、广播电视、新闻出版或者其他有关部门依据各自的职权责令改正，并依法给予行政处罚。

条文解读

本条是关于通过大众传播媒介或其他方式贬低损害妇女人格行为的法律责任的规定。

我国《民法典》规定自然人的人格尊严受法律保护，任何组织或者个人不得侵害。妇女的人格权亦应受到同等保护。当妇女有证据证明行为

---

[1] (2020)赣 0302 行初 66 号。

人正在实施或者即将实施侵害其人格权的违法行为,不及时制止将使合法权益受到难以弥补的损害的,可以向法院申请人格权禁令;当人格权确已遭受侵害的,受害人可以向人民法院请求行为人承担民事责任;行为人的侵权行为极其严重,构成犯罪的,被害人可向法院提起刑事自诉或者由检察机关代表国家向法院提起公诉,追究行为人相应的刑事责任。对于侵害不特定多数妇女人格权的行为,检察机关也可以发出检察建议,或者提起公益诉讼。

公安、网信、文化旅游、广播电视、新闻出版或者其他有关部门负有相关管理职责。当发现行为人通过大众传播媒介或者其他方式贬低损害妇女人格的,应依据各自的职权责令行为人改正,并依法给予行政处罚。

适用要点

本条在适用中应注意遵循比例原则,行政处罚措施的采取应当综合考虑行为人和受害人的职业、影响范围、过错程度,以及行为的目的、方式、后果等因素。

关联法规

《民法典》第 109 条、第 991 条、第 995 条、第 997 条

《最高人民检察院、中华全国妇女联合会关于建立共同推动保护妇女儿童权益工作合作机制的通知》第 6 条

案例指引

1. 衡水市公安局滨湖新区分局行政处罚案[1]

侵权行为人肆意在道路两侧灯杆处张贴数十张侮辱、诽谤的大字报。

[1] 滨湖公(彭)行罚决字〔2022〕0107 号。

该贬损妇女人格的行为已构成公然侮辱、捏造事实诽谤他人，公安机关应当对该行为予以纠正并且视情节轻重处以罚款。

2. 宁都县梅江镇激啼酒吧行政处罚案[1]

侵权行为人违反相关规定发布侮辱女性、违背社会公德的违法广告。该侵权行为影响极其恶劣，不仅贬损不特定多数妇女的人格且违背公序良俗及社会主义核心价值观。

3. 欧某芬与盘某棋名誉权纠纷案[2]

《妇女权益保障法》等法律规定，禁止通过大众传播媒介或者其他方式贬低损害妇女人格。侵权行为人以捏造的事实通过手机向被害妇女及其丈夫发送有损其人格的信息，属于以其他方式贬低损害妇女人格的行为，侵犯了被害妇女的名誉权，应承担相应的民事责任。

被害妇女有权要求法院判决侵权行为人以书面方式赔礼道歉，并且根据侵权行为人的过错程度、侵害手段、行为方式以及所造成的后果等确定精神损害抚慰金。尽管侵权行为人因贬损妇女人格受到相应的行政处罚，但行政处罚与民事诉讼分属不同的法律关系，因此不能免除侵权行为人承担相应的民事责任。

第八十三条　【用人单位侵害妇女合法权益行为的法律责任】用人单位违反本法第四十三条和第四十八条规定的，由人力资源和社会保障部门责令改正；拒不改正或者情节严重的，处一万元以上五万元以下罚款。

〔1〕（宁）市监（广）处〔2019〕3号。
〔2〕（2021）粤1223民初272号。

条文解读

本条是关于用人单位招录和用工期间歧视女性行为的法律责任的规定。具体而言，用人单位在招录员工时既不得以性别为由拒绝录(聘)用妇女，也不得差别化地提高对妇女的录(聘)用标准。对处于特殊生理时期的女职工应当给予特别保护待遇。当执行国家退休制度时，不得以性别为由歧视妇女。用人单位违反上述规定时，人力资源和社会保障部门应责令其改正或予以罚款的行政处罚。

妇女参与就业是实现妇女经济独立和人格独立的根本条件，但是妇女的生理特点导致其在参与就业时处于不利地位。因此，妇女的劳动权利不仅应当包括作为劳动者所应享有的一般劳动权利，还应当包括基于妇女的生理特点所应享有的特殊劳动权利。《民法典》《劳动法》《就业促进法》《女职工劳动保护特别规定》等法律法规都明确规定了妇女的平等就业权以及基于妇女生理特点的特殊劳动权利。当用人单位实施就业歧视，剥夺、限制妇女合法权益的，劳动行政部门应及时责令用人单位予以改正，并根据情节轻重处以罚款。用人单位侵害女性平等就业权、人格权等合法权益，造成财产损失或者其他损害的，应承担相应民事责任；构成犯罪的，依法追究刑事责任。

此外，受侵害妇女有权通过工会组织或直接向所在单位主管部门、劳动行政部门等投诉、举报、申诉，或者向劳动人事争议调解仲裁机构申请调解或仲裁，对仲裁裁决不服的，可依法向人民法院提起诉讼。

适用要点

本条在适用中应遵循比例原则。当用人单位在招录用工期间出现歧视妇女的情形时，人力资源和社会保障部门首先应督促用人单位及时予以改正，拒不改正或情节严重者再处以罚款。具体罚款数额要综合用人单位违法情节的轻重、所造成后果的严重程度等因素合理确定。

关联法规

《劳动法》第95条
《就业促进法》第62条、第68条
《工会法》第23条
《女职工劳动保护特别规定》第13-15条
《劳动保障监察条例》第11条、第23条
《就业服务与就业管理规定》第58条

案例指引

中源恒业国际劳务管理有限公司行政处罚案[1]

禁止职业中介机构有下列行为：(1)提供虚假就业信息；(2)发布的就业信息中包含歧视性内容；(3)伪造、涂改、转让职业中介许可证；(4)为无合法证照的用人单位提供职业中介服务；(5)介绍未满16周岁的未成年人就业；(6)为无合法身份证件的劳动者提供职业中介服务；(7)介绍劳动者从事法律、法规禁止从事的职业；(8)扣押劳动者的居民身份证和其他证件，或者向劳动者收取押金；(9)以暴力、胁迫、欺诈等方式进行职业中介活动；(10)超出核准的业务范围经营；(11)其他违反法律、法规规定的行为。

第八十四条　【国家机关及其工作人员未依法履职的法律责任】违反本法规定，对侵害妇女权益的申诉、控告、检举，推诿、拖延、压制不予查处，或者对提出申诉、控告、检举的人进行打击报复的，依法责令改正，并对直接负责的主管人员和其他直接责任人员给予处分。

---

〔1〕 锡人社察罚字〔2020〕第2号。

国家机关及其工作人员未依法履行职责，对侵害妇女权益的行为未及时制止或者未给予受害妇女必要帮助，造成严重后果的，依法对直接负责的主管人员和其他直接责任人员给予处分。

违反本法规定，侵害妇女人身和人格权益、文化教育权益、劳动和社会保障权益、财产权益以及婚姻家庭权益的，依法责令改正，直接负责的主管人员和其他直接责任人员属于国家工作人员的，依法给予处分。

条文解读

本条主要是针对国家机关及其工作人员未依法履行职责甚至侵害妇女合法权益行为的处分规定。

首先，申诉、控告和检举是有关侵害妇女权益信息的主要来源渠道，对此，国家机关及其工作人员应及时查处，如推诿、拖延、压制不予查处，甚至对申诉、控告、检举者进行打击报复的，应责令改正，并对直接负责的主管人员和其他直接责任人员予以处分。其次，在获知相关信息后，国家机关及其工作人员应及时采取措施保护受害妇女，未履行职责造成严重后果的，对直接负责的主管人员和其他直接责任人员予以相应处分。最后，国家机关及其工作人员有侵害妇女合法权益的行为时，应责令其改正，直接负责的主管人员及其他直接责任人员亦应受到处分。

适用要点

本条在适用中需遵循比例原则的要求，注意行政处分具体种类的采取应与国家工作人员的违法行为、情节轻重、损害后果相适应。另外，本条未明确处分责任的追究主体，应参照适用《公职人员政务处分法》的规定，由其上级机关、主管部门、任免机关、单位或者监察机关行使。

关联法规

《宪法》第 41 条
《公职人员政务处分法》第 32 条、第 62 条
《行政机关公务员处分条例》第 25 条

第八十五条 【行政责任、民事责任与刑事责任】违反本法规定,侵害妇女的合法权益,其他法律、法规规定行政处罚的,从其规定;造成财产损失或者人身损害的,依法承担民事责任;构成犯罪的,依法追究刑事责任。

条文解读

本条规定了侵害妇女合法权益行为的三类法律后果:一是根据相关法律法规的规定予以行政处罚;二是根据《民法典》及相关司法解释的规定承担民事责任;三是根据《刑法》及相关司法解释的规定追究刑事责任。

适用要点

本条在适用中需注意,民事主体因同一行为应当承担民事责任、行政责任和刑事责任的,承担行政责任或者刑事责任不影响承担民事责任;民事主体的财产不足以支付的,优先用于承担民事责任。

关联法规

《刑法》第 236 条、第 236 条之一、第 237 条、第 240 条、第 241 条
《民法典》第 120 条、第 179 条

案例指引

1. 上海司法机关依法严惩王某某地铁"咸猪手"强制猥亵案[1]

犯罪人为满足个人私欲,利用地铁车厢相对拥挤、不易察觉、较难避让的客观条件,利用被害女性当众羞于反抗的心理特点,在同一时段内先后对两名女性实施摸胸等猥亵行为,且其中一名为未成年女性,其行为已构成强制猥亵罪,依法应予惩处。

虽然被告人的行为相对于其他严重侵犯妇女身体的猥亵行为来说,恶性程度较轻,但其在公共场所公然实施上述行为,不仅侵害了被害人的人身权利,同时在一定程度上扰乱轨道交通的正常秩序,具有较大的危害性,社会影响恶劣。因此,犯罪人的行为已符合强制猥亵罪的构成要件,应当受到刑事处罚。公诉机关将"公共场所当众"作为入罪情节考虑,不再以加重情节重复评价,符合罪刑相适应的刑法基本原则,应予支持。

本案的判决展示了国家严厉打击任何领域侵害妇女儿童权益,特别是女童权益的违法犯罪行为的鲜明态度和坚定立场,适用刑法精准打击公共场所性骚扰,支持各级司法机关在惩治侵害妇女儿童违法犯罪过程中发挥更大的作用,改变了"咸猪手"行为最多依据治安管理处罚法予以行政拘留、得不到刑罚惩处的公众印象。

2. 张家口市公安局桥西分局行政处罚案[2]

侵权行为人在某小区室内对被害妇女实施性骚扰行为,在被害妇女挣脱后再次将其拖拽回室内对被害妇女实施猥亵骚扰行为,符合《治安管理处罚法》第 44 条的规定,公安机关依法对侵权行为人进行行政拘留 5 日的处罚。

---

[1] (2019)沪 0106 刑初 1296 号。

[2] 张西公(坊)行罚决字〔2019〕0625 号。

第十章　附　　则

第八十六条　【施行日期】本法自 2023 年 1 月 1 日起施行。

条文解读

本条是关于本法施行日期的规定。

法律施行日期，就是法律从何时开始生效的问题，这是所有法律都涉及的问题，大多数法律都规定生效日期条款。

法律的施行和法律的公布是两个不同概念。法律的公布是指经立法机关法定程序表决通过，由国家主席签署主席令的形式将法律向社会发布和公告。法律的施行是法律开始产生实际约束力，即法律规定的权利、法律规定义务开始发生效力。一般情况下，法律通过后会在当日公布，但法律的施行日期，往往并不与法律的通过、公布同步，需要根据实际需要来决定。本法本次修订，于 2022 年 10 月 30 日通过、公布，自 2023 年 1 月 1 日起施行。

附录

中华人民共和国民法典(节录)

(2020年5月28日第十三届全国人民代表大会第三次会议通过　2020年5月28日中华人民共和国主席令第45号公布自2021年1月1日起施行)

第五编　婚姻家庭

第一章　一般规定

第一千零四十条　【婚姻家庭编的调整范围】本编调整因婚姻家庭产生的民事关系。

第一千零四十一条　【基本原则】婚姻家庭受国家保护。

实行婚姻自由、一夫一妻、男女平等的婚姻制度。

保护妇女、未成年人、老年人、残疾人的合法权益。

第一千零四十二条　【婚姻家庭的禁止性规定】禁止包办、买卖婚姻和其他干涉婚姻自由的行为。禁止借婚姻索取财物。

禁止重婚。禁止有配偶者与他人同居。

禁止家庭暴力。禁止家庭成员间的虐待和遗弃。

第一千零四十三条　【婚姻家庭的倡导性规定】家庭应当树立优良家风,弘扬家庭美德,重视家庭文明建设。

夫妻应当互相忠实,互相尊重,互相关爱;家庭成员应当敬老爱幼,互相帮助,维护平等、和睦、文明的婚姻家庭关系。

第一千零四十四条　【收养的基本原则】收养应当遵循最有利于被收养人的原则,保障被收养人和收养人的合法权益。

禁止借收养名义买卖未成年人。

第一千零四十五条　【亲属、近亲属及家庭成员】亲属包括配偶、血亲和姻亲。

配偶、父母、子女、兄弟姐妹、祖父母、外祖父母、孙子女、外孙子女为近亲属。

配偶、父母、子女和其他共同生活的近亲属为家庭成员。

第二章　结　婚

第一千零四十六条　【结婚自愿】结婚应当男女双方完全自愿,禁止任何一方对另一方加以强迫,禁止任何组织或者个人加以干涉。

第一千零四十七条　【法定结婚年龄】结婚年龄,男不得早于二十二周岁,女不得早于二十周岁。

第一千零四十八条　【禁止结婚的情形】直系血亲或者三代以内的旁系血亲禁止结婚。

第一千零四十九条　【结婚登记】要求结婚的男女双方应当亲自到婚姻登记机关申请结婚登记。符合本法规定的,予以登记,发给结婚证。完成结婚登记,即确立婚姻关系。未办理结婚登记的,应当补办登记。

第一千零五十条　【婚后双方互为家庭成员】登记结婚后,按照男女双方约定,女方可以成为男方家庭的成员,男方可以成为女方家庭的成员。

第一千零五十一条　【婚姻无效的情形】有下列情形之一的,婚姻无效:

(一)重婚;

(二)有禁止结婚的亲属关系;

(三)未到法定婚龄。

第一千零五十二条　【胁迫的可撤销婚姻】因胁迫结婚的,受胁迫的一方可以向人民法院请求撤销婚姻。

请求撤销婚姻的,应当自胁迫行为终止之日起一年内提出。

被非法限制人身自由的当事人请求撤销婚姻的,应当自恢复人身自由之日起一年内提出。

第一千零五十三条 【隐瞒疾病的可撤销婚姻】一方患有重大疾病的，应当在结婚登记前如实告知另一方；不如实告知的，另一方可以向人民法院请求撤销婚姻。

请求撤销婚姻的，应当自知道或者应当知道撤销事由之日起一年内提出。

第一千零五十四条 【婚姻无效和被撤销的法律后果】无效的或者被撤销的婚姻自始没有法律约束力，当事人不具有夫妻的权利和义务。同居期间所得的财产，由当事人协议处理；协议不成的，由人民法院根据照顾无过错方的原则判决。对重婚导致的无效婚姻的财产处理，不得侵害合法婚姻当事人的财产权益。当事人所生的子女，适用本法关于父母子女的规定。

婚姻无效或者被撤销的，无过错方有权请求损害赔偿。

第三章 家庭关系

第一节 夫妻关系

第一千零五十五条 【夫妻地位平等】夫妻在婚姻家庭中地位平等。

第一千零五十六条 【夫妻姓名权】夫妻双方都有各自使用自己姓名的权利。

第一千零五十七条 【夫妻人身自由权】夫妻双方都有参加生产、工作、学习和社会活动的自由，一方不得对另一方加以限制或者干涉。

第一千零五十八条 【夫妻抚养、教育和保护子女的权利义务平等】夫妻双方平等享有对未成年子女抚养、教育和保护的权利，共同承担对未成年子女抚养、教育和保护的义务。

第一千零五十九条 【夫妻相互扶养义务】夫妻有相互扶养的义务。

需要扶养的一方，在另一方不履行扶养义务时，有要求其给付扶养费的权利。

第一千零六十条 【日常家事代理权】夫妻一方因家庭日常生活需要

而实施的民事法律行为，对夫妻双方发生效力，但是夫妻一方与相对人另有约定的除外。

夫妻之间对一方可以实施的民事法律行为范围的限制，不得对抗善意相对人。

第一千零六十一条　【夫妻相互继承权】夫妻有相互继承遗产的权利。

第一千零六十二条　【夫妻共同财产】夫妻在婚姻关系存续期间所得的下列财产，为夫妻的共同财产，归夫妻共同所有：

（一）工资、奖金、劳务报酬；

（二）生产、经营、投资的收益；

（三）知识产权的收益；

（四）继承或者受赠的财产，但是本法第一千零六十三条第三项规定的除外；

（五）其他应当归共同所有的财产。

夫妻对共同财产，有平等的处理权。

第一千零六十三条　【夫妻个人财产】下列财产为夫妻一方的个人财产：

（一）一方的婚前财产；

（二）一方因受到人身损害获得的赔偿或者补偿；

（三）遗嘱或者赠与合同中确定只归一方的财产；

（四）一方专用的生活用品；

（五）其他应当归一方的财产。

第一千零六十四条　【夫妻共同债务】夫妻双方共同签名或者夫妻一方事后追认等共同意思表示所负的债务，以及夫妻一方在婚姻关系存续期间以个人名义为家庭日常生活需要所负的债务，属于夫妻共同债务。

夫妻一方在婚姻关系存续期间以个人名义超出家庭日常生活需要所负的债务，不属于夫妻共同债务；但是，债权人能够证明该债务用于夫妻共同生活、共同生产经营或者基于夫妻双方共同意思表示的除外。

第一千零六十五条　【夫妻约定财产制】男女双方可以约定婚姻关系存续期间所得的财产以及婚前财产归各自所有、共同所有或者部分各自所有、部分共同所有。约定应当采用书面形式。没有约定或者约定不明确的,适用本法第一千零六十二条、第一千零六十三条的规定。

夫妻对婚姻关系存续期间所得的财产以及婚前财产的约定,对双方具有法律约束力。

夫妻对婚姻关系存续期间所得的财产约定归各自所有,夫或者妻一方对外所负的债务,相对人知道该约定的,以夫或者妻一方的个人财产清偿。

第一千零六十六条　【婚姻关系存续期间夫妻共同财产的分割】婚姻关系存续期间,有下列情形之一的,夫妻一方可以向人民法院请求分割共同财产:

(一)一方有隐藏、转移、变卖、毁损、挥霍夫妻共同财产或者伪造夫妻共同债务等严重损害夫妻共同财产利益的行为;

(二)一方负有法定扶养义务的人患重大疾病需要医治,另一方不同意支付相关医疗费用。

第二节　父母子女关系和其他近亲属关系

第一千零六十七条　【父母的抚养义务和子女的赡养义务】父母不履行抚养义务的,未成年子女或者不能独立生活的成年子女,有要求父母给付抚养费的权利。

成年子女不履行赡养义务的,缺乏劳动能力或者生活困难的父母,有要求成年子女给付赡养费的权利。

第一千零六十八条　【父母教育、保护未成年子女的权利义务】父母有教育、保护未成年子女的权利和义务。未成年子女造成他人损害的,父母应当依法承担民事责任。

第一千零六十九条　【子女应尊重父母的婚姻权利】子女应当尊重父母的婚姻权利,不得干涉父母离婚、再婚以及婚后的生活。子女对父母的赡养义务,不因父母的婚姻关系变化而终止。

第一千零七十条　【父母子女相互继承权】父母和子女有相互继承遗产的权利。

第一千零七十一条　【非婚生子女的权利】非婚生子女享有与婚生子女同等的权利,任何组织或者个人不得加以危害和歧视。

不直接抚养非婚生子女的生父或者生母,应当负担未成年子女或者不能独立生活的成年子女的抚养费。

第一千零七十二条　【继父母与继子女间的权利义务关系】继父母与继子女间,不得虐待或者歧视。

继父或者继母和受其抚养教育的继子女间的权利义务关系,适用本法关于父母子女关系的规定。

第一千零七十三条　【亲子关系异议之诉】对亲子关系有异议且有正当理由的,父或者母可以向人民法院提起诉讼,请求确认或者否认亲子关系。

对亲子关系有异议且有正当理由的,成年子女可以向人民法院提起诉讼,请求确认亲子关系。

第一千零七十四条　【祖孙之间的抚养、赡养义务】有负担能力的祖父母、外祖父母,对于父母已经死亡或者父母无力抚养的未成年孙子女、外孙子女,有抚养的义务。

有负担能力的孙子女、外孙子女,对于子女已经死亡或者子女无力赡养的祖父母、外祖父母,有赡养的义务。

第一千零七十五条　【兄弟姐妹间的扶养义务】有负担能力的兄、姐,对于父母已经死亡或者父母无力抚养的未成年弟、妹,有扶养的义务。

由兄、姐扶养长大的有负担能力的弟、妹,对于缺乏劳动能力又缺乏生活来源的兄、姐,有扶养的义务。

第四章　离　　婚

第一千零七十六条　【协议离婚】夫妻双方自愿离婚的,应当签订书面离婚协议,并亲自到婚姻登记机关申请离婚登记。

离婚协议应当载明双方自愿离婚的意思表示和对子女抚养、财产以及债务处理等事项协商一致的意见。

第一千零七十七条 【离婚冷静期】自婚姻登记机关收到离婚登记申请之日起三十日内,任何一方不愿意离婚的,可以向婚姻登记机关撤回离婚登记申请。

前款规定期限届满后三十日内,双方应当亲自到婚姻登记机关申请发给离婚证;未申请的,视为撤回离婚登记申请。

第一千零七十八条 【协议离婚登记】婚姻登记机关查明双方确实是自愿离婚,并已经对子女抚养、财产以及债务处理等事项协商一致的,予以登记,发给离婚证。

第一千零七十九条 【诉讼离婚】夫妻一方要求离婚的,可以由有关组织进行调解或者直接向人民法院提起离婚诉讼。

人民法院审理离婚案件,应当进行调解;如果感情确已破裂,调解无效的,应当准予离婚。

有下列情形之一,调解无效的,应当准予离婚:

(一)重婚或者与他人同居;

(二)实施家庭暴力或者虐待、遗弃家庭成员;

(三)有赌博、吸毒等恶习屡教不改;

(四)因感情不和分居满二年;

(五)其他导致夫妻感情破裂的情形。

一方被宣告失踪,另一方提起离婚诉讼的,应当准予离婚。

经人民法院判决不准离婚后,双方又分居满一年,一方再次提起离婚诉讼的,应当准予离婚。

第一千零八十条 【婚姻关系解除时间】完成离婚登记,或者离婚判决书、调解书生效,即解除婚姻关系。

第一千零八十一条 【军婚的保护】现役军人的配偶要求离婚,应当征得军人同意，但是军人一方有重大过错的除外。

第一千零八十二条　【男方离婚诉权的限制】女方在怀孕期间、分娩后一年内或者终止妊娠后六个月内，男方不得提出离婚；但是，女方提出离婚或者人民法院认为确有必要受理男方离婚请求的除外。

第一千零八十三条　【复婚登记】离婚后，男女双方自愿恢复婚姻关系的，应当到婚姻登记机关重新进行结婚登记。

第一千零八十四条　【离婚后的父母子女关系】父母与子女间的关系，不因父母离婚而消除。离婚后，子女无论由父或者母直接抚养，仍是父母双方的子女。

离婚后，父母对于子女仍有抚养、教育、保护的权利和义务。

离婚后，不满两周岁的子女，以由母亲直接抚养为原则。已满两周岁的子女，父母双方对抚养问题协议不成的，由人民法院根据双方的具体情况，按照最有利于未成年子女的原则判决。子女已满八周岁的，应当尊重其真实意愿。

第一千零八十五条　【离婚后子女抚养费的负担】离婚后，子女由一方直接抚养的，另一方应当负担部分或者全部抚养费。负担费用的多少和期限的长短，由双方协议；协议不成的，由人民法院判决。

前款规定的协议或者判决，不妨碍子女在必要时向父母任何一方提出超过协议或者判决原定数额的合理要求。

第一千零八十六条　【父母的探望权】离婚后，不直接抚养子女的父或者母，有探望子女的权利，另一方有协助的义务。

行使探望权利的方式、时间由当事人协议；协议不成的，由人民法院判决。

父或者母探望子女，不利于子女身心健康的，由人民法院依法中止探望；中止的事由消失后，应当恢复探望。

第一千零八十七条　【离婚时夫妻共同财产的处理】离婚时，夫妻的共同财产由双方协议处理；协议不成的，由人民法院根据财产的具体情况,按照照顾子女、女方和无过错方权益的原则判决。

对夫或者妻在家庭土地承包经营中享有的权益等,应当依法予以保护。

第一千零八十八条 【离婚经济补偿】夫妻一方因抚育子女、照料老年人、协助另一方工作等负担较多义务的,离婚时有权向另一方请求补偿,另一方应当给予补偿。具体办法由双方协议;协议不成的,由人民法院判决。

第一千零八十九条 【离婚时夫妻共同债务清偿】离婚时,夫妻共同债务应当共同偿还。共同财产不足清偿或者财产归各自所有的,由双方协议清偿;协议不成的,由人民法院判决。

第一千零九十条 【离婚经济帮助】离婚时,如果一方生活困难,有负担能力的另一方应当给予适当帮助。具体办法由双方协议;协议不成的,由人民法院判决。

第一千零九十一条 【离婚过错赔偿】有下列情形之一,导致离婚的,无过错方有权请求损害赔偿:

(一)重婚;

(二)与他人同居;

(三)实施家庭暴力;

(四)虐待、遗弃家庭成员;

(五)有其他重大过错。

第一千零九十二条 【一方侵害夫妻共同财产的法律后果】夫妻一方隐藏、转移、变卖、毁损、挥霍夫妻共同财产,或者伪造夫妻共同债务企图侵占另一方财产的,在离婚分割夫妻共同财产时,对该方可以少分或者不分。离婚后,另一方发现有上述行为的,可以向人民法院提起诉讼,请求再次分割夫妻共同财产。

中华人民共和国反家庭暴力法

（2015 年 12 月 27 日第十二届全国人民代表大会常务委员会第十八次会议通过　2015 年 12 月 27 日中华人民共和国主席令第 37 号公布　自 2016 年 3 月 1 日起施行）

目　录

第一章　总　　则

第一条　【立法目的】为了预防和制止家庭暴力，保护家庭成员的合法权益，维护平等、和睦、文明的家庭关系，促进家庭和谐、社会稳定，制定本法。

第二条　【定义】本法所称家庭暴力，是指家庭成员之间以殴打、捆绑、残害、限制人身自由以及经常性谩骂、恐吓等方式实施的身体、精神等侵害行为。

第三条　【家庭成员之间的义务】家庭成员之间应当互相帮助，互相关爱，和睦相处，履行家庭义务。

反家庭暴力是国家、社会和每个家庭的共同责任。

国家禁止任何形式的家庭暴力。

第四条 【政府职责】县级以上人民政府负责妇女儿童工作的机构，负责组织、协调、指导、督促有关部门做好反家庭暴力工作。

县级以上人民政府有关部门、司法机关、人民团体、社会组织、居民委员会、村民委员会、企业事业单位，应当依照本法和有关法律规定，做好反家庭暴力工作。

各级人民政府应当对反家庭暴力工作给予必要的经费保障。

第五条 【反家庭暴力工作的原则】反家庭暴力工作遵循预防为主，教育、矫治与惩处相结合原则。

反家庭暴力工作应当尊重受害人真实意愿，保护当事人隐私。

未成年人、老年人、残疾人、孕期和哺乳期的妇女、重病患者遭受家庭暴力的，应当给予特殊保护。

第二章 家庭暴力的预防

第六条 【宣传教育】国家开展家庭美德宣传教育，普及反家庭暴力知识，增强公民反家庭暴力意识。

工会、共产主义青年团、妇女联合会、残疾人联合会应当在各自工作范围内，组织开展家庭美德和反家庭暴力宣传教育。

广播、电视、报刊、网络等应当开展家庭美德和反家庭暴力宣传。

学校、幼儿园应当开展家庭美德和反家庭暴力教育。

第七条 【业务培训、统计】县级以上人民政府有关部门、司法机关、妇女联合会应当将预防和制止家庭暴力纳入业务培训和统计工作。

医疗机构应当做好家庭暴力受害人的诊疗记录。

第八条 【乡镇人民政府、街道办事处的职责】乡镇人民政府、街道办事处应当组织开展家庭暴力预防工作，居民委员会、村民委员会、社会工作服务机构应当予以配合协助。

第九条 【政府支持】各级人民政府应当支持社会工作服务机构等社会组织开展心理健康咨询、家庭关系指导、家庭暴力预防知识教育等服务。

第十条　【调解家庭纠纷】人民调解组织应当依法调解家庭纠纷，预防和减少家庭暴力的发生。

第十一条　【用人单位的职责】用人单位发现本单位人员有家庭暴力情况的，应当给予批评教育，并做好家庭矛盾的调解、化解工作。

第十二条　【监护人的职责】未成年人的监护人应当以文明的方式进行家庭教育，依法履行监护和教育职责，不得实施家庭暴力。

第三章　家庭暴力的处置

第十三条　【投诉、反映和求助】家庭暴力受害人及其法定代理人、近亲属可以向加害人或者受害人所在单位、居民委员会、村民委员会、妇女联合会等单位投诉、反映或者求助。有关单位接到家庭暴力投诉、反映或者求助后，应当给予帮助、处理。

家庭暴力受害人及其法定代理人、近亲属也可以向公安机关报案或者依法向人民法院起诉。

单位、个人发现正在发生的家庭暴力行为，有权及时劝阻。

第十四条　【报案】学校、幼儿园、医疗机构、居民委员会、村民委员会、社会工作服务机构、救助管理机构、福利机构及其工作人员在工作中发现无民事行为能力人、限制民事行为能力人遭受或者疑似遭受家庭暴力的，应当及时向公安机关报案。公安机关应当对报案人的信息予以保密。

第十五条　【公安机关接到报案后的工作】公安机关接到家庭暴力报案后应当及时出警，制止家庭暴力，按照有关规定调查取证，协助受害人就医、鉴定伤情。

无民事行为能力人、限制民事行为能力人因家庭暴力身体受到严重伤害、面临人身安全威胁或者处于无人照料等危险状态的，公安机关应当通知并协助民政部门将其安置到临时庇护场所、救助管理机构或者福利机构。

第十六条　【告诫书的出具和内容】家庭暴力情节较轻，依法不给予治安管理处罚的，由公安机关对加害人给予批评教育或者出具告诫书。

告诫书应当包括加害人的身份信息、家庭暴力的事实陈述、禁止加害人实施家庭暴力等内容。

第十七条　【告诫书的送达】公安机关应当将告诫书送交加害人、受害人，并通知居民委员会、村民委员会。

居民委员会、村民委员会、公安派出所应当对收到告诫书的加害人、受害人进行查访，监督加害人不再实施家庭暴力。

第十八条　【设立临时庇护场所】县级或者设区的市级人民政府可以单独或者依托救助管理机构设立临时庇护场所，为家庭暴力受害人提供临时生活帮助。

第十九条　【法律援助和诉讼费用的缓减免】法律援助机构应当依法为家庭暴力受害人提供法律援助。

人民法院应当依法对家庭暴力受害人缓收、减收或者免收诉讼费用。

第二十条　【人民法院对家庭暴力事实的认定依据】人民法院审理涉及家庭暴力的案件，可以根据公安机关出警记录、告诫书、伤情鉴定意见等证据，认定家庭暴力事实。

第二十一条　【监护人资格的撤销】监护人实施家庭暴力严重侵害被监护人合法权益的，人民法院可以根据被监护人的近亲属、居民委员会、村民委员会、县级人民政府民政部门等有关人员或者单位的申请，依法撤销其监护人资格，另行指定监护人。

被撤销监护人资格的加害人，应当继续负担相应的赡养、扶养、抚养费用。

第二十二条　【对加害人进行法治教育】工会、共产主义青年团、妇女联合会、残疾人联合会、居民委员会、村民委员会等应当对实施家庭暴力的加害人进行法治教育，必要时可以对加害人、受害人进行心理辅导。

第四章　人身安全保护令

第二十三条　【申请人身安全保护令】当事人因遭受家庭暴力或者面临家庭暴力的现实危险，向人民法院申请人身安全保护令的，人民法院应当受理。

当事人是无民事行为能力人、限制民事行为能力人，或者因受到强制、威吓等原因无法申请人身安全保护令的，其近亲属、公安机关、妇女联合会、居民委员会、村民委员会、救助管理机构可以代为申请。

第二十四条　【申请方式】申请人身安全保护令应当以书面方式提出；书面申请确有困难的，可以口头申请，由人民法院记入笔录。

第二十五条　【管辖法院】人身安全保护令案件由申请人或者被申请人居住地、家庭暴力发生地的基层人民法院管辖。

第二十六条　【以裁定形式作出】人身安全保护令由人民法院以裁定形式作出。

第二十七条　【作出人身安全保护令的条件】作出人身安全保护令，应当具备下列条件：

（一）有明确的被申请人；

（二）有具体的请求；

（三）有遭受家庭暴力或者面临家庭暴力现实危险的情形。

第二十八条　【作出人身安全保护令或者驳回申请的时限】人民法院受理申请后，应当在七十二小时内作出人身安全保护令或者驳回申请；情况紧急的，应当在二十四小时内作出。

第二十九条　【措施】人身安全保护令可以包括下列措施：

（一）禁止被申请人实施家庭暴力；

（二）禁止被申请人骚扰、跟踪、接触申请人及其相关近亲属；

（三）责令被申请人迁出申请人住所；

（四）保护申请人人身安全的其他措施。

第三十条　【有效期】人身安全保护令的有效期不超过六个月，自作出之日起生效。人身安全保护令失效前，人民法院可以根据申请人的申请撤销、变更或者延长。

第三十一条　【复议】申请人对驳回申请不服或者被申请人对人身安全保护令不服的，可以自裁定生效之日起五日内向作出裁定的人民法院申请复议一次。人民法院依法作出人身安全保护令的,复议期间不停止人身安全保护令的执行。

第三十二条 【送达】人民法院作出人身安全保护令后,应当送达申请人、被申请人、公安机关以及居民委员会、村民委员会等有关组织。人身安全保护令由人民法院执行,公安机关以及居民委员会、村民委员会等应当协助执行。

第五章 法律责任

第三十三条 【实施家庭暴力的法律责任】加害人实施家庭暴力,构成违反治安管理行为的,依法给予治安管理处罚;构成犯罪的,依法追究刑事责任。

第三十四条 【被申请人违反人身安全保护令的法律责任】被申请人违反人身安全保护令,构成犯罪的,依法追究刑事责任;尚不构成犯罪的,人民法院应当给予训诫,可以根据情节轻重处以一千元以下罚款、十五日以下拘留。

第三十五条 【不依据规定向公安机关报案的法律责任】学校、幼儿园、医疗机构、居民委员会、村民委员会、社会工作服务机构、救助管理机构、福利机构及其工作人员未依照本法第十四条规定向公安机关报案,造成严重后果的,由上级主管部门或者本单位对直接负责的主管人员和其他直接责任人员依法给予处分。

第三十六条 【国家工作人员违反职责的法律责任】负有反家庭暴力职责的国家工作人员玩忽职守、滥用职权、徇私舞弊的,依法给予处分;构成犯罪的,依法追究刑事责任。

第六章 附 则

第三十七条 【参照适用】家庭成员以外共同生活的人之间实施的暴力行为,参照本法规定执行。

第三十八条 【施行日期】本法自 2016 年 3 月 1 日起施行。

女职工劳动保护特别规定

（2012年4月28日国务院令第619号公布施行）

第一条　为了减少和解决女职工在劳动中因生理特点造成的特殊困难，保护女职工健康，制定本规定。

第二条　中华人民共和国境内的国家机关、企业、事业单位、社会团体、个体经济组织以及其他社会组织等用人单位及其女职工，适用本规定。

第三条　用人单位应当加强女职工劳动保护，采取措施改善女职工劳动安全卫生条件，对女职工进行劳动安全卫生知识培训。

第四条　用人单位应当遵守女职工禁忌从事的劳动范围的规定。用人单位应当将本单位属于女职工禁忌从事的劳动范围的岗位书面告知女职工。

女职工禁忌从事的劳动范围由本规定附录列示。国务院安全生产监督管理部门会同国务院人力资源社会保障行政部门、国务院卫生行政部门根据经济社会发展情况，对女职工禁忌从事的劳动范围进行调整。

第五条　用人单位不得因女职工怀孕、生育、哺乳降低其工资、予以辞退、与其解除劳动或者聘用合同。

第六条　女职工在孕期不能适应原劳动的，用人单位应当根据医疗机构的证明，予以减轻劳动量或者安排其他能够适应的劳动。

对怀孕7个月以上的女职工，用人单位不得延长劳动时间或者安排夜班劳动，并应当在劳动时间内安排一定的休息时间。

怀孕女职工在劳动时间内进行产前检查，所需时间计入劳动时间。

第七条　女职工生育享受98天产假，其中产前可以休假15天；难产的，增加产假15天；生育多胞胎的，每多生育1个婴儿，增加产假15天。

女职工怀孕未满 4 个月流产的,享受 15 天产假;怀孕满 4 个月流产的,享受 42 天产假。

第八条 女职工产假期间的生育津贴,对已经参加生育保险的,按照用人单位上年度职工月平均工资的标准由生育保险基金支付;对未参加生育保险的,按照女职工产假前工资的标准由用人单位支付。

女职工生育或者流产的医疗费用,按照生育保险规定的项目和标准,对已经参加生育保险的,由生育保险基金支付;对未参加生育保险的,由用人单位支付。

第九条 对哺乳未满 1 周岁婴儿的女职工,用人单位不得延长劳动时间或者安排夜班劳动。

用人单位应当在每天的劳动时间内为哺乳期女职工安排 1 小时哺乳时间;女职工生育多胞胎的,每多哺乳 1 个婴儿每天增加 1 小时哺乳时间。

第十条 女职工比较多的用人单位应当根据女职工的需要,建立女职工卫生室、孕妇休息室、哺乳室等设施,妥善解决女职工在生理卫生、哺乳方面的困难。

第十一条 在劳动场所,用人单位应当预防和制止对女职工的性骚扰。

第十二条 县级以上人民政府人力资源社会保障行政部门、安全生产监督管理部门按照各自职责负责对用人单位遵守本规定的情况进行监督检查。

工会、妇女组织依法对用人单位遵守本规定的情况进行监督。

第十三条 用人单位违反本规定第六条第二款、第七条、第九条第一款规定的,由县级以上人民政府人力资源社会保障行政部门责令限期改正,按照受侵害女职工每人 1000 元以上 5000 元以下的标准计算,处以罚款。

用人单位违反本规定附录第一条、第二条规定的,由县级以上人民政府安全生产监督管理部门责令限期改正,按照受侵害女职工每人 1000 元以上 5000 元以下的标准计算,处以罚款。用人单位违反本规定附录第三条、第四条规定的,由县级以上人民政府安全生产监督管理部门责令限期治理,处 5 万元以上 30 万元以下的罚款;情节严重的,责令停止有关作业,或者提请有关人民政府按照国务院规定的权限责令关闭。

第十四条　用人单位违反本规定,侵害女职工合法权益的,女职工可以依法投诉、举报、申诉,依法向劳动人事争议调解仲裁机构申请调解仲裁,对仲裁裁决不服的,依法向人民法院提起诉讼。

第十五条　用人单位违反本规定,侵害女职工合法权益,造成女职工损害的,依法给予赔偿;用人单位及其直接负责的主管人员和其他直接责任人员构成犯罪的,依法追究刑事责任。

第十六条　本规定自公布之日起施行。1988 年 7 月 21 日国务院发布的《女职工劳动保护规定》同时废止。

附录:

女职工禁忌从事的劳动范围

一、女职工禁忌从事的劳动范围:

(一)矿山井下作业;

(二)体力劳动强度分级标准中规定的第四级体力劳动强度的作业;

(三)每小时负重 6 次以上、每次负重超过 20 公斤的作业,或者间断负重、每次负重超过 25 公斤的作业。

二、女职工在经期禁忌从事的劳动范围:

(一)冷水作业分级标准中规定的第二级、第三级、第四级冷水作业;

(二)低温作业分级标准中规定的第二级、第三级、第四级低温作业;

(三)体力劳动强度分级标准中规定的第三级、第四级体力劳动强度的作业;

(四)高处作业分级标准中规定的第三级、第四级高处作业。

三、女职工在孕期禁忌从事的劳动范围：

（一）作业场所空气中铅及其化合物、汞及其化合物、苯、镉、铍、砷、氰化物、氮氧化物、一氧化碳、二硫化碳、氯、己内酰胺、氯丁二烯、氯乙烯、环氧乙烷、苯胺、甲醛等有毒物质浓度超过国家职业卫生标准的作业；

（二）从事抗癌药物、己烯雌酚生产，接触麻醉剂气体等的作业；

（三）非密封源放射性物质的操作，核事故与放射事故的应急处置；

（四）高处作业分级标准中规定的高处作业；

（五）冷水作业分级标准中规定的冷水作业；

（六）低温作业分级标准中规定的低温作业；

（七）高温作业分级标准中规定的第三级、第四级的作业；

（八）噪声作业分级标准中规定的第三级、第四级的作业；

（九）体力劳动强度分级标准中规定的第三级、第四级体力劳动强度的作业；

（十）在密闭空间、高压室作业或者潜水作业，伴有强烈振动的作业，或者需要频繁弯腰、攀高、下蹲的作业。

四、女职工在哺乳期禁忌从事的劳动范围：

（一）孕期禁忌从事的劳动范围的第一项、第三项、第九项；

（二）作业场所空气中锰、氟、溴、甲醇、有机磷化合物、有机氯化合物等有毒物质浓度超过国家职业卫生标准的作业。

关于依法办理家庭暴力犯罪案件的意见

（2015 年 3 月 2 日发布　法发〔2015〕4 号）

发生在家庭成员之间，以及具有监护、扶养、寄养、同居等关系的共同生活人员之间的家庭暴力犯罪，严重侵害公民人身权利，破坏家庭关系，影响社会和谐稳定。人民法院、人民检察院、公安机关、司法行政机关应当严格履行职责,充分运用法律,积极预防和有效惩治各种家庭暴力犯罪,切实保障人权,维护社会秩序。为此,根据刑法、刑事诉讼法、婚姻法、未成年人保护法、老年人权益保障法、妇女权益保障法等法律,结合司法实践经验,制定本意见。

一、基本原则

1. 依法及时、有效干预。针对家庭暴力持续反复发生,不断恶化升级的特点,人民法院、人民检察院、公安机关、司法行政机关对已发现的家庭暴力,应当依法采取及时、有效的措施,进行妥善处理,不能以家庭暴力发生在家庭成员之间,或者属于家务事为由而置之不理,互相推诿。

2. 保护被害人安全和隐私。办理家庭暴力犯罪案件,应当首先保护被害人的安全。通过对被害人进行紧急救治、临时安置,以及对施暴人采取刑事强制措施、判处刑罚、宣告禁止令等措施,制止家庭暴力并防止再次发生,消除家庭暴力的现实侵害和潜在危险。对与案件有关的个人隐私,应当保密,但法律有特别规定的除外。

3. 尊重被害人意愿。办理家庭暴力犯罪案件,既要严格依法进行,也要尊重被害人的意愿。在立案、采取刑事强制措施、提起公诉、判处刑罚、减刑、假释时,应当充分听取被害人意见,在法律规定的范围内作出合情、合理的处理。对法律规定可以调解、和解的案件,应当在当事人双方自愿的基础上进行调解、和解。

4. 对未成年人、老年人、残疾人、孕妇、哺乳期妇女、重病患者特殊保护。办理家庭暴力犯罪案件,应当根据法律规定和案件情况,通过代为告诉、法律援助等措施,加大对未成年人、老年人、残疾人、孕妇、哺乳期妇女、重病患者的司法保护力度,切实保障他们的合法权益。

二、案件受理

5. 积极报案、控告和举报。依照刑事诉讼法第一百零八条第一款"任何单位和个人发现有犯罪事实或者犯罪嫌疑人,有权利也有义务向公安机关、人民检察院或者人民法院报案或者举报"的规定,家庭暴力被害人及其亲属、朋友、邻居、同事,以及村(居)委会、人民调解委员会、妇联、共青团、残联、医院、学校、幼儿园等单位、组织，发现家庭暴力，有权利也有义务及时向公安机关、人民检察院、人民法院报案、控告或者举报。

公安机关、人民检察院、人民法院对于报案人、控告人和举报人不愿意公开自己的姓名和报案、控告、举报行为的，应当为其保守秘密，保护报案人、控告人和举报人的安全。

6. 迅速审查、立案和转处。公安机关、人民检察院、人民法院接到家庭暴力的报案、控告或者举报后，应当立即问明案件的初步情况，制作笔录，迅速进行审查，按照刑事诉讼法关于立案的规定，根据自己的管辖范围，决定是否立案。对于符合立案条件的，要及时立案。对于可能构成犯罪但不属于自己管辖的，应当移送主管机关处理，并且通知报案人、控告人或者举报人；对于不属于自己管辖而又必须采取紧急措施的，应当先采取紧急措施，然后移送主管机关。

经审查，对于家庭暴力行为尚未构成犯罪，但属于违反治安管理行为的，应当将案件移送公安机关，依照治安管理处罚法的规定进行处理，同时告知被害人可以向人民调解委员会提出申请，或者向人民法院提起民事诉讼，要求施暴人承担停止侵害、赔礼道歉、赔偿损失等民事责任。

7. 注意发现犯罪案件。公安机关在处理人身伤害、虐待、遗弃等行政案件过程中，人民法院在审理婚姻家庭、继承、侵权责任纠纷等民事案件过程中，应当注意发现可能涉及的家庭暴力犯罪。一旦发现家庭暴力犯罪线索，公安机关应当将案件转为刑事案件办理，人民法院应当将案件移送公安机关；属于自诉案件的，公安机关、人民法院应当告知被害人提起自诉。

8. 尊重被害人的程序选择权。对于被害人有证据证明的轻微家庭暴力犯罪案件，在立案审查时，应当尊重被害人选择公诉或者自诉的权利。被害人要求公安机关处理的，公安机关应当依法立案、侦查。在侦查过程中，被害人不再要求公安机关处理或者要求转为自诉案件的，应当告知被害人向公安机关提交书面申请。经审查确系被害人自愿提出的，公安机关应当依法撤销案件。被害人就这类案件向人民法院提起自诉的，人民法院应当依法受理。

9. 通过代为告诉充分保障被害人自诉权。对于家庭暴力犯罪自诉案件,被害人无法告诉或者不能亲自告诉的,其法定代理人、近亲属可以告诉或者代为告诉;被害人是无行为能力人、限制行为能力人,其法定代理人、近亲属没有告诉或者代为告诉的,人民检察院可以告诉;侮辱、暴力干涉婚姻自由等告诉才处理的案件,被害人因受强制、威吓无法告诉的,人民检察院也可以告诉。人民法院对告诉或者代为告诉的,应当依法受理。

10. 切实加强立案监督。人民检察院要切实加强对家庭暴力犯罪案件的立案监督,发现公安机关应当立案而不立案的,或者被害人及其法定代理人、近亲属,有关单位、组织就公安机关不予立案向人民检察院提出异议的,人民检察院应当要求公安机关说明不立案的理由。人民检察院认为不立案理由不成立的,应当通知公安机关立案,公安机关接到通知后应当立案;认为不立案理由成立的,应当将理由告知提出异议的被害人及其法定代理人、近亲属或者有关单位、组织。

11. 及时、全面收集证据。公安机关在办理家庭暴力案件时,要充分、全面地收集、固定证据,除了收集现场的物证、被害人陈述、证人证言等证据外,还应当注意及时向村(居)委会、人民调解委员会、妇联、共青团、残联、医院、学校、幼儿园等单位、组织的工作人员,以及被害人的亲属、邻居等收集涉及家庭暴力的处理记录、病历、照片、视频等证据。

12. 妥善救治、安置被害人。人民法院、人民检察院、公安机关等负有保护公民人身安全职责的单位和组织,对因家庭暴力受到严重伤害需要紧急救治的被害人,应当立即协助联系医疗机构救治;对面临家庭暴力严重威胁,或者处于无人照料等危险状态,需要临时安置的被害人或者相关未成年人,应当通知并协助有关部门进行安置。

13. 依法采取强制措施。人民法院、人民检察院、公安机关对实施家庭暴力的犯罪嫌疑人、被告人,符合拘留、逮捕条件的,可以依法拘留、逮捕;没有采取拘留、逮捕措施的,应当通过走访、打电话等方式与被害人或者其法定代理人、近亲属联系,了解被害人的人身安全状况。对于犯罪嫌疑人、被告人再次实施家庭暴力的，应当根据情况，依法采取必要的强制措施。

人民法院、人民检察院、公安机关决定对实施家庭暴力的犯罪嫌疑人、被告人取保候审的，为了确保被害人及其子女和特定亲属的安全，可以依照刑事诉讼法第六十九条第二款的规定，责令犯罪嫌疑人、被告人不得再次实施家庭暴力；不得侵扰被害人的生活、工作、学习；不得进行酗酒、赌博等活动；经被害人申请且有必要的，责令不得接近被害人及其未成年子女。

14. 加强自诉案件举证指导。家庭暴力犯罪案件具有案发周期较长、证据难以保存，被害人处于相对弱势、举证能力有限，相关事实难以认定等特点。有些特点在自诉案件中表现得更为突出。因此，人民法院在审理家庭暴力自诉案件时，对于因当事人举证能力不足等原因，难以达到法律规定的证据要求的，应当及时对当事人进行举证指导，告知需要收集的证据及收集证据的方法。对于因客观原因不能取得的证据，当事人申请人民法院调取的，人民法院应当认真审查，认为确有必要的，应当调取。

15. 加大对被害人的法律援助力度。人民检察院自收到移送审查起诉的案件材料之日起三日内，人民法院自受理案件之日起三日内，应当告知被害人及其法定代理人或者近亲属有权委托诉讼代理人，如果经济困难，可以向法律援助机构申请法律援助；对于被害人是未成年人、老年人、重病患者或者残疾人等，因经济困难没有委托诉讼代理人的，人民检察院、人民法院应当帮助其申请法律援助。

法律援助机构应当依法为符合条件的被害人提供法律援助，指派熟悉反家庭暴力法律法规的律师办理案件。

三、定罪处罚

16. 依法准确定罪处罚。对故意杀人、故意伤害、强奸、猥亵儿童、非法拘禁、侮辱、暴力干涉婚姻自由、虐待、遗弃等侵害公民人身权利的家庭暴力犯罪，应当根据犯罪的事实、犯罪的性质、情节和对社会的危害程度，严格依照刑法的有关规定判处。对于同一行为同时触犯多个罪名的，依照处罚较重的规定定罪处罚。

17. 依法惩处虐待犯罪。采取殴打、冻饿、强迫过度劳动、限制人身自由、恐吓、侮辱、谩骂等手段，对家庭成员的身体和精神进行摧残、折磨，是实践中较为多发的虐待性质的家庭暴力。根据司法实践，具有虐待持续时间较长、次数较多；虐待手段残忍；虐待造成被害人轻微伤或者患较严重疾病；对未成年人、老年人、残疾人、孕妇、哺乳期妇女、重病患者实施较为严重的虐待行为等情形，属于刑法第二百六十条第一款规定的虐待"情节恶劣"，应当依法以虐待罪定罪处罚。

准确区分虐待犯罪致人重伤、死亡与故意伤害、故意杀人犯罪致人重伤、死亡的界限，要根据被告人的主观故意、所实施的暴力手段与方式、是否立即或者直接造成被害人伤亡后果等进行综合判断。对于被告人主观上不具有侵害被害人健康或者剥夺被害人生命的故意，而是出于追求被害人肉体和精神上的痛苦，长期或者多次实施虐待行为，逐渐造成被害人身体损害，过失导致被害人重伤或者死亡的；或者因虐待致使被害人不堪忍受而自残、自杀，导致重伤或者死亡的，属于刑法第二百六十条第二款规定的虐待"致使被害人重伤、死亡"，应当以虐待罪定罪处罚。对于被告人虽然实施家庭暴力呈现出经常性、持续性、反复性的特点，但其主观上具有希望或者放任被害人重伤或者死亡的故意，持凶器实施暴力，暴力手段残忍，暴力程度较强，直接或者立即造成被害人重伤或者死亡的，应当以故意伤害罪或者故意杀人罪定罪处罚。

依法惩处遗弃犯罪。负有扶养义务且有扶养能力的人，拒绝扶养年幼、年老、患病或者其他没有独立生活能力的家庭成员，是危害严重的遗弃性质的家庭暴力。根据司法实践，具有对被害人长期不予照顾、不提供生活来源；驱赶、逼迫被害人离家，致使被害人流离失所或者生存困难；遗弃患严重疾病或者生活不能自理的被害人；遗弃致使被害人身体严重损害或者造成其他严重后果等情形，属于刑法第二百六十一条规定的遗弃"情节恶劣"，应当依法以遗弃罪定罪处罚。

准确区分遗弃罪与故意杀人罪的界限，要根据被告人的主观故意、所实施行为的时间与地点、是否立即造成被害人死亡,以及被害人对被告人的依赖程度等进行综合判断。对于只是为了逃避扶养义务,并不希望或者放任被害人死亡,将生活不能自理的被害人弃置在福利院、医院、派出所等单位或者广场、车站等行人较多的场所,希望被害人得到他人救助的,一般以遗弃罪定罪处罚。对于希望或者放任被害人死亡,不履行必要的扶养义务,致使被害人因缺乏生活照料而死亡,或者将生活不能自理的被害人带至荒山野岭等人迹罕至的场所扔弃,使被害人难以得到他人救助的,应当以故意杀人罪定罪处罚。

18. *切实贯彻宽严相济刑事政策。*对于实施家庭暴力构成犯罪的,应当根据罪刑法定、罪刑相适应原则,兼顾维护家庭稳定、尊重被害人意愿等因素综合考虑,宽严并用,区别对待。根据司法实践,对于实施家庭暴力手段残忍或者造成严重后果;出于恶意侵占财产等卑劣动机实施家庭暴力;因酗酒、吸毒、赌博等恶习而长期或者多次实施家庭暴力;曾因实施家庭暴力受到刑事处罚、行政处罚;或者具有其他恶劣情形的,可以酌情从重处罚。对于实施家庭暴力犯罪情节较轻,或者被告人真诚悔罪,获得被害人谅解,从轻处罚有利于被扶养人的,可以酌情从轻处罚;对于情节轻微不需要判处刑罚的,人民检察院可以不起诉,人民法院可以判处免予刑事处罚。

对于实施家庭暴力情节显著轻微危害不大不构成犯罪的,应当撤销案件、不起诉,或者宣告无罪。

人民法院、人民检察院、公安机关应当充分运用训诫,责令施暴人保证不再实施家庭暴力,或者向被害人赔礼道歉、赔偿损失等非刑罚处罚措施,加强对施暴人的教育与惩戒。

19. *准确认定对家庭暴力的正当防卫。*为了使本人或者他人的人身权利免受不法侵害,对正在进行的家庭暴力采取制止行为,只要符合刑法规定的条件,就应当依法认定为正当防卫,不负刑事责任。防卫行为造成施暴人重伤、死亡,且明显超过必要限度,属于防卫过当,应当负刑事责任,但是应当减轻或者免除处罚。

认定防卫行为是否“明显超过必要限度”，应当以足以制止并使防卫人免受家庭暴力不法侵害的需要为标准，根据施暴人正在实施家庭暴力的严重程度、手段的残忍程度，防卫人所处的环境、面临的危险程度、采取的制止暴力的手段、造成施暴人重大损害的程度，以及既往家庭暴力的严重程度等进行综合判断。

20. 充分考虑案件中的防卫因素和过错责任。对于长期遭受家庭暴力后，在激愤、恐惧状态下为了防止再次遭受家庭暴力，或者为了摆脱家庭暴力而故意杀害、伤害施暴人，被告人的行为具有防卫因素，施暴人在案件起因上具有明显过错或者直接责任的，可以酌情从宽处罚。对于因遭受严重家庭暴力，身体、精神受到重大损害而故意杀害施暴人；或者因不堪忍受长期家庭暴力而故意杀害施暴人，犯罪情节不是特别恶劣，手段不是特别残忍的，可以认定为刑法第二百三十二条规定的故意杀人“情节较轻”。在服刑期间确有悔改表现的，可以根据其家庭情况，依法放宽减刑的幅度，缩短减刑的起始时间与间隔时间；符合假释条件的，应当假释。被杀害施暴人的近亲属表示谅解的，在量刑、减刑、假释时应当予以充分考虑。

四、其他措施

21. 充分运用禁止令措施。人民法院对实施家庭暴力构成犯罪被判处管制或者宣告缓刑的犯罪分子，为了确保被害人及其子女和特定亲属的人身安全，可以依照刑法第三十八条第二款、第七十二条第二款的规定，同时禁止犯罪分子再次实施家庭暴力，侵扰被害人的生活、工作、学习，进行酗酒、赌博等活动；经被害人申请且有必要的，禁止接近被害人及其未成年子女。

22. 告知申请撤销施暴人的监护资格。人民法院、人民检察院、公安机关对于监护人实施家庭暴力，严重侵害被监护人合法权益的，在必要时可以告知被监护人及其他有监护资格的人员、单位，向人民法院提出申请，要求撤销监护人资格，依法另行指定监护人。

23. 充分运用人身安全保护措施。人民法院为了保护被害人的人身安全,避免其再次受到家庭暴力的侵害,可以根据申请,依照民事诉讼法等法律的相关规定,作出禁止施暴人再次实施家庭暴力、禁止接近被害人、迁出被害人的住所等内容的裁定。对于施暴人违反裁定的行为,如对被害人进行威胁、恐吓、殴打、伤害、杀害,或者未经被害人同意拒不迁出住所的,人民法院可以根据情节轻重予以罚款、拘留;构成犯罪的,应当依法追究刑事责任。

24. 充分运用社区矫正措施。社区矫正机构对因实施家庭暴力构成犯罪被判处管制、宣告缓刑、假释或者暂予监外执行的犯罪分子,应当依法开展家庭暴力行为矫治,通过制定有针对性的监管、教育和帮助措施,矫正犯罪分子的施暴心理和行为恶习。

25. 加强反家庭暴力宣传教育。人民法院、人民检察院、公安机关、司法行政机关应当结合本部门工作职责,通过以案说法、社区普法、针对重点对象法制教育等多种形式,开展反家庭暴力宣传教育活动,有效预防家庭暴力,促进平等、和睦、文明的家庭关系,维护社会和谐、稳定。

最高人民法院关于办理人身安全保护令案件适用法律若干问题的规定

(2022 年 6 月 7 日由最高人民法院审判委员会第 1870 次会议通过　2022 年 7 月 14 日公布　法释〔2022〕17 号　自 2022 年 8 月 1 日起施行)

为正确办理人身安全保护令案件,及时保护家庭暴力受害人的合法权益,根据《中华人民共和国民法典》《中华人民共和国反家庭暴力法》《中华人民共和国民事诉讼法》等相关法律规定,结合审判实践,制定本规定。

第一条　当事人因遭受家庭暴力或者面临家庭暴力的现实危险,依照反家庭暴力法向人民法院申请人身安全保护令的，人民法院应当受理。

向人民法院申请人身安全保护令，不以提起离婚等民事诉讼为条件。

第二条　当事人因年老、残疾、重病等原因无法申请人身安全保护令，其近亲属、公安机关、民政部门、妇女联合会、居民委员会、村民委员会、残疾人联合会、依法设立的老年人组织、救助管理机构等，根据当事人意愿，依照反家庭暴力法第二十三条规定代为申请的，人民法院应当依法受理。

第三条　家庭成员之间以冻饿或者经常性侮辱、诽谤、威胁、跟踪、骚扰等方式实施的身体或者精神侵害行为，应当认定为反家庭暴力法第二条规定的"家庭暴力"。

第四条　反家庭暴力法第三十七条规定的"家庭成员以外共同生活的人"一般包括共同生活的儿媳、女婿、公婆、岳父母以及其他有监护、扶养、寄养等关系的人。

第五条　当事人及其代理人对因客观原因不能自行收集的证据，申请人民法院调查收集，符合《最高人民法院关于适用〈中华人民共和国民事诉讼法〉的解释》第九十四条第一款规定情形的，人民法院应当调查收集。

人民法院经审查，认为办理案件需要的证据符合《最高人民法院关于适用〈中华人民共和国民事诉讼法〉的解释》第九十六条规定的，应当调查收集。

第六条　人身安全保护令案件中，人民法院根据相关证据，认为申请人遭受家庭暴力或者面临家庭暴力现实危险的事实存在较大可能性的，可以依法作出人身安全保护令。

前款所称"相关证据"包括：

（一）当事人的陈述；

（二）公安机关出具的家庭暴力告诫书、行政处罚决定书；

（三）公安机关的出警记录、讯问笔录、询问笔录、接警记录、报警回执等；

（四）被申请人曾出具的悔过书或者保证书等；

（五）记录家庭暴力发生或者解决过程等的视听资料；

（六）被申请人与申请人或者其近亲属之间的电话录音、短信、即时通讯信息、电子邮件等；

（七）医疗机构的诊疗记录；

（八）申请人或者被申请人所在单位、民政部门、居民委员会、村民委员会、妇女联合会、残疾人联合会、未成年人保护组织、依法设立的老年人组织、救助管理机构、反家暴社会公益机构等单位收到投诉、反映或者求助的记录；

（九）未成年子女提供的与其年龄、智力相适应的证言或者亲友、邻居等其他证人证言；

（十）伤情鉴定意见；

（十一）其他能够证明申请人遭受家庭暴力或者面临家庭暴力现实危险的证据。

第七条 人民法院可以通过在线诉讼平台、电话、短信、即时通讯工具、电子邮件等简便方式询问被申请人。被申请人未发表意见的，不影响人民法院依法作出人身安全保护令。

第八条 被申请人认可存在家庭暴力行为，但辩称申请人有过错的，不影响人民法院依法作出人身安全保护令。

第九条 离婚等案件中，当事人仅以人民法院曾作出人身安全保护令为由，主张存在家庭暴力事实的，人民法院应当根据《最高人民法院关于适用〈中华人民共和国民事诉讼法〉的解释》第一百零八条的规定，综合认定是否存在该事实。

第十条 反家庭暴力法第二十九条第四项规定的“保护申请人人身安全的其他措施”可以包括下列措施：

（一）禁止被申请人以电话、短信、即时通讯工具、电子邮件等方式侮辱、诽谤、威胁申请人及其相关近亲属；

（二）禁止被申请人在申请人及其相关近亲属的住所、学校、工作单位等经常出入场所的一定范围内从事可能影响申请人及其相关近亲属正常生活、学习、工作的活动。

第十一条　离婚案件中，判决不准离婚或者调解和好后，被申请人违反人身安全保护令实施家庭暴力的，可以认定为民事诉讼法第一百二十七条第七项规定的“新情况、新理由”。

第十二条　被申请人违反人身安全保护令，符合《中华人民共和国刑法》第三百一十三条规定的，以拒不执行判决、裁定罪定罪处罚；同时构成其他犯罪的，依照刑法有关规定处理。

第十三条　本规定自2022年8月1日起施行。